Uni-Taschenbücher 1138

D1828596

UTB

Eine Arbeitsgemeinschaft der Verlage

Birkhäuser Verlag Basel und Stuttgart
Wilhelm Fink Verlag München
Gustav Fischer Verlag Stuttgart
Francke Verlag München
Harper & Row New York
Paul Haupt Verlag Bern und Stuttgart
Dr. Alfred Hüthig Verlag Heidelberg
Leske Verlag + Budrich GmbH Opladen
J. C. B. Mohr (Paul Siebeck) Tübingen
C. F. Müller Juristischer Verlag – R. v. Decker's Verlag Heidelberg
Quelle & Meyer Heidelberg
Ernst Reinhardt Verlag München und Basel
K. G. Saur München · New York · London · Paris
F. K. Schattauer Verlag Stuttgart · New York
Ferdinand Schöningh Verlag Paderborn · München · Wien · Zürich
Dr. Dietrich Steinkopff Verlag Darmstadt
Eugen Ulmer Verlag Stuttgart
Vandenhoeck & Ruprecht in Göttingen und Zürich

[illegible]

Wulff D. Rehfus

Einführung in das Studium der Philosophie

Quelle & Meyer Heidelberg

CIP-Kurztitelaufnahme der Deutschen Bibliothek

Rehfus, Wulff D.:
Einführung in das Studium der Philosophie/
Wulff D. Rehfus. – Heidelberg: Quelle und
Meyer, 1981.
(Uni-Taschenbücher; 1138)
ISBN 3-494-02131-7
NE: GT

© Quelle & Meyer, Heidelberg 1981. Alle Rechte vorbehalten. Die Vervielfältigung und Übertragung auch einzelner Teile, Texte, Zeichnungen oder Bilder, wenn sie auch lediglich der eigenen Unterrichtsgestaltung dienen, sind nach dem geltenden Urheberrecht nicht gestattet. Ausgenommen sind die in §§ 53, 54 URG ausdrücklich genannten Sonderfälle, wenn sie mit dem Verlag vorher vereinbart wurden. Im Einzelfall bleibt für die Nutzung fremden geistigen Eigentums die Forderung einer Gebühr vorbehalten. Das gilt für Fotokopie genauso wie für die Vervielfältigung durch alle anderen Verfahren einschließlich Speicherung und jede Übertragung auf Papier, Transparente, Matrizen, Filme, Bänder, Platten und sonstige Medien.
Printed in Germany
Satz: K + V Fotosatz GmbH, Beerfelden
Druck: Schwetzinger Verlagsdruckerei GmbH, 6830 Schwetzingen
Einbandgestaltung: Alfred Krugmann, Stuttgart

Philosophie mußt Du studieren
und wenn Du nicht mehr Geld hättest
als nötig ist,
um eine Lampe und Öl zu kaufen
und nicht mehr Zeit
als von Mitternacht
bis zum Hahnenschrei

(*Hölderlin*)

Inhalt

Einleitung

1. Konzeption und Aufbau des Buches

Es gibt zahlreiche Einführungen in die Philosophie und das philosophische Denken. Bei ihrer Lektüre kann man sich des Eindrucks nicht erwehren, daß sie entweder für ausgebildete Philosophen geschrieben sind oder das philosophische Denken des jeweiligen Autors erläutern. Was fehlt, ist eine erste, einführende Skizze der überkommenen philosophischen Problemstellungen und -lösungen, der philosophischen Methoden und Positionen und eine Zusammenstellung der Ausbildungsbedingungen eines Philosophiestudiums.

Diese letzteren lassen sich in ihren Grundzügen vergleichsweise einfach beschreiben, schwieriger ist der erste Punkt, der die Philosophie selbst betrifft. Soll auf wenigen Seiten etwas über „die Philosophie" gesagt werden, dann kann dies nur ausschnittweise geschehen. Aus der Vielfalt des philosophisch Gedachten muß eine Auswahl getroffen werden, was die Autoren und die Problemstellungen betrifft. Und bei deren Darstellung muß ebenfalls ausgewählt werden, Pauschalierungen sind nicht zu vermeiden; so bleiben Schlaglichter übrig.

Innerhalb der Wissenschaft stößt solches Vorgehen auf Bedenken, vor allem in der Philosophie, weshalb bis heute kein solcher Versuch gewagt wurde; die Gewißheit, fachwissenschaftliche Schelte einstecken zu müssen, hielt davon ab. Denn in der Philosophie geht es nicht um abziehbare Ergebnisse, sondern der Gedankengang in seiner ganzen Tiefe, Breite und Abfolge macht die Philosophie erst aus. Das vorliegende Buch versucht deshalb auch gar nicht, ins einzelne gehende philosophische Interpretationen vorzulegen. Sein Anspruch ist sehr viel bescheidener, im Grunde ein ganz anderer. Angestrebt ist, demjenigen, der sich für die Philosophie interessiert, einen ersten Eindruck davon zu geben, was in der über zweitausendjährigen Geschichte der Philosophie an Problemstellungen und -lösungen Denker beschäftigt hat. *Dieser erste Eindruck soll Anreiz sein, nicht Ergebnis,* er soll vorläufig sein, und er soll Interesse wecken, soll neugierig machen; er soll Lust machen, sich gründlicher mit dem zu beschäftigen, was hier nur angedeutet wird; er soll Anlaß sein, sich auf die Philosophie einzulassen, auf die Originaltexte und auf deren Studium an der Universität. Das Ziel ist, den Leser an die Probleme der Philosophie heranzuführen, nicht diese zusammenzufassen.

Das Buch ist also nicht geschrieben, um philosophisches Wissen zu verbreiten, sondern um Freude am Denken zu machen und um Anregungen für ein erfolgreiches Studium der Philosophie zu geben.

In einem ersten Teil („Die Philosophie“) wird versucht, einen einführenden Überblick darüber zu geben, was es in der langen Geschichte der Philosophie an Problemstellungen und -lösungen gegeben hat und noch gibt. Dazu wird zunächst eine Anzahl unterschiedlicher Bestimmungen von Philosophie gegeben, die das weite Feld des Philosophieverständnisses umreißen. Dann wird der Philosophiebegriff aus dem mythischen Denken entwickelt („Philosophie, Wissenschaft und Mythos“). Fortgefahren wird mit einer historischen Gliederung („Historischer Längsschnitt“), die mit einer tabellarischen Übersicht über die Epochen der Philosophiegeschichte beginnt („Epochen der Philosophie“), die am Beispiel einzelner Denker veranschaulicht wird („Historische Ansätze der Philosophen“) und in der Vorstellung der gegenwärtigen philosophischen Fragen und Auseinandersetzungen endet („Gegenwärtige Strömungen der Philosophie“). Dieser historischen Gliederung folgt eine mehr systematische („Systematischer Querschnitt“), die zuerst die philosophischen Disziplinen kurz erläutert („Disziplinen der Philosophie“), dann philosophische Methoden und Grundsatzpositionen darstellt („Methoden und Positionen der Philosophie“) und schließlich auf die Didaktik der Philosophie eingeht („Didaktik der Philosophie“).

Wer aus der Philosophie einen Beruf machen will, dem wird im zweiten Teil („Beruf und Philosophiestudium“) ein Leitfaden für das Studium der Philosophie an den Hochschulen an die Hand gegeben. Dazu wird die subjektive Erwartungshaltung des Studenten mit der Institution Universität und ihren Veranstaltungen konfrontiert („Theoretische Neugier und Universität“), um dann überzugehen zu der universitären Ausbildung, den möglichen Studienzielen und den konkreten Examensanforderungen. Welche Berufsmöglichkeiten ein Philosophiestudium in sich birgt, welche Voraussetzungen erfüllt sein müssen und welche Anforderungen der Beruf mit sich bringt, zeigt das Kapitel „Beruf. Möglichkeiten und Erwartungen“, das drei Bereiche vergegenwärtigt: Schule, Hochschule und Freie Wirtschaft. Dann werden die Bestimmungen der geltenden Studienordnungen vorgetragen und am Beispiel dreier Länder verdeutlicht („Studienordnungen. Formalien und Inhalte“). Schließlich werden die Voraussetzungen und Anforderungen der universitären Abschlußprüfungen aufgelistet („Abschlüsse. Voraussetzungen und Anforderungen“), nämlich Staatsexamen, Magisterprüfung und Promotion. Ein Kapitel „Eigenstudium“ schließt den zweiten Teil ab, in dem Vorschläge zu Verfahren und Interpretationsmethoden philosophischer Texte und zum Aufbau des Studiums gemacht werden.

Der Anhang verzeichnet die wichtigsten wissenschaftlichen Hilfsmittel wie Bibliographien, Wörterbücher, Geschichten der Philosophie und Handbücher, dann die philosophischen Fachzeitschriften und schließlich die Anschriften der Hochschulen, an denen Philosophie studiert werden kann. Das Namen- und Sachregister soll ein leichteres Arbeiten mit dem vorliegenden Buch ermöglichen.

2. Motivation zum Studium der Philosophie

„Ich möchte sagen, daß keine Zeit der Philosophie ungünstiger sein kann als die, da sie von der einen Seite als Staatsmittel, von der andern als Erwerbsmittel schnöde mißbraucht wird. Oder glaubt man etwan, daß bei solchem Streben und unter solchem Getümmel so nebenher auch die Wahrheit, auf die es dabei gar nicht abgesehn ist, zutage kommen wird? Die Wahrheit ist keine Hure, die sich denen an den Hals wirft, welche ihrer nicht begehren: vielmehr ist sie eine so spröde Schöne, daß selbst, wer ihr alles opfert, noch nicht ihrer Gunst gewiß sein darf. Machen nun die Regierungen die Philosophie zum Mittel ihrer Staatszwecke; so sehn andererseits die Gelehrten in philosophischen Professuren ein Gewerbe, das seinen Mann nährt wie jedes andere" (Schopenhauer 1968, S. 16). Enttäuscht über die geringe Beachtung, die sein Denken gefunden hat, klagt Schopenhauer (1788 in Danzig geboren, 1860 in Frankfurt gestorben) seine akademisch erfolgreicheren Widersacher Fichte, Schelling und Hegel an. Er zeiht sie, die Philosophie als Wahrheitssuche in den Dienst des Lebensunterhalts genommen zu haben. „‚primum vivere, deinde philosophari' (erst leben, dann philosophieren) (...). Die Herren wollen leben, und zwar von der *Philosophie* leben: an *diese* sind sie, mit Weib und Kind, gewiesen und haben, trotz dem ‚povera e nuda vai, filosofia' (arm und nackt gehst du einher, Philosophie) des Petrarca (I, sonetto 7,10) es darauf gewagt" (Schopenhauer 1968, S. 24). Schopenhauer meint, Philosophie sei kein Broterwerb und dürfe deshalb auch nicht erwerbsmäßig betrieben werden. Ludwig Wittgenstein, einer der bedeutendsten Philosophen des zwanzigsten Jahrhunderts (1889 in Wien geboren, 1951 in Cambridge gestorben) teilte offenbar diese Meinung. Aus dem ersten Weltkrieg, an dem er als Freiwilliger teilnahm, heimgekehrt, verschenkte er sein gesamtes Vermögen, wurde Volksschullehrer, Gärtnergehilfe, trug sich mit dem Gedanken, Mönch zu werden, übernahm dann doch von 1939 bis zum Beginn des zweiten Weltkriegs einen Lehrstuhl, arbeitete während des Krieges als Sanitäter, nahm 1944 seine Vorlesungen wieder auf und legte 1947 seine Professur nieder, weil er sich für ungeeignet hielt. Vier Jahre später war er tot. Zuerst leben, dann philosophieren? Wittgensteins letzte Worte sollen gewesen sein:„Tell them I've had a wonderful life!" Vielleicht sind Leben und Philosophie gar nicht so getrennt. Paul Lorenzen, konstruktivistischer Logiker und Mitbegründer der „Erlanger Schule" (1915 in Kiel geboren) meint: Der Philosoph setzt sein Leben aufs Denken. „Der Philosoph ist derjenige, der sich entschlossen hat, nur den Weg einzuschlagen, der sich durch Denken rechtfertigen läßt" (Lorenzen 1974, S. 58f.). Platon, der große griechische Philosoph (427 v. in Athen geboren, 347 v. dort gestorben) meinte aus ähnlichen Gründen gar, daß die Philosophen den Staat führen müßten. „Wenn nicht (...) entweder die Philosophen Könige werden in den Staaten oder die jetzt so genannten Könige und Gewalthaber wahrhaft und gründlich philosophieren und also dieses beides zusammenfällt, die Staatsgewalt und die Philosophie, die vielerlei Naturen aber, die jetzt zu jedem von beiden einzeln hinzunahen, durch eine Notwendigkeit ausgeschlossen werden, eher gibt es keine Erholung von dem Übel für die Staaten" (Platon 1971, S. 445; 473 c – d). Was macht den Philosophen aus, um derartiges leisten zu können? Hier stimmen Schopenhauer und Platon überein: der Philosoph ist derjenige, der die Weisheit und Wahrheit liebt, der von der Meinung (Dóxa) zur Einsicht, zur Erkenntnis (Epistéme, Wissenschaft) gelangt ist. Mit seiner Vernunft (Nóesis) erkennt er die Idee (Eidos), das ewig gleichbleibende Sein der Dinge und hierbei auch die höchste Idee, das Gute (Agathón). Damit hat der Philosoph die Wahrheit (Alétheia), das Sein und das Wesen (Ousía) der Dinge erfaßt. In sozusagen säkularisierter Form hat ein zeitgenössischer Denker, Herbert Marcuse (1898 in Berlin geboren, 1979 in Starnberg gestorben), die Forderung nach dem Philosophenherrscher aufgenommen: „Wie kann die Zivilisation ungehemmt die Freiheit hervorbringen, wenn die Unfreiheit zum Anteil und Kernstück des psychischen Apparats geworden ist. Und wenn nicht, wer hat das Recht, objektive Wertmaßstäbe aufzustellen und sie durchzusetzen? Von Plato bis Rousseau besteht die einzig ehrliche Antwort in der Idee einer erzieherischen Diktatur, die von denen ausgeübt wird, denen man zutrauen könnte, daß sie das Wissen um das wirkliche Gute erworben haben" (Marcuse 1969, S. 222). Daß dies den Philosophen möglich sei, hat Karl Marx (1818 in Trier geboren, 1883 in London gestorben) heftig bestritten. Er gibt die Philosophen dem Ideologieverdacht preis, d.h. unterstellt ihnen „falsches Bewußtsein", d.i. eines, das die jeweilige gesellschaftliche Herrschaft unterstützt. Ansonsten sei die Philosophie überflüssig, denn: „Die Philosophen haben die Welt nur verschieden *interpretiert;* es kommt aber darauf an, sie zu *verändern*" (Marx 1969, S. 535). Karl R. Popper, kritischer Rationalist (1902 in Wien geboren), wendet sich aus anderen Gründen gegen die Forderung Platons. Während Marx sich für eine Diktatur des Proletariats einsetzt (anstelle einer Diktatur der Philosophen oder der Kapitaleigner), meint Popper, daß es auf die „Führer" überhaupt nicht ankomme. Für ihn stellt sich die Frage, „ob wir nicht gut daran täten, uns auf die schlechtesten Führer vorzubereiten und auf die besten zu hoffen. Aber das führt zu einer neuen Betrachtung des Grundproblems der Politik; denn es zwingt uns, die Frage *Wer soll regieren?* durch die neue Frage zu ersetzen: *Wie können wir politische Institutionen so organisieren, daß es schlechten oder inkompetenten Herrschern unmöglich ist, allzugroßen Schaden anzurichten?*" (Popper 1975, Bd. 1, S. 170). Damit sind die Philosophen von der aktiven Politik entlastet, wie es Friedrich Nietzsche (1844 in Röcken geboren, 1900 in Weimar gestorben) schon lange gefordert hat: „Das aber, dem Heraklit auswich, ist das gleiche noch, dem *wir* jetzt aus dem Wege gehn: der Lärm und das Demokraten-Geschwätz der Ephesier, ihre Politik, ihre Neuigkeiten vom ‚Reich' (...), ihr Markt-Kram von ‚heute' – denn wir Philosophen brauchen zuallererst vor *einem* Ruhe: vor allem ‚Heute'" (Nietzsche 1966, Bd. II, S. 851). In der epikureischen Ruhe vor dem Tagesgeschehen, zurückgezogen aus der politischen Öffentlichkeit, unbehelligt von öffentlichen Pflichten, abgewandt von Reichtum, Ehre und Einfluß, in solcher Seelenruhe denkt der Philosoph nach über wissenschaftliche und erkenntnistheoretische Grundlagenprobleme, über das Verhältnis von Individuum, Gesellschaft und Staat, über das, was man tun soll, darüber, was der Mensch ist, über die Kunst und das Schöne, die Sprache, die Religion, das Recht, die Geschichte, die Natur, die Technik und Mathematik. „Es gibt nichts, was nicht Gegenstand philosophischer Reflexion werden könnte" (Rehfus 1980, S. 167). Bei solcher Kontemplation, so wird berichtet, fiel der erste Philosoph, Thales von Milet (um 625 v. – 545 v.), in eine Grube und wurde von den Marktfrauen ausgelacht. Das Gelächter aber, so meinte Hegel (1770 in Stuttgart geboren, 1831 in Berlin gestorben), komme von solchen, die, ohne es zu bemerken, schon in der Grube lägen. Der Philosoph, der die Alltagswahrheit der Erscheinungen auf die Wahrheit der Idee übersteigt, will, wie es bei Platon heißt, in die Höhle, der er entstiegen ist und in der die Menschheit angekettet ist und auf die Erscheinungen starrt, gar nicht zurück. Er muß gezwungen werden, sich mit der Schau der Idee nicht zu begnügen, sondern in die Höhle zurückzukehren; vielleicht der Grube von Thales vergleichbar. Hier muß der Philosoph dann die Führung übernehmen, die er eigentlich gar nicht will, denn er allein kennt die Wahrheit. Wenn Thales in die Grube fällt, dann nicht, weil er im Alltag nicht zurecht käme, sondern weil sein Interesse ganz woanders liegt und er gegen seinen Willen dazu veranlaßt werden muß, sein Wissen den anderen mitzuteilen.

Für Immanuel Kant (1724 in Königsberg geboren, wo er 1804 auch starb) läßt sich das „Feld der Philosophie" auf vier Fragen eingrenzen: Was kann ich wissen, was soll ich tun, was darf ich hoffen, was ist der Mensch? Und er führt aus: „Die erste Frage beantwortet die *Metaphysik,* die zweite die *Moral,* die dritte die *Religion*, und die vierte die *Anthropologie.* Im Grunde könnte man aber alles dieses zur Anthropologie rechnen, weil sich die drei ersten Fragen auf die letzte beziehen. Der Philosoph muß also bestimmen können 1) die Quellen des menschlichen Wissens, 2) den Umfang des möglichen und nützlichen Gebrauchs alles Wissens, und endlich 3) Die Grenzen der Vernunft" (Kant 1975, Bd. III, S. 447 f.;

A 25). „Die“ Philosophie kann man nach Kant nicht lernen, denn eine abgeschlossene, allgemeingültige Philosophie gibt es nicht; man kann nur lernen zu philosophieren (vgl. Kant 1956, S. 752; B 865). Dies heißt aber nicht, daß man nicht lernen müsse, was die Geschichte der Philosophie an Problemstellungen und -lösungen bereithält, „denn ohne Kenntnisse wird man nie ein Philosoph werden, aber nie werden auch Kenntnisse allein den Philosophen ausmachen (...)“ (Kant 1975, Bd. III, S. 448; A 26).

Aber möchte der Student der Philosophie überhaupt Philosoph werden? Nicht vielleicht eher Professor, Studienrat, Journalist, Redakteur? Dies umschreibt den Gegensatz, von dem Schopenhauer schrieb: Philosophie als Wahrheitssuche und Philosophie als Broterwerb.

Im Jahre 1970 gab es allein in Deutschland dreitausendneunhundert erwerbstätige Hochschulabsolventen der Fachrichtung Philosophie (Religionswissenschaft eingeschlossen), das sind ca. 0,4% aller Erwerbstätigen mit Hochschulabschluß und inzwischen werden es noch mehr sein. Der Frauenanteil beträgt 22% und liegt damit unter dem Durchschnitt. 10% derer, die ein Philosophiestudium beendet haben, sind Selbständige, 47% Beamte und 42% Angestellte und zwar in den Bereichen: Schule und Hochschule 61%, Verlags-, Literatur- und Pressewesen 10%, öffentliche Verwaltung 9%, übrige 20%. Die meisten in Philosophie Examinierten sind Lehrer (50%), Publizisten und Bibliothekare 15%, Bürofachkräfte 6%, im höheren Verwaltungsdienst 6%, Wissenschaftler 5%, übrige 18%. Wie gering die Anzahl der Studierenden der Philosophie auch im Vergleich mit anderen Fachrichtungen ist, sie ist um ein ungeheuer Vielfachers höher als die Zahl derer, die als Philosophen auch anerkannt werden: *Die wenigsten Studenten der Philosophie werden Philosophen.*

Wenn ein Student der Architektur am Ende seines Studiums kein Architekt geworden ist, hat er sein Ziel verfehlt, und dies gilt für jedes Studium – mit Ausnahme des Philosophiestudiums. In allen Berufsgruppen gibt es bessere und schlechtere Vertreter ihres Faches, so auch in der Philosophie, doch hier ist noch mitgefordert, daß nur der als Philosoph gilt, der auch Eigenständiges denkt, der ein philosophisches „Paradigma“ entwirft, d.h. eine „allgemein anerkannte wissenschaftliche“ Leistung, „die für eine gewisse Zeit einer Gemeinschaft von Fachleuten maßgebende Probleme und Lösungen“ liefert (Kuhn 1978, S. 10). Solche Leistungen gelingen nur den allerwenigsten. Ist aber deshalb das Studium der Philosophie schon verfehlt? Verwechselt man die Philosophie, wenn man sie dennoch studiert, mit einer Hure, wie Schopenhauer meint? Ist die Philosophie tatsächlich dadurch entwürdigt, daß man von (und nicht nur mit) ihr auch leben kann?

Der Student der Philosophie gerät in Verlegenheit. Die Philosophie soll Wahrheitssuche sein, diese aber werde beeinträchtigt durch die In-Dienst-

Nahme der Philosophie für den Lebensunterhalt, ja, die Philosophie sei sogar nicht einmal fähig zur Wahrheit, weil sie Widerschein gesellschaftlicher und wirtschaftlicher Zwänge sei; auf der einen Seite soll der Philosoph Staatsführer sein, auf der anderen sich der Tagespolitik enthalten. Solche widersprüchlichen Aussagen könnten fast beliebig fortgesetzt werden.

Der Student der Philosophie, der nicht zu unbescheiden ist, wird sich damit abfinden müssen, kein „großer Philosoph" zu werden. Dennoch aber will er Philosophie studieren, vielleicht aus dem metaphysischen Bedürfnis heraus, von dem Kant sprach: „(...) die menschliche Vernunft geht unaufhaltsam, ohne daß bloße Eitelkeit des Vielwissens sie dazu bewegt, durch eigenes Bedürfnis getrieben bis zu solchen Fragen fort, die durch keinen Erfahrungsgebrauch der Vernunft und daher entlehnte Prinzipien beantwortet werden können, und so ist wirklich in allen Menschen, sobald Vernunft sich in ihnen bis zur Spekulation erweitert, irgendeine Metaphysik zu aller Zeit gewesen, und wird auch immer darin bleiben"(Kant 1965, S. 53; B 21). Wer diesen Weg einschlägt, „riskiert, den Grund, auf dem er steht, zu verlieren", und er tut es wohl meist „in der verwegenen Hoffnung, einen tieferen und sicherern Grund zu erlangen (...) " (Weischedel 1975, S. 20). Um einen solchen Grund zu finden, muß man kein „großer Philosoph" sein; das Nach-Denken philosophischer Probleme kann den Boden abgeben, auf dem man fürderhin steht. Doch dieser Boden ist schwankend. Denn die Gewißheit, die der Philosoph sucht, verläßt die Alltagsgewißheit. Dadurch wird der Denkende gefährdet. Philosopohie ist problematisierendes Denken, es hinterfragt, was dem Alltagsdenken das Selbstverständlichste ist, und stellt fest, daß das Selbstverständliche sich nicht von selbst versteht. Damit verliert der Denkende seinen Halt im Alltag, die Normal-Praxis wird in Dauerreflexion aufgelöst.

Das metaphysische Bedürfnis hat ein Recht auf Stillung, auch wenn der Bedürftige kein „großer Philosoph" wird, sondern beamteter Berufsdenker: ein Professor der Philosophie, ein Studienrat mit dem Unterrichtsfach Philosophie, ein Journalist, Redakteur, Bibliothekar oder anderes. Die Stillung dieses Bedürfnisses ist auch möglich, indem der Mensch im Denken zu sich selbst kommt. So schreibt Georg Wilhelm Friedrich Hegel: „Näher kann das Bedürfnis der Philosophie dahin bestimmt werden, daß, indem der Geist als fühlend und anschauend Sinnliches, als Phantasie Bilder, als Wille Zwecke usf. zu Gegenständen hat, er im *Gegensatze* oder bloß im *Unterschiede von diesen Formen* seines Daseins und seiner Gegenstände, auch seiner höchsten Innerlichkeit, *dem Denken*, Befriedigung verschaffe und das Denken zu seinem Gegenstande gewinne. So kommt er *zu sich selbst*, im tiefsten Sinne des Wortes, denn sein Prinzip, seine unvermischte Selbstheit ist das Denken“ (Hegel 1959, S. 44). Das Ziel des Studiums ist deshalb nicht nur dessen mögliches (lebenspraktisches) Endergebnis, sondern die Freude am Denken selbst, die Freude, Wirklichkeit denkend zu bewältigen. Dies schließt nicht aus, daß sich mit dem Ersten Staatsexamen, der Promotion, der Magisterarbeit oder der Habilitation auch ein Beruf eröffnet, der seine Frau oder seinen Mann ernährt. Daß mit der Philosophie auch Geld zu verdienen ist, muß dem Denken keinen Abbruch tun. Es ist nicht mehr notwendig, daß es der Student der Philosophie mit Sokrates (469 v. in Athen geboren, 399 v. dort gestorben – zum Tode durch den Giftbecher verurteilt) hält, der seinem eigentlichen Beruf – Sokrates war gelernter Steinmetz – nicht nachkommen konnte oder wollte und statt dessen sich auf dem Markt und den Sportplätzen der Polis Athen herumtrieb, um mit den Leuten philosophische Gespräche führen zu können. Der Student der Philosophie kann darauf vertrauen, nach beendetem Studium nicht barfuß, wie Sokrates, einhergehen zu müssen. Aristoteles (384 v. oder 383 v. in Stageira geboren, 322 v. oder 321 v. in Chalkis auf Euböa gestorben), der andere große griechische Philosoph, ohne den die abendländische Geistesgeschichte wohl einen völlig anderen Gang genommen hätte, legte „zeitlebens Wert auf eine bequeme Lebensführung, auf ausreichende Bedienung, auf soliden Hausrat und auf gute Verpflegung“ und dies, so fügt Wilhelm Weischedel hinzu, „obgleich er Philosoph wird“ (Weischedel 1975, S. 50). Im übrigen hatte Schopenhauer, der Front macht gegen Denkbeamte und die Philosophie als Broterwerb, das große Glück, soviel Geld ererbt zu haben, daß er sich als Privatgelehrter aus dem universitären Bereich zurückziehen konnte und Philosophie nicht zum Broterwerb betreiben mußte. Freilich sind mit der Philosophie keine Reichtümer zu verdienen, aber der Satz des Sokrates: „Wer am wenigsten bedarf, ist den Göttern am nächsten“ muß nicht Richtschnur des Philosophiestudiums sein, doch sein anderer Ausspruch: „Wie zahlreich sind doch die Dinge, deren ich nicht bedarf“ wird vielleicht das Ergebnis der Einsicht in die Nichtigkeit mancher Güter sein, die der Warenmarkt unserer westlichen Konsumgesellschaft heute anbietet. Vielleicht ist so der Gefahr zu begegnen, die Schopenhauer sah: ein satter, selbstzufriedener Philosoph, der nicht um der Wahrheit willen, sondern des Geldes wegen philosophiert; ein enger Geist, der aufgehört hat zu fragen und sich mit flugsen Antworten begnügt. *Der Student der Philosophie muß lernen, mit der Frage zu leben.* Genau dies zeigte Sokrates.

Erster Teil: Die Philosophie

Vorbemerkung: Philosophie, Wissenschaft und Mythos

„Wer einem Philosophen zuhört, erwartet in der Regel nicht, viel zu verstehen. Die Rede des Philosophen gilt gemeinhin als dunkel und unverständlich, philosophische Unverständlichkeit wiederum als Ausweis tiefer Einsichten, die sich unserer so oberflächlichen Welt nur schwer vermitteln lassen. Denken wird mit Grübeln gleichgesetzt, es wird, als Bestandteil des abendländischen Erbes, geschätzt, doch hat man sich, eben wegen seiner vermeintlich naturgemäßen Dunkelheit oder ‚Abstraktheit', daran gewöhnt, an seine Folgenlosigkeit zu glauben. Philosophen gebührt Achtung, aber keine Aufmerksamkeit. Für die Philosophie eröffnet sich damit gleichzeitig die Möglichkeit, etwa nach folgender Devise zu überleben: wenn man schon nichts zu sagen hat, dann sei dieses Nichts wenigstens unverständlich – und daher möglicherweise tiefsinnig.

Mit der Profession des Philosophen verbindet sich aber nicht nur die Vorstellung des Tiefsinnes, sondern auch die Vorstellung des unausrottbaren Hanges, sich überall einzumischen, Zuständigkeiten universell zu beanspruchen (etwas, das man natürlich auch als den Hang zu einem gelehrten Dilettantismus bezeichnen kann). Seit Sokrates gelten Philosophen als unbequeme Leute, die überall hineinreden, wo der Sachverstand sich seiner Sache schon sicher glaubt. Nun, beides sollte sich in Grenzen halten. Zu viel Tiefsinn geht immer zu Lasten der Klarheit, zu viel Betriebsamheit zu Lasten der Gründlichkeit (die man nicht mit Tiefsinn verwechseln sollte)" (Mittelstraß 1979, S. 384).

In der Einleitung schrieb ich schon, daß es „die" Philosophie gar nicht gebe. Statt einer Definition werde ich deshalb, um die Breite und Tiefe des Philosophieverständnisses anzudeuten, im Anschluß einige willkürlich ausgewählte Beschreibungen von Philosophie vorstellen, die einzig chronologisch geordnet sind.

„Philosophie" kommt aus dem Griechischen; „philosophía" in der Wortbedeutung „Liebe zur Weisheit" („phílos" = der Freund, „sophía" = die Weisheit des Weisen). Heraklit hat das Wort „philosophos" in der Bedeutung „ein nach der Natur der Dinge Forschender" verwendet. Für Platon ist Philosophie die Erkenntnis des Seienden, Ewigen und Unveränderlichen. Nach Aristoteles ist Philosophie die Untersuchung der Ursachen und Prinzipien der Dinge. Für die Stoiker ist Philosophie das Streben nach theoretischer und praktischer Tüchtigkeit, für die Epikureer das Vermögen, durch Vernunft glücklich zu werden. Im christlichen Mittelalter ist Philosophie Weltweisheit durch Vernunfterkenntnis (im Gegensatz zur Offenbarung). Für Bacon und Descartes ist Philosophie die Gesamtwissenschaft in begrifflicher Form. Für Kant gibt es „die" Philosophie nicht, weshalb man nur zu philosophieren lernen könne. Philosophie ist für ihn „das System der philosophischen Erkenntnisse oder der Vernunfterkenntnisse aus Begriffen. Das ist der *Schulbegriff* von dieser Wissenschaft. Nach dem *Weltbegriffe* ist sie die Wissenschaft von den letzten Zwecken der menschlichen Vernunft" (Kant 1975, Bd. III, S. 446; A 23). Für Hegel kann Philosophie „zunächst im allgemeinen als *denkende Betrachtung* der Gegenstände bestimmt werden" (Hegel 1959, S. 33). Und dann: „Die Philosophie (...) betrachtet nicht die *unwesentliche* Bestimmung, sondern sie, insofern sie wesentliche ist; nicht das Abstrakte oder Unwirkliche ist ihr Element und Inhalt, sondern das *Wirkliche,* sich selbst Setzende und in sich Lebende, das Dasein in seinem Begriffe" (Hegel 1952, S. 39). Für den dialektischen und historischen Materialismus ist Philosophie „die Wissenschaft von den allgemeinen Bewegungs- und Strukturgesetzen der Natur, der Gesellschaft und des Denkens (Erkennens) sowie der Stellung des Menschen in der Welt" (Marxistisch-leninistisches Wörterbuch der Philosophie, 1972, Stichwort „Philosophie"). Nietzsches Beschreibungen der Philosophie sind recht zwiespältig. So ist sie ihm „eine Art höchsten Ringens um die Tyrannenherrschaft des Geistes (Nietzsche 1966, Bd. I, S. 1268), aber auch ein „Heil- und Hilfsmittel des wachsenden oder des niedergehenden Lebens" (Nietzsche 1966, Bd. II, S. 1047) und das „Leitmotiv" der Philosophie ist ihm „eine Art Rache an der Wirklichkeit, ein heimtückisches Zugrunderichten der Wertung, in der der Mensch lebt" (Nietzsche 1966, Bd. III, S. 740). Für Wittgenstein soll die Philosophie „das Undenkbare von innen durch das Denkbare begrenzen" (Wittgenstein 1966, 4.114). Später schreibt er: „Ein philosophisches Problem hat die Form: ‚Ich kenne mich nicht aus' " (Wittgenstein 1967, § 123). „Die Philosophie ist ein Kampf gegen die Verhexung unsres Verstandes durch die Mittel unserer Sprache" (Wittgenstein 1967, § 109). Das Ziel der Philosophie ist deshalb: „Der Fliege den Ausweg aus dem Fliegenglas zeigen" (Wittgenstein 1967, § 309). Zwei zeitgenössische Denker seien noch zitiert. Jürgen Mittelstraß versteht Philosophie als praxisleitende Aufklärung (1974, S. 27 f.): „Als *Logik* im weiteren, Wissenschaftstheorie einschließenden Sinne, und als *Ethik* im engeren, ihre Anschlußstücke in (selbst normativ orientierten) Sozialwissenschaften suchenden Sinne wäre dies eine Aufgabe der Philosophie, in der diese ihre richtig verstandene Selbständigkeit wiedergewinnt". Willi Oelmüller (1980, S. 166) schreibt: „Ich verstehe unter Philosophie einen wissenschaftlich kontrollierten Orientierungsversuch über problematisch gewordene letzte Voraussetzungen unserer Wirklichkeitsannahmen sowie unserer Orientierungssysteme für unser Leben und Handeln innerhalb des konzeptuellen Rahmens einer allgemeinen Theorie der Kultur- und Zivilisationsentwicklung, in der Diskontinuitäten und Kontinuitäten sowie zunehmende Außen- und Innendifferenzierungen im einzelnen nachweisbar sind."

Die oben getroffene Auswahl von Auffassungen in der Philosophie erhebt nicht den Anspruch, repräsentativ zu sein. Sie sollen nur zeigen, daß „die" Philosophie ein breites Spektrum der unterschiedlichsten Ansichten über das zuläßt, was Philosophie ist.

Im folgenden wird nicht der Versuch einer vereinheitlichenden Beschreibung gemacht. Vielmehr wird auf einige wenige Punkte verwiesen, die weniger strittig sind. So wird weithin anerkannt, daß die europäische Philosophie aus dem Mythos entsprungen ist. Platon gilt als der Denker, der in der einen Interpretation den Mythos noch gerettet und in der anderen Interpretation den Mythos schon überwunden habe. Mythos ist hier zu verstehen als eine komplexe und geschlossene Vorstellungswelt, die Wissen, Denken, Fühlen und Moral eines Volkes einschließt; eine Vorstellungswelt, deren Grundbestandteile rational nicht erfaßbar sind und die animistisch ist, d.h., Natur wird als „beseelte" begriffen, als Geschehen, das von willentlich handelnden Göttern abhängt. Philosophie löst sich insofern vom Mythos, als sie erstens nicht länger die Vorstellungswelt eines Volkes, sondern nur mehr weniger ist. Weiter bemüht sich jede Philosophie, ihre Grundbestandteile rational auszuweisen, was allerdings auch heißen kann, daß die jeweils ersten Prinzipien als rational prinzipiell uneinholbare ausgewiesen oder behauptet werden. Der Stolz zumindest der neuzeitlichen Philosophie (d.h. etwa seit René Descartes; 1596 in La Haye geboren, 1650 in Stockholm gestorben) ist jedoch, beim Denken die Grundlagen des eigenen Denkens stets mit zu überprüfen. Schließlich gibt es keine Philosophie, die im strengen Sinne animistisch wäre – Sproßformen animistischen Denkens sind jedoch auch bei Philosophen zu finden. Ähnlich dem Mythos jedoch entwickelt auch die Philosophie eine komplexe und geschlossene Vorstellungswelt, und erst die Moderne hat von solch einheitlichen Weltbildern, die aus einem Prinzip versuchen, Wirklichkeit zu begreifen, abgesehen.

Wie die Philosophie gegen den Mythos abgegrenzt wird, so auch gegen die Theologie. Lebt die Theologie in letzter Instanz vom persönlichen Glaubenserlebnis, von der Offenbarung Gottes, so die Philosophie von Denkschritten, die prinzipiell jeder nachvollziehen können muß. In diesem Sinne einer Transsubjektivität philosophischer Behauptungen wird Philosophie Wissenschaft, eine Wissenschaft, aus der sich im Laufe der Zeit die Einzelwissenschaften entwickelt haben. Zurück blieb eine Philosophie, die sich als Königin aller Wissenschaften verstand, als umfassende

Zusammen- und Überschau all dessen, was überhaupt wißbar ist, als Wissenschaft der Wissenschaften. Dieser Anspruch wird inzwischen von Philosophen nicht mehr erhoben. Philosophie ist weitgehend Spezialdisziplin geworden, die Unterschiedliches leistet. So übernimmt sie als Wissenschaftstheorie Grundlagenforschung in den empirischen Einzelwissenschaften wie etwa Physik. Als Logistik untersucht sie mit der Mathematik die Möglichkeit der Entwicklung von axiomatisierten, formalen und formalisierten Kunstsprachen. In den Hintergrund getreten sind die klassischen Gebiete der Philosophie wie Metaphysik und Erkenntnistheorie. Das erste, weil der Boden noch schwankender geworden ist, das zweite, weil Einzelwissenschaften wie Biologie und Psychologie empirisch überprüfbare Ergebnisse bei der Beschäftigung mit diesen Gebieten zeitigen. Gehalten haben sich Disziplinen wie Ethik, Ästhetik und Gesellschaftstheorie, neu hinzugekommen sind vor allem Sprachphilosophie und Wissenschaftstheorie. Philosophie, so läßt sich sagen, ist ein Denken, das „andrängende Problembereiche als erste angeht oder aber Vorreiter ist auf der Suche nach Gebieten, die der wissenschaftlichen Aufhellung bedürfen und die dann zu Einzelwissenschaften sich ausbilden, wenn die Philosophie das Feld bestellt hat. Trotz aller Bemühungen ist dies am wenigsten in der Ethik und Metaphysik gelungen, weshalb beide die ältesten philosophischen Disziplinen sind, die nicht von anderen Wissenschaften übernommen wurden (wie Gesellschaftstheorie, Erkenntnistheorie, Anthropologie usf.). Vor allem in Ethik und Metaphysik zeigt sich aber noch ein dritter Aspekt von Philosophie: Sinnbedürfnisse zu stillen, die sich der Einzelwissenschaft entziehen, die sich teilweise aus der Einzelwissenschaft, an ihrer Grenze, aber auch im Alltag, überhaupt erst ergeben. So etwa in der Biologie, der Medizin, der Physik. Von hier her gesehen ist Philosophie dann nicht Vor-, sondern Nachhut“ (Rehfus 1980, S. 167 f.). Mit den notwendigen Einschränkungen läßt sich Philosophie heute als eine Art Metadisziplin verstehen, die den Kritik-Ansatz von Kant aufgegriffen hat. Sie ist Ideologiekritik, Sprachkritik, Wissenschaftskritik. Hierbei werden allerdings nicht die Einzelergebnisse der wissenschaftlichen Einzeldisziplinen in Zweifel gezogen, vielmehr überprüft die Philosophie die Art und Weise, wie die Ergebnisse der Einzelforschung zustande gekommen sind, und macht sich Gedanken um die denkerischen Voraussetzungen und denkerischen (und eventuell praktischen) Konsequenzen. Damit untersucht Philosophie als Metadisziplin nicht die Gegenstände selbst, sondern das Wissen von diesen Gegenständen. Anders: als Metadisziplin geht es ihr nicht um empirisch überprüfbares Einzelwissen, sondern um die Grundlagen des Denkens, Handelns und Seins überhaupt. Als Grundlagenreflexion des Denkens und Handelns ist sie vor allem Kritik, als Grundlagenreflexion des Seins Metaphysik.

Dem philosophischen Denken eigen ist in allen Bereichen die Voraussetzungslosigkeit des Ansatzes; nicht in dem Sinne, daß das philosophische Denken sozusagen im luftleeren Raum begänne, sondern in dem Sinne, daß jedes philosophische Denken sich um seinen eigenen Ansatz selbst bemühen muß: alle, wirklich alle Voraussetzungen müssen der Prüfung unterzogen und dann entweder verworfen oder begründet übernommen werden. Deshalb ist philosophisches Denken Grundsatzdenken, stete Selbstkritik, die seit Heraklit und Platon im alltäglichen Meinen beginnt und zum begründeten Wissen fortschreitet. Insofern ist Philosophie Suche nach Gewißheit und Wahrheit, die aber nicht, wie im Mythos, subjektiv erlebt, sondern intersubjektiv ausgewiesen werden. Philosophie wird mithin planmäßig betrieben, sie geht schrittweise entwickelnd vor, sucht ihre Behauptungen folgernd darzustellen und logisch zu beweisen. Die Allgemeingültigkeit der philosophischen Argumentation, als Einheit von Inhalt, Methode und Ergebnis, ergibt sich daraus, daß der Argumentationsgang zugleich das Kriterium für die Richtigkeit des Gesagten abgibt. Die Begründung der philosophischen Behauptung liegt deshalb nicht außerhalb des Gedankenganges, etwa in der Empirie, sondern in diesem selbst. Wenn folglich ein Argumentationsgang in sich richtig ist, muß ihm zugestimmt werden, es sei denn, es läßt sich erweisen, daß gedankliche Voraussetzungen (Prämissen) oder unausgesprochene Unterstellungen (Implikate) in die Argumentation eingeflossen sind, die nicht haltbar sind. Dies heißt, daß selbstverständlich nicht jeder Text eines Philosophen auch alle Argumentationsschritte gewissenhaft ausweist – doch der argumentative Anspruch auf Allgemeingültigkeit ist immer vorhanden. Somit gibt es in der philosophischen Theorie auch keine Prognosen (wenn einzelne Philosophen solche auch versucht haben). Das heißt nicht, daß Philosophie völlig unabhängig von Wirklichkeit wäre: sie begreift sie, bestimmt sie mittels Theorien. Aber sie ist empirisch weder verifizierbar noch falsifizierbar. Der philosophische Text, so läßt sich sagen, stellt Behauptungen auf, erweist diese in einem diskursiven Verfahren, das, zusammen mit der Prämissen- und Implikatenreflexion, allein den Geltungsanspruch der Behauptung ausmacht. Deshalb kann der philosophische Text Allgemeingültigkeit beanspruchen.

Wenn sich auch zeigt, daß grundsätzlich alles Gegenstand des philosophischen Forschens sein kann, so haben sich im Laufe der über zweitausendjährigen Geschichte der Philosophie doch einige durchgängige Bereiche von Frage- und Problemstellungen entwickelt. Zu beachten hierbei ist jedoch, daß zum Beispiel die Frage nach der Bestimmung des Menschen von Platon bis Gehlen zwar Gegenstand der philosophischen Reflexion war, daß jedoch der jeweilige Frageansatz höchst unterschiedlich gewesen ist und deshalb die Antworten auch je anders ausfielen.

Im folgenden werden knapp die Epochen des philosophischen Denkens skizziert, dann aktuelle Strömungen, schließlich die philosophischen Disziplinen und „Bindestrich-Philosophien" und philosophische Methoden und Positionen; den Abschluß bildet die Didaktik der Philosophie.

Philosophische Problemstellungen und -lösungen

1. Historischer Längsschnitt

a) Epochen der Philosophie

„Epochen" festzumachen ist problematisch. Erstens ist das Unterscheidungsmerkmal nicht eindeutig: soll geschieden werden gemäß politischen Maßstäben, geistesgeschichtlichen, territorialen, weltgeschichtlichen, philosophieinternen oder? Und wenn dies entschieden ist: welcher Zeitraum ist anzusetzen, um ein Ereignis als kleine Schwankung oder als gewaltigen Bruch sehen zu können? Und wenn dies alles gelänge: was besagt eine Großgliederung für das Denken eines einzelnen Philosophen? – Der Probleme sind Legion, ich habe nur einige angedeutet. Dennoch hat sich – zumindest aus europäisch-neuzeitlicher Sicht – eine gewisse Periodisierung auch für das philosophische Denken eingebürgert. Im folgenden wird eine der üblichen Aufteilungen vorgestellt und dann kurz an Beispielen erläutert.

I Antike

1. Vorsokratiker
   - Thales, um 625 – 545 v.
   - Anaximander, um 611 – 545 v.
   - Anaximenes, um 584 – 525 v.
   - Pythagoras, um 580 – 500 v.
   - Heraklit, um 536 – 470 v.
   - Die Eleaten: Xenophanes, um 570 – 477 v.
Parmenides, um 540 – 480 v.
Zenon, um 490 – 430 v.
   - Empedokles, um 490 – 430 v.
   - Anaxagoras, um 500 – 428 v.
   - Leukipp, um 460 v.
   - Demokrit, um 460 – 370 v.
2. Eklektiker und Epigonen
   - Diogenes v. Apollonia, 499/98 – 428/27 v.
   - Kratylos
3. Sophisten
   - Protagoras, 480 – 410 v.
   - Gorgias, 483 – 375 v.
   - Kallikles
   - Thrasymachos v. Chalkedon

- Prodikos, um 400 v.
- Hippias v. Elis, um 400 v.
- Antiphon
- Kritias, gest. 403 v.
- Hippodamus v. Milet

4. Griechische Klassik
   - Sokrates, 469 – 399 v.
   - Sokratische Schulen:
     a) Kyniker
        - Antisthenes, 444 – 368 v.
        - Diogenes, um 412 – 323 v.
        - Krates aus Theben
        - Hipparchia (die erste Philosophin)

     b) Kyrenaiker oder Hedoniker
        - Aristipp, um 435 – 355 v.
        - Theodoros
        - Hegesias, um 3. Jh. v.
        - Annikeris

     c) Megarische und elische Schule
        - Euklid v. Megara
        - Eubulides aus Milet, um 400 v.
        - Phaidon von Elis, um 400 v.
   - Platon, 427 – 347 v.
   - Platonische Schule: Akademie
   - Aristoteles, 384 – 322 v.
   - Aristotelische Schule: Peripatetiker

5. Spätantike
   a) Stoa
      - griechisch: Zenon v. Kition, 336 – 264 v.; Kleantes, 331 – 233 v.; Chrysippos, 280 – 209 v.
      - römisch: Cicero, 105 – 43 v.; Seneca, 4 – 65; Epiktet, 50 – 138; Marc Aurel, 121 – 180.

   b) Epikureer
      - griechisch: Epikur, 341 – 270 v.; Metrodor, 4 Jh. v.
      - römisch: Lucretius Carus, 96 – 55 v.

   c) Skeptiker
      - griechisch: Pyrrhon v. Elis, 365 – 275 v.; Arkesilaos, 315 – 241 v.; Karneades, 214 – 129 v.
      - römisch: Aenesidemus, um 1. Jh. v.; Sextus Empiricus, 200 – 250

   d) Neoplatonismus
      - Ammonius Sakkas, um 175 – 242

- Plotin, 204–269
- Porphyrios, 232–304

II Mittelalter

1. Patristik
   - Aurelius Augustinus, 354–430
2. Scholastik
   a) Frühscholastik
      - Anselm v. Canterbury, 1033–1109
      - Wilhelm v. Champeaux, 1070–1121

   b) Hochscholastik
      - Petrus Abaelard(us), 1079–1142
      - Albertus Magnus, 1193 od. 1207–1280
      - Thomas von Aquin, 1225–1274

   c) Spätscholastik
      - Duns Scotus, 1274–1308
      - Wilhelm v. Ockham, um 1300–1350
3. Mystik
   - Bernhard v. Clairveaux; 1090–1153
   - Meister Eckhart, 1260–1327
   - Johann Tauler, um 1300–1361
   - Thomas a Kempis, 1379–1471

III Renaissance

- Nikolaus v. Kues, 1401–1464
- Auroelus Theophrastus Paracelsus, 1493–1541
- Giordano Bruno, 1548–1600
- Jakob Böhme, 1575–1624

IV Neuzeit

1. Empirismus
   - Roger Bacon, 1561–1626
   - Thomas Hobbes, 1588–1679
   - John Locke, 1632–1704
   - George Berkeley, 1685–1753
   - David Hume, 1711–1776
2. Rationalismus
   - René Descartes, 1596–1650
   - Blaise Pascal, 1623–1662

- Benedictus Spinoza, 1632 – 1677
- Gottfried Wilhelm Leibniz, 1646 – 1716
- Christian Wolff, 1679 – 1754

3. Okkasionalismus
   - Arnold Geulincx, 1625 – 1669
   - Nicolas Malebranche, 1638 – 1715
4. Französische Aufklärung
   - Michel de Montaigne, 1533 – 1592
   - Pierre Bayle, 1647 – 1706
   - Charles de Secondat Montesquieu, 1689 – 1755
   - François Marie Voltaire, 1694 – 1778
   - Jean-Jacques Rousseau, 1712 – 1778
   - Julien Lamettrie, 1709 – 1751
   - Claude Adrien Helvétius, 1715 – 1771
   - Etienne Bonnot de Condillac, 1715 – 1780
   - Paul Heinrich Dietrich Holbach, 1723 – 1789
5. Deutscher Idealismus und Romantik
   a) Kritizismus: Immanuel Kant, 1724 – 1804
   b) Spekulativer Idealismus
      - Johann Gottlieb Fichte, 1762 – 1814
      - Friedrich Wilhelm Schelling, 1775 – 1854
      - Georg Wilhelm Friedrich Hegel, 1770 – 1831
   c) Humanismus und Pädagogik
      - Alexander v. Humboldt, 1767 – 1835
      - Friedrich Ernst Schleiermacher, 1768 – 1834
      - (Friedrich v. Hardenberg) Novalis, 1772 – 1801
      - Johann Friedrich Herbart, 1776 – 1841
   d) Arthur Schopenhauer, 1788 – 1860

V Die Philosophie des 19. Jh. bis zur Gegenwart

1. Klassischer Positivismus
   - Auguste Comte, 1798 – 1857
   - John Stuart Mill, 1806 – 1873
   - Herbert Spencer, 1820 – 1903
   - Ernst Haeckel, 1834 – 1919
   - Ernst Mach, 1838 – 1915
2. Historisch-dialektischer Materialismus
   - Ludwig Feuerbach, 1804 – 1872
   - Karl Marx, 1818 – 1883
   - Friedrich Engels, 1820 – 1895

3. Wissenschaftssynthesen
   - Rudolf Hermann Lotze, 1817 – 1881
   - Gustav Theodor Fechner, 1801 – 1887
   - Max Wundt, 1832 – 1920
4. Spätidealismus
   - Eduard v. Hartmann, 1842 – 1906
5. Neukantianismus
   - Marburger Schule: Friedrich Albert Lange, 1828-1875; Hermann Cohen, 1842 – 1918; Paul Natorp, 1854 – 1924
   - Südwestdeutsche Schule: Wilhelm Windelband, 1848 – 1915; Heinrich Rickert, 1863 – 1936
6. Geisteswissenschaftliche Philosophie
   - Wilhelm Dilthey, 1833 – 1911
   - Theodor Litt, 1880 – 1962
   - Eduard Spranger, 1882 – 1963
7. Lebensphilosophie
   - Friedrich Nietzsche, 1844 – 1900
   - Henri Bergson, 1859 – 1941
   - Georg Simmel, 1858 – 1918
   - Ludwig Klages, 1872 – 1956
8. Kulturphilosophie
   - Ortega y Gasset, 1883 – 1955
9. Philosophische Geschichts- und Kulturkritik
   - Karl Lamprecht, 1856 – 1915
   - Max Weber, 1864 – 1921
   - Oswald Spengler, 1880 – 1936
10. Kritischer Realismus
    - Nicolai Hartmann, 1882 – 1950
11. Transzendental-Phänomenologie
    - Edmund Husserl, 1859 – 1938
12. Anthropologie
    - Max Scheler, 1874 – 1928
    - Helmuth Plessner, 1892
    - Arnold Gehlen, 1904 – 1976
13. Existenzphilosophie
    - Sören Kierkegaard, 1813 – 1855
    - Karl Jaspers, 1883 – 1969
    - Martin Heidegger, 1889 – 1976
    - Gabriel Marcel, 1889 – 1973
    - Jean-Paul Sartre, 1905 – 1980
    - Albert Camus, 1913 – 1960

14. Moderner Empirismus und Neopositivismus
    a) Wiener Kreis
        – Moritz Schlick, 1882 – 1936
        – Otto Neurath, 1882 – 1945
        – Hans Reichenbach, 1891 – 1953
        – Rudolf Carnap, 1891 – 1970
    b) Kritischer Rationalismus
        – Karl Raimund Popper, 1902
        – Hans Albert, 1921
15. Sprachphilosophie und analytische Philosophie
    – George Edward Moore, 1873 – 1958
    – Alfred North Whitehead, 1861 – 1947
    – Ludwig Wittgenstein, 1889 – 1951
    – Gilbert Ryle, 1900
    – John L. Austin, 1911 – 1960
    – Alfred Jules Ayer, 1911
    – George Henrik v. Wright, 1916
    – Peter F. Strawson, 1919
    – Richard Mervyn Hare, 1919
    – John Rawls, 1921
    – John R. Searle, 1932
16. Logistik, Konstruktivismus
    – Guiseppe Peano, 1858 – 1932
    – David Hilbert, 1862 – 1943
    – Bertrand Russell, 1872 – 1970
    – Gottlob Frege, 1884 – 1925
    – Alfred Tarski, 1901
    – Carl G. Hempel, 1905
    – Wilhelm Kamlah, 1905 – 1976
    – Nelson Goodman, 1906
    – Willard v. O. Quine, 1908
    – Paul Lorenzen, 1915
17. Amerikanischer Pragmatismus
    – Charles Sanders Peirce, 1839 – 1914
    – William James, 1842 – 1910
    – John Dewey, 1859 – 1952
18. Neomarxismus, Kritische Theorie
    – Georg Lukács, 1885 – 1971
    – Max Horkheimer, 1895 – 1973
    – Herbert Marcuse, 1898 – 1979
    – Theodor W. Adorno, 1903 – 1969
    – Jürgen Habermas, 1929

19. Wissenschaftstheorie und -kritik
- Imre Lakatos, 1922–1974
- Thomas S. Kuhn, 1922
- Wolfgang Stegmüller, 1923
- Paul Feyerabend, 1924
- Friedrich Kambartel, 1935
- Jürgen Mittelstraß, 1936

Wie die Aufstellung zeigt, fächert sich die Philosophie in der Neuzeit immer mehr auf. Dies liegt sicher auch daran, daß der zeitliche Abstand noch zu gering ist, um Entwicklungslinien schon deutlich erkennen zu können. Nicht zu vergessen ist aber, daß es auch an der Entwicklung des philosophischen Denkens selbst liegt. Philosophie ist eine weltweite universitäre Wissenschaftsdisziplin, deren Forschung immer spezialisierter wird, weshalb sich das Gebiet der Philosophie insgesamt ständig vergrößert.

Im folgenden soll die oben vorgenommene zeitlich-geschichtliche Gliederung kurz erläutert werden; nicht aber im Sinne einer Philosophiegeschichte. Vielmehr sollen Grundprobleme einzelner Philosophen knapp angerissen werden. Dabei geht es weder um Vollständigkeit der Positionsbeschreibung der einzelnen Denker noch um eine repräsentative Auswahl aus der gesamten Tradition philosophischen Denkens. Beabsichtigt ist ein durchaus willkürliches Herausgreifen einzelner Philosophen, anhand derer ein wenigstens flüchtiger Eindruck in die Vielfalt philosophischer Problemstellungen und -lösungen gewonnen werden soll. Dies Herausgreifen wird um so weniger repräsentativ, je mehr es sich der Moderne nähert. Für alle Autoren sind auch bibliographische Angaben gemacht. Diese beschränken sich erstens auf neuere, besonders deutschsprachige Veröffentlichungen und nennen zweitens fast ausschließlich Bücher und keine Aufsätze.

Ich möchte an dieser Stelle nochmals davor warnen, die anschließenden Ausführungen zu den Denkern, Disziplinen und philosophischen Methoden und Positionen als Gesamtinterpretationen zu nehmen. *Es handelt sich um Schlaglichter. Das dargestellte Denken geht in seiner Darstellung nicht auf.* Kein Philosoph, kein philosophisches Problem ist als Ergebnis (und dann noch in wenigen Sätzen) festzumachen. Das philosophische Denken zeichnet sich aus durch seinen argumentativen Fluß; dieser ist nur dem Originaltext eigen, der deshalb nicht zu ersetzen ist. Das folgende Kapitel setzt die Kenntnis der Originaltexte jedoch nicht voraus, und deshalb kann es auch *keine Interpretation* sein; *es ist nur der Versuch, Problemstellungen anzudeuten, auf Fragerichtungen hinzuweisen und Denkhorizonte zu eröffnen.*

b) Ansätze der Philosophen

Die „Antike Philosophie“ bewegt sich im Umkreis des mythischen Denkens. Der Mensch sieht sich umschlossen vom „Kosmos“, als dessen Teil er sich erfährt. Das antike Philosophieren muß aber gleichzeitig als langsame Überwindung des Mythos gesehen werden (was nicht wertend gemeint ist). Das antike Denken kennzeichnet ein unhistorischer Ansatz, dem es um die Regelmäßigkeit des bewegten Seienden, sowohl des organischen als auch der Himmelskörper, geht.

Die *„Vorsokratiker“*. Die Bezeichnung zeigt, daß diese Philosophen eigentlich noch gar nicht als solche anerkannt werden, als wenn die Philosophie erst mit Sokrates begänne. Und es gibt in der Tat wichtige Unterschiede. So versuchen die „Vorsokratiker“ die „seienden Dinge“ zu erklären, indem diese auf ein „Prinzip“ („Arché“: das, von dem her dem Seienden Entstehen und Untergang zuteil werden) zurückgeführt und letzte Seinsgründe gesucht werden. Solche Natur„prinzipien“ wurden von Thales bis Demokrit entwickelt. Eines davon ist das Wasser (*Thales*), Urstoff und Urgrund („Arché“) aller Dinge; damit werden nicht mehr die Götter zur Erklärung der Weltentstehung herangezogen. Bestehen aber bleibt, daß die seienden Dinge auf einen Ursprung zurückgeführt werden. Dieser ist aber nicht länger im fraglos hingenommenen Mythos vorgegeben, sondern muß vom Menschen selbst erfragt und entdeckt werden. Somit geht es nicht um sehr einfache naturwissenschaftliche Theorien, sondern um den Versuch, die sich ständig wandelnde Welt auch ohne Rückgriff auf den Mythos als Einheit begreifen zu können. *Anaximander* erkannte, daß der Urstoff nicht empirisch sein könne und setzt deshalb ein (zeitlich) Unendliches („Apeiron“) an, das qualitativ unbestimmt ist; es ist unentstanden, unvergänglich und unbegrenzt. Das Vergängliche wird somit im Unendlichen gegründet. Neben dem Ur*stoff*, den er als Luft behauptet, werden von *Anaximenes* zwei der Luft zugeordnete Ur*kräfte* ins Spiel gebracht: Verdichtung und Verdünnung. Neben solchen Spekulationen über einen Urstoff gibt es in der Schule von *Pythagoras* Überlegungen zur Form im Sinne der Regelmäßigkeit, Gesetzmäßigkeit und Meßbarkeit. Die geometrisch anschauliche Zahl wird (Form-)Prinzip alles Seienden. Schließlich bemerkte *Heraklit* die Bewegung alles Seienden und fand zugleich im Logos dessen einigende Ordnungskraft. Werden und Vergehen machen das Wesen der „Arché“ aus. Ausdruck dieser Bewegung, die als Einheit gedacht wird, ist ihm das Feuer. Die Wirklichkeit wird also als in sich widersprüchliche interpretiert: Tag und Nacht, Winter und Sommer, Krieg und Frieden usf. Physis (Natur) ist das Prinzip des Wirklichen, die sich hierin zugleich verbirgt und offenbart. Der Kosmos ist somit nicht mehr gesehen als die stabile Gesamtheit der Dinge, sondern als Prozeß,

Veränderung. Der Philosoph entdeckt aber, daß die Gegensätze in der Vernunft (Logos) vereint sind; das Werden ist im Sein verankert, der Logos bindet das Viele und das Eine in sich zusammen. Die *Eleaten* entwickelten dann die Abgrenzung zwischen dem, was das Denken erfassen kann, das wahrhaft Seiende (von dem es „Wahrheit" gibt) und dem, was mit den Sinnen wahrnehmbar ist, das scheinbar Seiende (von dem es nur „Meinungen" gibt). *Parmenides* behauptet nun, „dasselbe nämlich ist Denken und Sein". Und entscheidend ist, daß scharf getrennt wird zwischen dem Seienden und dem Nichtseienden, denn nur „das Sein ist, das Nichtseiende aber ist nicht". Das Sein des Seienden ist immer dasselbe, es kann weder aus Nicht-Seiendem hervorgehen noch „zu nicht" werden. Damit hat Parmenides die Denkprinzipien der Identität (A = A) und des Satzes vom zu vermeidenden Widerspruch (A ist nicht Non-A) formuliert, diese Denkprinzipien jedoch unmittelbar auf die Wirklichkeit selbst übertragen. *Empedokles* setzt die bekannten „vier Elemente" (Feuer, Wasser, Luft und Erde) als Ausgangspunkt, die am Beginn aller Dinge in „Liebe" (die eine Grundkraft) vereint waren und dann durch „Streit" (die zweite Grundkraft) ihre geschlossene Kugelgestalt verloren haben. Die Dinge der Sinnenwelt sind nichts anderes als Verbindung („Mischung") und Trennung („Entmischung") der Grundelemente. Auch *Anaxagoras* versucht, die Mannigfaltigkeit und Veränderlichkeit der Sinnenwelt aus einem ursprünglichen Sein herzuleiten. Seine Urbestandteile aber sind unendlich viele, die unendlich teilbar sind; wie es immer noch kleinere gibt, so auch immer noch größere. Alles hängt jedoch zusammen. Das Prinzip, das die Ordnung der Welt bestimmt, ist für ihn der „Nous", der Geist (das Denkvermögen), der seine Gewalt aus sich selbst hat. Für *Demokrit* besteht das gesamte All aus unendlich vielen materiellen Elementen, den Atomen, die leere Zwischenräume zwischen sich lassen. Das „Volle" gilt als seiend (wirklich), das „Leere" als nicht-seiend (nicht-wirklich). Die Trennung und Vereinigung bewirkt das Entstehen und Vergehen, ihre Anordnung und Lage die Veränderung. Diese Prozesse geschehen nicht planvoll, aber auch nicht zufällig. Demokrit sieht die Bewegung der Atome gemäß einer reinen Mechanik.

Neben solchen Erklärungsversuchen der Natur stellten die „Vorsokratiker" auch ethische Lehren auf. So kam es den Pythagoreern auf die Harmonie des Vernünftigen mit dem Unvernünftigen in der Seele an, und Demokrit forderte, daß auch in ethischen Fragen die Vernunft maßgebend sein müsse.

Die *Sophisten* werden sehr unterschiedlich beurteilt. In den platonischen Dialogen kommen sie meist recht schlecht weg, werden von Sokrates ihres Nicht-Wissens überführt, gleichwohl sie sich selbst für wissend halten. *Popper* (1975, Bd. I) dagegen gelten die Sophisten als Vertreter einer „offenen", demokratisch gesonnenen Gesellschaft der persönlichen Entscheidung, der Platon eine „geschlossene", „magische", „stammesgebundene" oder „kollektivistische" entgegengesetzt habe.

Wie auch immer: das sophistische Denken stellt einen neuen Ansatz dar. Im Mittelpunkt stehen nicht mehr die Fragen nach den ersten Anfängen der Dinge, Probleme des Kosmos und der Natur, nicht länger wird anerkannt, daß die Erkenntnis von einem sie begründenden Ursprung auszugehen habe, vielmehr beschäftigen sich die Sophisten mit sozialen, ethischen, politischen und pädagogischen Problemen. Der Mensch als denkender und handelnder, als Individuum und als Glied der Polis wird Thema. Das Nachdenken darüber führt zur Trennung zwischen dem, was der Mensch gesetzt hat („Nomos", „Thesis"), und dem, was natürlich gegeben und unveränderlich ist („Physis"). Dieser Ansatz führt zur Skepsis gegenüber der Allgemeingültigkeit der Erkenntnis, den geltenden Normen und dem überlieferten Glauben, die sich zu einem erkenntnistheoretischen und ethischen Relativismus und Historismus entwickelt; dies vor allem bezeichnet den Bruch zu den mythischen Überlieferungen. Die Konsequenz dieses relativistischen Denkens ist die Überzeugung, daß es nicht darauf ankäme zu überzeugen, sondern nur, durch Worte zu überreden.

Für *Protagoras* gehört die Wahrheit zu den relativen Dingen. Der Maßstab der Erkenntnis ist der individuelle Mensch. „Der Mensch ist das Maß aller Dinge, der seienden, daß sie sind, der nicht-seienden, daß sie nicht sind." Für jeden ist, in Hinsicht auf sich, alles wirklich wahr, was er sich vorstellt. *Gorgias* versuchte (vergeblich) zu beweisen, daß es weder ein Seiendes noch ein Nichtseiendes noch das Seiende und zugleich das Nichtseiende gebe, daß es folglich nichts gebe. Bei *Thrasymachos v. Chalkedon* sind Ansätze einer Naturrechtslehre zu finden, wenn er behauptet, daß Gerechtigkeit nichts anderes sei als der Nutzen des Stärkeren. *Kritias* argumentiert ebenfalls in diesem Umkreis. Die Menschen lebten ursprünglich bar jeglicher Ordnung wie die Raubtiere und gaben sich dann erst, zum Schutz, Gesetze. Die Götter wurden dann von den Menschen erfunden, um die Menschen an Übeltaten auch dann zu hindern, wenn diese heimlich geschähen.

Literatur

I Primärliteratur

Capelle, W. (Hg.): Die Vorsokratiker. Die Fragmente und Quellenberichte, Stuttgart 1968

Diels, H. (Hg.): Die Fragmente der Vorsokratiker (3 Bde.), Nachdruck Hamburg 1957

II Sekundärliteratur

Bröcker, W.: Die Geschichte der Philosophie vor Sokrates, Frankfurt (Main) 1965
Capelle, W.: Die griechischen Philosophen (2 Bde.), Freiburg 1971
Gadamer, H.-G. (Hg.): Um die Begriffswelt der Vorsokratiker, Darmstadt 1968
Jürss, F.: Von Thales zu Demokrit, Köln 1977
Pohlenz, M.: Die Stoa (2 Bde.), 5. Aufl. Göttingen 1980
Röd, W. (Hg.): Die Philosophie der Antike 1. Von Thales bis Demokrit, München 1976
Schadewald, W.: Die Anfänge der Philosophie bei den Griechen, Frankfurt (Main) 1978
Thomson, G.: Die ersten Philosophen, Berlin 1974
Wehrli, F.: Theoria und Humanitas. Gesammelte Schriften zur antiken Gedankenwelt, Zürich 1972
Wolf, E.: Griechisches Rechtsdenken, Bd. 1 Vorsokratiker und frühe Dichter, Frankfurt (Main) 1950

Mit *Sokrates* beginnt ein neuer Abschnitt des philosophischen Denkens. Hatten die Vorsokratiker und Sophisten Ziele, so hatte Sokrates allenfalls Wege, hatten die Vorsokratiker und Sophisten Antworten, so hatte Sokrates vor allem Fragen. Die Sophisten brachen die Gründung der theoretischen Erkenntnis in kosmologische Urprinzipien und die Absicherung des praktischen Handelns auseinander. Die Prinzipien des Denkens wurden gleichgültig gegenüber denen des Tuns. Sokrates wendet sich von Spekulationen über kosmische Urprinzipien ab und dem handelnden Menschen zu.

Der „Weg" des Sokrates ist stets derselbe: der Dialog mit solchen, die über die Sache, um die es geht, Bescheid wissen; die Gerechtigkeit, die Tapferkeit, die Frömmigkeit, die Tugend usf. In seinen Gesprächen fragt Sokrates die Wissenden, gibt sich aber nicht mit Beispielen (etwa für „Tapferkeit") zufrieden, sondern fragt weiter nach dem, was die Tapferkeit als solche ausmacht. Leitfaden seiner Fragen ist, auf dem Weg des Logos zu einer Definition der verhandelten Sache zu kommen. Diese Fragestellung konnte von Praktikern nicht verstanden werden, denen es nicht darum geht, herauszufinden, was das Wesen etwa der Tapferkeit ist, sondern darum, wie ein tapferer Krieger für den Sieg in einer Schlacht nutzbar gemacht werden kann. Das Befremdliche der sokratischen Fragen war ihre Zwecklosigkeit. Im Hintergrund aber steht die Annahme, daß nur der, welcher eine genaue Kenntnis der Dinge hat, auf die sich sein Handeln bezieht, auch richtig handeln könne. Tüchtigkeit („Areté") ist Einsicht, und diese ist in erster Linie Selbsterkenntnis und Erkenntnis des Guten (wobei unklar bleibt, ob dies mehr ist als formale Zweckentsprechung.). Die Erkenntnis des Guten indessen reiche aus, um das Gute auch zu tun und damit Glückseligkeit zu gewinnen. Das radikale In-Frage-Stellen all dessen, was unbefragt und wie selbstverständlich gilt, führt bei Sokrates nicht zu einem inhaltlichen Ergebnis, sondern in die „Aporie“, die Auswegslosigkeit. Dahinter steht, wie bei den Sophisten, die Auffassung des Logos als Gradmesser der Erkenntnis, aber im Gegensatz zu den Sophisten führt dies nicht in allgemeine Skepsis. Die „Wege“ des Sokrates enden in der Feststellung, daß kein Weg mehr gewußt wird, die Dialoge bleiben ohne Ergebnis, was die verhandelte Sache betrifft. Dennoch sind sie nicht völlig ergebnislos.

Das, wonach Sokrates fragt, ist stets aus dem Bereich der menschlichen Praxis. Es geht ihm um den individuellen Menschen in seiner sittlichen Entscheidungs- und Verantwortungssituation. Deshalb muß der Mensch über sich selbst Bescheid wissen, er muß wissen, worüber er spricht, denn aus dem richtigen Denken folgt das rechte Handeln.

Für Sokrates kommt es nicht so sehr darauf an, sichere Erkenntnisse über die Objekte zu haben, viel wichtiger ist ihm die Sicherheit des Subjekts, das sich eingestehen kann, das Wesen der Dinge nicht erfassen zu können. Dieses „Mit-der-Frage-Leben“, das Wissen um das eigene Nicht-Wissen macht die Sittlichkeit des Menschen aus.

I Primärliteratur

Von Sokrates sind keine Schriften überliefert, wahrscheinlich hat er seine Philosophie auch nicht schriftlich niedergelegt. Was wir von seiner Lehre wissen, stammt hauptsächlich aus den Frühdialogen Platons (vgl. dort).

II Sekundärliteratur

Gigon, O.: Sokrates, Bern 1947
Guardini, R.: Der Tod des Sokrates, Hamburg 1956
Kuhn, H.: Sokrates, 2. Aufl. München 1959
Platzeck, E. W.: Von der Analogie zum Syllogismus, Paderborn 1954
Ritter, C.: Sokrates, Tübingen 1931
Schrempf, Chr.: Sokrates, 3. Aufl. Stuttgart 1955
Stenzel, J.: Studien zur Entwicklung der platonischen Dialektik von Sokrates zu Aristoteles, 3. Aufl. Darmstadt 1961
Waldenfels, B.: Das sokratische Fragen, Meisenheim 1961

Das sokratische Philosophieren fand Anhänger. Die *Kyniker* vertrauten wie Sokrates darauf, daß Tugend auf Einsicht beruhe und deshalb lehrbar sei. „Lehrbar“ jedoch hauptsächlich verstanden als Einübung und Gewöhnung. Tugendhaftes Leben sei nur in völliger Unabhängigkeit möglich. Bedürfnislosigkeit war deshalb das Ziel und der Rückzug aus dem Leben in der Polis die praktische Konsequenz, die einherging mit der Verherrlichung des Naturzustandes. Für die *Kyrenaiker* wird das Individuum in seiner Jetztheit Mittelpunkt der Ethik. Maßstab des Tuns und Lassens ist, wie bei Sokrates, das Glück, verstanden jedoch als Lust des Augenblicks, später indes ausgeweitet zu andauernden Gemütsstimmungen wie Heiterkeit, Freude, Dankbarkeit, Liebe.

Auch *Platons* Denken entwickelt sich in der Auseinandersetzung mit Sokrates. Er stellt die „Was ist ...-Frage" nicht nur im Umkreis der menschlichen Praxis, sondern auch im (erkenntnis-)theoretischen Sinn. Somit wird die Frage der Vorsokratiker nach den letzten Gründen des Seienden radikalisiert zur Frage, was denn dieses wahrhaft Seiende sei. Diese Frage ergibt sich bei Platon aus einem ethischen Ansatz, der, ähnlich wie bei Sokrates, die Glückseligkeit des Menschen thematisiert. Um diese zu erlangen, muß sich die Seele um die Gerechtigkeit bekümmern. Und dies ist nur dadurch möglich, daß die Seele die sinnlich gegebene, sich stets ändernde Welt überschreitet und sich dem Reich der ewig gleichbleibenden Ideen zuwendet. Der Grund für dies Überschreiten ist Platons Annahme, daß jedem Seienden eine feste Wesensbestimmung zugesprochen werden könne und daß alle Wesensbestimmungen ein geordnetes Ganzes bilden, die von der obersten Idee, dem Guten, getragen werden.

Das göttlich Schöne wird „geschaut", es ist die Voraussetzung zur Erfassung des einzelnen Schönen, der voraussetzungslose Grund aller Erkenntnis. Obwohl diese Schau sowohl des Schönen als auch des Guten nur momentan möglich ist, ist das „denkende Vernehmen" Ziel von Platons „dialektischer Wissenschaft". Diese reflektiert die Prinzipien ihres Wissens und kann deshalb von jedem Seienden sagen, „was ein jedes ist". Der Grund des (sinnfällig) Seienden überschreitet dieses. Ideen sind das Eine, begrifflich gefaßte Seinsbestimmtheiten, unkörperliches Sein, das durch die Begriffe erkannt wird und auf welches das Denken hinschaut, wenn es von der Meinung zur Erkenntnis gelangen möchte, wobei Platon die Idee als etwas denkt, das in seinem Sosein unabhängig davon ist, ob es gedacht wird oder nicht. Das Denken bestimmt den Gegenstand nicht, sondern nähert sich ihm sozusagen an. Das philosophische Denken aber bleibt bei der Erkenntnis von Einzelgegenständen nicht stehen, sondern fragt weiter, was „Wissen" („Epistéme") denn sei; damit geht Platon über Sokrates hinaus.

Die Seele ist der unsterbliche Teil des Menschen; wenn der Körper stirbt, befreit sie sich von ihm und geht ein in ihr eigentliches Reich: das der unveränderlichen Ideen, die somit im vorgeburtlichen Zustand der Seele von ihr in Reinheit geschaut werden. Philosophische Erkenntnis ist deshalb die Wiedererinnerung der Seele im Zustand der Leibgebundenheit an die Ideen, wie sie sie im vorgeburtlichen Zustand geschaut hat

(Anamnesis-Lehre). Diese Wiedererinnerungslehre hat ihren Grund darin, daß Platon Idee und Erscheinung so trennt, daß die Trennung nicht von der Welt der Erscheinung her zu überwinden ist. Soll deshalb trotz dieser Kluft Erkenntnis möglich sein, kann diese nicht nur kraft der Erscheinung zustande kommen, sondern ein Immer-Schon-Wissen um die Idee, unabhängig von empirischer Erfahrung, muß vorausgesetzt werden.

Daß die Erinnerung an die Ideen in Gang gesetzt wird, ist ein Werk des „Eros", der Sehnsucht, im Schönen zu zeugen. Solches Verlangen nach dem Schönen treibt zunächst zum schönen Leib eines Einzelnen, doch der Sehnsüchtige bemerkt, daß die Schönheit in allen Leibern dieselbe ist, schließlich wird er gewahr, daß die Schönheit der Seele wertvoller ist als die des Leibes; endlich wird die Art und Weise, das Leben zu führen, wichtiger als der Leib, und letztlich wird der Sehnsüchtige in Liebe zur Weisheit entbrennen. Und die höchste Erkenntnis ist die des Schönen selbst. „Eros" ist mithin das Streben nach der Idee des Schönen und Guten, an dem alles Seiende teilhat. Entscheidend hierbei ist, daß das „Schöne", das zunächst Eigenschaft eines gegenständlich Seienden ist, sich auf der höchsten Stufe als eigenständige Substanz zeigt. Der Aufstieg zur Wahrheit erweist sich damit als Entsubjektivierung und Entsinnlichung, in dem sich das objektiv Seiende, die Idee des Schönen, substantiiert.

Der Gedanke der Wiedererinnerung schließt ein, daß die sinnliche Welt der Erscheinung, trotz der prinzipiellen Trennung, in gewisser Weise teil hat an der geistigen Welt der Ideen. Die sich wandelnde Welt der Erscheinung ist ein Abbild der ewig gleichbleibenden Ideen, der Urbilder. Die Idee ist sozusagen die ideale Verdoppelung der Wahrnehmungswelt, und zwar so, daß sie seiend gedachte Bedeutungseinheit, seiende Wahrheit ist. Diese Idee bestimmt das erscheinende Exemplar so lange, wie dieses die Eigenschaften besitzt, die auch der Idee zukommen. Alles Wirkliche ist Abbild und hat Teil am Urbild (den Ideen), das seinerseits in der höchsten Idee, nämlich der des Guten, gründet. Die höchste Idee ist nicht als Gipfel einer Begriffspyramide zu verstehen, in der der jeweilige Oberbegriff (die Gattung) eines Unterbegriffs (die Art) immer inhaltsärmer wird. In diesem Sinne ist die Idee nicht Allgemeinbegriff, sondern Seinsgrund. Die Urbilder sind somit das eigentlich Seiende und nicht die Abbilder, die vergänglich sind und nach ihrem Urbild streben.

Die Gerechtigkeit in der Polis ist entsprechend nichts anderes als der Versuch eines jeden, seine eigene Bestimmung zu verwirklichen. Wie der Mensch drei Seelenteile hat (den vernünftigen, den mutigen und den begehrenden), so soll es in der Polis auch drei Stände geben: den Philosophenherrscher, die Wächter und die Gewerbetreibenden. „Besonnenheit" ist damit nicht die Tüchtigkeit („Areté") eines einzelnen Seelenteils, sondern kommt der gesamten Seele zu, und „Gerechtigkeit" resultiert in der

Polis aus dem richtigen Zusammenwirken der drei in der Seele verankerten Stände und daraus, daß jeder das Seine tut, d. h. seine Seelenbestimmung verwirklicht.

I Hauptschriften

1. Sokratische oder Jugendschriften:
Apologie des Sokrates (Sokrates' Verteidigungsrede vor Gericht)
Kriton (Hochachtung vor den Gesetzen)
Euthyphron (Über die Frömmigkeit)
Lysis (Über Liebe und Freundschaft)
Laches (Über die Tapferkeit)
Charmides (Über die Besonnenheit)

2. Kritische Hauptschriften:
a) Auseinandersetzung mit der Sophistik:
Protagoras (Einheit und Lehrbarkeit der Tugend)
Gorgias (Gegensätze zwischen sophistischer Unmoral und sokratischer Moral)
Euthydemos (Kritik der Eristik, d. h. der Streitfragen-Kunst)
Kratylos (Über die Sprache)
Menon (Über Erkennen als Wiedererkennen)
Theätet (Über das Wissen)
b) Darstellung der eigenen Lehre:
Phaidros (Ideenlehre)
Sophistes (Über das gegenseitige Verhältnis der Ideen)
Symposion (Gastmahl: Von der Liebe, insbesondere zu den Ideen)
Parmenides (Über das Verhältnis der Ideen zur Erscheinungswelt)
Phaidon (Sokrates' Tod, über die Unsterblichkeit)
Philebos (Über das höchste Gut)
Politeia (Über Staat und Gerechtigkeit)

3. Altersschriften:
Timaios (Naturphilosophie)
Nomoi („Gesetze": Über Staaten)
Kritias (enthält den Atlantis-Mythos)

II Sekundärliteratur

Arnold, U.: Die Entelechie. Systematik bei Platon und Aristoteles, Wien und München 1965
Bormann, K.: Platon, Freiburg 1973
Bröcker, W.: Platos Gespräche, 2. Aufl. Frankfurt (Main) 1967
Friedländer, P.: Platon, Bde. 1 u. 2: 3. Aufl. Berlin 1964, Bd. 3: 2. Aufl. Berlin 1960
Fritz, K. v.: Platon in Sizilien und das Problem der Philosophenherrschaft, Berlin 1968

Gadamer, H.-G.: Platos dialektische Ethik und andere Studien zur platonischen Philosophie, Hamburg 1968
Gaiser, K.: Platons ungeschriebene Lehre, Stuttgart 1963
Graeser, A.: Platons Ideenlehre, Bern 1975
Gundert, H.: Dialog und Dialektik. Zur Struktur des platonischen Dialogs, Amsterdam 1971
Heidegger, M.: Platons Lehre von der Wahrheit, 2. Aufl. Bern 1954
Hentschke, A. B.: Politik und Philosophie bei Plato und Aristoteles, Frankfurt (Main) 1971
Hirsch, W.: Platons Weg zum Mythos, Berlin 1971
Krüger, G.: Einsicht und Leidenschaft. Das Wesen des platonischen Denkens, Frankfurt (Main) 1948
Mannsperger, D.: Physis bei Platon, Berlin 1969
Marten, R.: Der Logos der Dialektik. Eine Theorie zu Platons Sophistes, Berlin 1965
Meinhardt, H.: Teilhabe bei Platon, Freiburg und München 1968
Perls, H.: Plato. Seine Auffassung vom Kosmos, Bern und München 1966
ders.: Lexikon der platonischen Begriffe, Bern 1973
Popper, K.: Die offene Gesellschaft und ihre Feinde, Bd. I, Der Zauber Platons, Bern 1957
Stenzel, J.: Platon der Erzieher, 2. Aufl. Hamburg 1961
Utermöhlen, O.: Die Bedeutung der Ideenlehre für die platonische Politeia, Heidelberg 1967
Wilamowitz-Moellendorff, U. v.: Platon. Sein Leben und seine Werke, 5. Aufl. Berlin 1959
Wippern, J. (Hg.): Das Problem der ungeschriebenen Lehre Platons, Darmstadt 1972
Wyller, E. A.: Der späte Platon, Hamburg 1970

Mit *Aristoteles* wird Philosophie eigentliche Wissenschaft, die in unterschiedliche Einzeldisziplinen zerfällt. Ihm gliedert sich die Philosophie in theoretische (mit Physik, deren Gegenstand das veränderliche Sein ist, und Metaphysik, deren Gegenstand das unveränderliche Sein ist) und praktische (Politik, deren Gegenstand der Staat ist, Ökonomie, deren Gegenstand die Hauswirtschaft ist, und Ethik). Seine Grundfrage ist die radikalisierte platonische: „Was ist das Wesen („ousia")? Dies ist die Grundfrage der Metaphysik, die bei Aristoteles „Erste Philosophie" heißt. Sie ist die Wissenschaft, die ein Seiendes betrachtet, insofern es durch sein Wesen konstituiert ist. In allem Bewegten, in allem Vergänglichen ist ein Ewiges, in allem voneinander Abhängigen ist ein Unabhängiges: die an sich unbewegte, ewige, selbständige Wesenheit des jeweils Seienden (und dies macht das „Göttliche" des Seienden aus). Die „Erste Philosophie" ist mithin eine Lehre von den allgemeinsten Bestimmungen und Prinzipien des „Seienden als solchem".

Das Ziel des Aristoteles ist, die platonische Trennung von Idee und Abbild, Allgemeinem und Besonderem, Wesen und Erscheinung, Sein und Werden im Begriff der Wirklichkeit aufzuheben. Da Idee und Erscheinung nicht mehr getrennt sind, kann Aristoteles auf die Anamnesis-Lehre Platons verzichten. Erkenntnis bedarf keiner Wiedererinnerung mehr, sondern der Untersuchung des Seienden gemäß Regeln und Methoden, die das Denken formuliert.

Aristoteles untersucht das Wesen der Natur und kommt zu dem Ergebnis, daß sie ziel- und zweckhaft organisiert ist, d. h., daß jeder Organismus sich gemäß seinen Möglichkeiten zu verwirklichen strebt. Alles Seiende zeichnet sich dadurch aus, daß es eine Bewegung von seiner Möglichkeit zu seiner Wirklichkeit vollzieht. Damit verzichtet Aristoteles auf eine Ursachenbestimmung, die außerhalb der Bewegung selbst läge. Das Seiende ist das sich in der Erscheinung selbst entwickelnde Wesen. Die Erscheinung ist die Verwirklichung des Wesens. Solche Bewegung ist Werden und Vergehen, Wachsen und Abnehmen. Aristoteles denkt diese Bewegung als eine von Stoff oder Materie und Form, wobei die ersteren die Möglichkeit (das Potentielle) dessen sind, was, kraft der Form (das Aktuelle), im realen Ding vorliegt. Die Bewegung ist somit der Übergang von der Möglichkeit des Wesens zur Wirklichkeit kraft der Form. Besonderes und Allgemeines sind demzufolge notwendig aufeinander verwiesen. Solche Selbstverwirklichung nennt Aristoteles „Entelechie", die Verwirklichung des Wesens als Erscheinung.

Die ursprünglichste Form der Veränderung ist für Aristoteles die Ortsbewegung, die als Kreisbewegung gedacht ist. Sie ist notwendig ewig, hat kein Ziel, sondern läuft stets in sich selbst zurück, vergleichbar der Bahn der Planeten. Der Fixsternhimmel bewegt (anderes) und ist gleichzeitig (selbst) bewegt. Seine Bewegung muß eine letzte Ursache haben, die ursprünglich ist, nicht selbst wieder bewegt, die ein Unbewegtes ist; dies bezeichnet Aristoteles als ein „erstes unbewegtes Bewegendes", das ein Einziges ist, auf das hin alles andere zugeordnet ist. Es muß als sich immer gleich gedacht werden und deshalb ohne Möglichkeit; es ist reine Wirklichkeit, dem kein (Noch-)Nicht zukommt. Deshalb ist es „in Wirklichkeit seiend", ist es das „vollkommenste Seiende", ewig und unbewegt, worin alle Möglichkeit zugleich Wirklichkeit ist. Es wird näher bezeichnet als Vernunft („Nous").

In der Metaphysik denkt Aristoteles also die Welt als in einem ersten Bewegenden, das selbst nicht bewegt ist, gegründet. Es bringt ein unaufhörliches Streben hervor, und zwar ein Streben, dessen Ziel es selbst ist. Die Selbstverwirklichung der Organismen strebt somit zur Vervollkommnung, und das Vollkommenste, zu dem gestrebt wird, ist das Göttliche, im Sinne von „Vernunft", „Geist" '(„Nous"). Die Gottheit ist denkender

Geist, der sich selbst denkt, reines Denken des Denkens, in sich selbst ruhende Tätigkeit. Diesem gegenüber, das in sich selbst ruht, strebt die gesamte Natur zur Vervollkommnung, Natur selbst ist dieser Drang der Selbstverwirklichung (Teleologie). Das Prinzip Teleologie überträgt Aristoteles auch auf den Menschen. Auch er meint, daß es dem Menschen um seine Glückseligkeit zu tun sei. Diese macht aus, daß der Mensch das verwirklicht, was er wesensmäßig ist. Das Wesen des Menschen ist das, was ihn vor dem Tier auszeichnet: Geist, Vernunft (Logos). Deshalb ist es das Ziel des Menschen, ein vernünftiges Lebewesen zu werden.

Aristoteles erarbeitete die Grundlagen der Logik („Analytik"), die Lehre von den logischen Grundgesetzen, von Begriff, Urteil und Schluß, von Definition und Beweis. Entscheidend hierbei ist, daß er diese Lehre von den Formen und Gesetzen des wissenschaftlichen Denkens seinen sachlichen Einzeluntersuchungen vorausschickt. Der Denkprozeß selbst, das Wesen der Wissenschaft erfährt eine gründliche Untersuchung. Insofern ist die Logik methodologisch zu verstehen; sie ist für Aristoteles keine philosophische Disziplin, sondern Propädeutik, „Organon" („Werkzeug") allen wissenschaftlichen Arbeitens. Im Zentrum der Logik steht die Verbindung des Besonderen mit dem Allgemeinen, wobei das Besondere dadurch erkannt und erklärt wird, daß es aus dem Allgemeinen abgeleitet wird, das gleichzeitig die Ursache des Geschehens ist. Die Ableitung konzentriert sich auf das Problem der „Syllogistik", die Schlußlehre, bei der entscheidend ist, daß aus einem als wahr vorausgesetzten allgemeinen Obersatz ein besonderer, weniger allgemeiner Schlußsatz gefolgert wird, weshalb der Obersatz selbst kraft dieses Verfahrens nicht bewiesen werden kann. Solche oberste Erklärungsprinzipien werden in der „Dialektik" gesucht, die in der „Topik" dargestellt ist. Der Gang hierbei ist die Umkehrung der Ableitung: die Induktion; von besonderen Aussagen wird auf allgemeinere Gesetzeshypothesen geschlossen.

I Hauptschriften

Logische Schriften, zusammengefaßt als „Organon":

1. Kategorien (Lehre von den Grundformen der Aussage)
2. Peri Hermenias (Lehre vom Satz und Urteil)
3. Erste Analytiken (Lehre vom Schluß)
4. Zweite Analytiken (Lehre vom Beweis)
5. Topik (Lehre von der Dialektik)
6. Sophistische Widerlegungen (Lehre von den Trugschlüssen)

Metaphysische Schriften, zusammengefaßt als „Metaphysik" (bestehend aus 14 Büchern, u. a. enthaltend):

1. Kritik der bisherigen philosophischen Systeme
2. Aporienlehre

3. Abhandlungen über den Satz des Widerspruchs und den Satz vom ausgeschlossenen Dritten
4. Untersuchungen über die Grenzen der „Ersten Philosophie“
5. Lehre von der Substanz
6. Lehre von Potentialität und Aktualität
7. Das Absolute
8. Die mathematischen Objekte
9. Die Ideen

Naturwissenschaftliche Schriften (12 Bücher, u. a. enthaltend):
1. Physik
2. Über den Himmel
3. Über Entstehen und Vergehen
4. Über Meteorologie
5. Über vergleichende Anatomie und Physiologie
6. Über die Tiere

Ethisch-politische Schriften:
1. Über die Seele
2. Nikomachische Ethik
3. Politik (Staatslehre und Verfassungen der griechischen Staaten)

Rhetorik (Kunst der Rede)

Poetik (Über die Dichtkunst)

II Sekundärliteratur

Bien, G.: Die Grundlegung der politischen Philosophie bei Aristoteles, Freiburg 1973
Bringkmann, K.: Aristoteles' allgemeine und spezielle Metaphysik, Berlin und New York 1979
Bröcker, W.: Aristoteles, Frankfurt (Main) 1974
Düring, I.: Aristoteles, Heidelberg 1966
Hagen, F. P. (Hg.): Ethik und Politik des Aristoteles, 2. Aufl. Darmstadt 1979
ders. (Hg.): Logik und Erkenntnislehre des Aristoteles, Darmstadt 1972
ders. (Hg.): Metaphysik und Theologie des Aristoteles, Darmstadt 1969
Jaeger, W.: Aristoteles, 2. Aufl. Berlin 1955
Krämer, H.-J.: Arete bei Platon und Aristoteles, Heidelberg 1959
Seeck, G. A.: Die Naturphilosophie des Aristoteles, Darmstadt 1975
Tugendhat, E.: Ti kata tinos, Freiburg und München 1958
Volkmann-Schluck, K.-H.: Die Metaphysik des Aristoteles, Frankfurt (Main) 1979
Vollrath, E.: Studien zur Kategorienlehre des Aristoteles, Ratingen bei Düsseldorf 1969

Mit Aristoteles und seiner Schule, den „Peripatetikern“, endet die griechische Klassik, und die „hellenistische Epoche“ beginnt. In ihr wird Philosophie zu einer Art Lebenskunst auf wissenschaftlicher Grundlage.

Die *Stoiker* sehen sich in der Folge der Kyniker. Ihr Hauptaugenmerk galt der Ethik als der Suche nach Grundsätzen für ein wahrhaft sittliches Leben. Dies Suchen beschränkte sich aber nicht auf bloße Einsicht, wie dies bei Aristoteles der Fall war, sondern wurde in Lebenspraxis umgesetzt. Um ein „vernünftiges Leben“ führen zu können, muß man mit sich und der Natur einstimmig sein. Dieses Eingebundensein des Individuums in die göttliche Natur macht seine Freiheit aus. Die Affekte müssen bekämpft werden. Äußere Bedürfnislosigkeit und ein begierdefreier Seelenzustand sind die Voraussetzungen; solch vernunftgemäßes Leben resultiert aus einem freien Entschluß des „Weisen“, der statt der „Lust“ die „Tugend“ wählt und allein durch sie glückselig wird. Deshalb ist die Tugend „autark“, selbstgenügsam.

Auch die *Epikureer* beschäftigen sich hauptsächlich mit ethischen Problemen. Auch bei ihnen steht im Zentrum das Individuum. Ursprung und Ziel des glücklichen Lebens ist die Lust. Diese wird aber nicht nur als momentane, körperliche Bedürfnisbefriedigung gesehen, sondern auch als Genuß von Kunst und Philosophie. Um dies zu erreichen, bedarf es der „Seelenruhe“, des „Ungestörtseins“ des Gemüts („Ataraxie“). Dem entspricht die genügsame Lebenspraxis eines Weisen, der seine Begierde zu beherrschen weiß, sich vom politischen Leben fernhält und statt dessen seine Lust aus dem klaren Denken gewinnt.

Mit *Plotin* schließt das antike Philosophieren endgültig ab. Sein Denken greift auf die „Ideenlehre“ Platons zurück, setzt an bei dessen höchster Idee, die für Plotin als das „Ur-Eine“ nicht mit (positiven) Prädikaten bestimmt werden kann; es hat „keinen Namen“, es ist weder erkennbar noch denkbar, es ist die Einheit, welche die Vielheit in sich birgt, das Eine, das die Ursache allen Denkens und Seins ist und das, als das Gute, den absoluten Zweck alles Geschehens bezeichnet. Es zeigt sich jedoch, daß sich das Göttliche verneinend beschreiben läßt. Es ist unendlich, unbegrenzt, unteilbar usf. Aus diesem Göttlichen, dem reinen Einen, fließt die Vielheit der endlichen Dinge in ihrer Vereinzelung („Emanatio“). „Vor dem Vielen muß das Eine sein, von dem her auch das Viele ist.“ Daß das Viele aus dem Einen fließt, ist deshalb möglich, weil das wahre Eine, um ein solches sein zu können, das Viele in sich befassen muß, allerdings als Einfachheit. Wenn das Göttliche das Eine in allem ist, dann darf das Viele, das aus ihm fließt, nicht als von ihm getrennt gedacht werden. Das Eine ist „über alles hinaus“ in dem Sinne, daß es in bezug auf das Viele dieses überschreitet (transzendiert), dessen „Jenseits“ ausmacht, zugleich jedoch in dieser Abgesondertheit von dem Vielen auch in ihm selber anwesend ist. Es selbst ist unveränderlich, während seine Wirkung Vielheit und Veränderlichkeit ist. Diese Denkschwierigkeit, das Eine als Grund von Vielheit anzunehmen, löst Plotin metaphorisch im Bild der nie versiegenden Quelle, die sich immer gleich bleibt. Hierbei soll sich zeigen, wie das Eine im Vielen zugleich anwesend ist und von ihm getrennt sein kann. Das Bild zeigt indessen das Eine auch als Ursprung, womit Plotin eine Art Metabestimmung des Einen gibt, das sich objektsprachlich nicht positiv fassen läßt. Das andere Bild, das Plotin wählt, ist das des Lichtes, das, ohne sich selbst zu verändern, in die Dunkelheit strahlt und sich dort immer mehr verliert. Sozusagen der Endpunkt dieser Strahlung ist die Materie, als das andere des Lichtes. Die erste Stufe dieser Strahlung bzw. der Quelle (die das Erste ist, das Ur-Eine) ist der „Nous" („Geist", „Vernunft"). Er ist bereits doppelt: Erkennendes und Erkanntes. Er ist Abbild des Einen, jedoch weniger rein. Der Geist erzeugt aus sich die Weltseele (das Dritte), die Abbild des Geistes ist. Durch ihr „Hinabblicken" entsteht der Kosmos, die mannigfaltigen sinnlichen Dinge, „Nachahmungen des Seienden". Somit ist die gesamte Wirklichkeit die Entfaltung des Einen.

I Hauptschriften

Die Schriften Plotins wurden von Porphyrios aus Tyros herausgegeben, der sie in sechs Neunergruppen (griechisch „Enneaden") ordnete. Wichtig wurde seine Einleitung in die „Kategorien" des Aristoteles.

II Sekundärliteratur

Pohlenz, M.: Die Stoa (2 Bde.), Göttingen 1970 und 1972
Schubert, V.: Plotin, Freiburg 1973
Volkmann-Schluck, K.-H.: Plotin als Interpret der Ontologie Platons, Frankfurt (Main) 1966

Die Wendung des „Abendlandes" zum Christentum ist auch im philosophischen Denken bemerkbar. Zum einen wird die antike Philosophie nun christlich (um-)interpretiert, zum andern übernimmt das christliche Denken antike Begriffe. Es ist die Epoche der *Patristik*, der „Kirchenväter".

Für *Augustinus* ist Gott der Urquell aller Dinge; er ist zugleich höchstes Gut und höchste Liebe; er ist das Sein selbst, wobei das Sein als Name gedacht ist; Gott wird personal gesehen, er ist die Wahrheit, die geschaut wird. Aber nicht nur Gott, auch die Seele will Augustin erkennen. Der Mensch ist, wegen Adams Sündenfall, sündig, gleichwohl er als gutes Wesen geschaffen ward. Die Willensfreiheit Adams ist gleichzeitig der Ursprung des Bösen. In Adam hat die gesamte Menschheit gesündigt. Dieser

Erbsünde wegen bedarf jeder der Gnadenmittel der Kirche. Der Gnade Gottes allerdings werden nicht alle teilhaftig.

Beim Menschen setzt Augustins Denken an, in der Erkenntnis seiner selbst. Wenn auch die wahrnehmbare Außenwelt nur Scheingewißheiten zuläßt (für Augustinus sind die Ideen „rationes aeterna", ewige, unveränderliche Gedanken Gottes, sein Schöpfungsplan; in ihnen gründen die zeitlich veränderlichen Dinge der geschaffenen Welt), selbst wenn der Mensch sich über sich täuscht, so ist er sich doch sicher: wenn ich mich täusche, bin ich. Augustinus formuliert die Selbstgewißheit des Bewußtseins, woraus für ihn jedoch keine Philosophie des strengen Rationalismus folgt, sondern die Forderung, die vernunfttätige Seele, die Innerlichkeit zu übersteigen und dorthin zu streben, von woher die Vernunft erleuchtet wird. Das vernünftige, denkende Ich ist noch nicht unerschütterliches Fundament philosophischen Denkens.

Schrieb der frühe Augustin dem Menschen noch Freiheit zu, so lehrt der spätere eine göttliche Prädestination: das Geschick des Einzelnen ist im unerforschlichen Ratschluß Gottes von vornherein festgelegt. Die absolute Kausalität Gottes vernichtet den freien Willen. Dies ist die Konsequenz aus dem Gedanken der Allmächtigkeit Gottes. Ihm allein kann absolute Freiheit zugeschrieben werden. Mehr aber ist von ihm nicht sagbar, er ist für den Menschen unbegreiflich, unsichtbar, verborgen. Die Vernunft vermag Gott nicht zu erkennen, es bedarf dazu der Offenbarung. Um die Wahrheit zu finden, ist der Glaube die Voraussetzung. Gott ist der Maßstab der Wahrheit.

Gott ist aber auch Schöpfer der Welt, die seine Spuren trägt. Deshalb sucht Augustinus durch die Erkenntnis der Welt, mittels Analogieschlüssen, doch noch zur Erkenntnis Gottes zu gelangen. Wenn Augustinus deshalb die Welt erkennen möchte, dann nicht aus einem kosmologischen Interesse heraus, sondern deshalb, weil sie Schöpfung Gottes ist, weil sie Ort der Sünde und Erlösung ist. Nicht die Welt muß gewußt werden, sondern Gott. Die Wirklichkeit gibt dem Menschen Bilder und Gleichnisse des göttlichen Wesens, so vor allem der Dreieinigkeit, wie sie sich auch im Wesen des Menschen zeigt: Geist, Erkenntnis, Liebe oder Sein, Wissen, Wollen usf. Daß solche Analogien durchführbar sind, hat seinen Grund darin, daß die gesamte Schöpfung eben eine der Dreifaltigkeit selbst ist.

I Hauptschriften

De libero arbitrio (395)
Confessiones (um 400)
De civitate Dei (426)

II Sekundärliteratur

Hessen, J.: Augustins Metaphysik der Erkenntnis, Berlin und Bonn 1931
Hoffmann, W.: Augustinus. Das Problem seiner Daseinauslegung, München 1963
Lechner, O.: Idee und Zeit in der Metaphysik Augustins, München 1964
Mader, J.: Die logische Struktur des personalen Denkens, Freiburg 1965
Mausbach, J.: Die Ethik des hl. Augustinus (2 Bde.), 2. Aufl. Freiburg 1929
Maxsein, A.: Philosophia cordis. Das Wesen der Personalität bei Augustinus, Salzburg 1966
Rief, J.: Der Ordobegriff des jungen Augustinus, Paderborn 1962
Ritter, J.: Mundus intelligibilis. Eine Untersuchung zur Aufnahme und Umwandlung der neuplatonischen Ontologie bei Augustinus, Frankfurt (Main) 1937
Schöpf, A.: Augustinus. Einführung in sein Philosophieren, Freiburg und München 1970
Wohlfarth, K. A.: Der metaphysische Ansatz bei Augustinus (Monographien zur philosophischen Forschung Bd. 60), Meisenheim 1969

Die *Scholastik* beschäftigte sich nicht nur mit religiösen und philosophischen Fragen, sondern mit der Gesamtheit der damaligen Wissenschaften. Die „Scholastik" umfaßt damit auch Medizin, Philosophie und Jurisprudenz. Der scholastische Magister interpretierte Texte, jedoch nicht im Sinne der modernen Philologie, die eine historische Rekonstruktion des Textes und der Intention des Autors anstrebt, sondern um der verhandelten Sache selbst willen. Da somit hauptsächlich über Texte gearbeitet wurde, entwickelten sich neue Lehrweisen. So finden sich Ansätze einer methodischen Erarbeitung von Texten (in Form von Glossen, Kommentaren und Summen) und Problemen (in Form der „quaestio", die aus der „disputatio" mit Rede und Gegenrede stammt; hierbei werden – unter Berufung auf Autoritäten – alle für und gegen eine Sache sprechenden Momente aufgewiesen, dann die eigene Lösung begründet, und schließlich werden Gegengründe zurückgewiesen).

Der scholastische Magister begnügt sich folglich nicht mit dem Aufweis von unterschiedlichen Meinungen, sondern entwickelt in deren begründender Abwägung einen eigenen Standpunkt, der durch „Ratio" abzusichern ist. „Scholastik" kann somit verstanden werden als die Form mittelalterlicher Wissenschaft, die nicht nur methodisch neue Wege ging, sondern auch institutionell in der Ausbildung von Schulen, aus denen die heutigen Universitäten hervorgingen, und in der Entwicklung von Lehrveranstaltungen.

Theologisch-philosophische Schwerpunkte waren die Beziehung von Glauben und Denken, theologischer und profaner Wissenschaft, Theologie und Philosophie; thematisiert wurden das Problem des ersten Anfangs und die Beweisbarkeit Gottes. In der Diskussion um Glauben und Wissen wurde Wissen nicht als vom Glauben getrennt verstanden, sondern als Einsicht in die Glaubensgewißheit. Durch diese Diskussion erfuhr das „Erkennen“ gegenüber dem „Glauben“ eine gewisse Aufwertung, die zur Verselbständigung von erkenntnistheoretischen Fragen führte. So entbrannte eine Auseinandersetzung um das Verhältnis von Allgemeinbegriffen und empirischen Einzeldingen („Universalienstreit“). Die Frage war, ob die Allgemeinbegriffe ein „reales“ Sein vor und in den Dingen haben oder ob sie nur Abstraktionen des Verstandes, letztlich nur Namen sind.

Nachdem die Werke von Aristoteles bekannt wurden, der Versuch, die gesamte Wirklichkeit allein denkerisch zu erfassen, ergab sich das Problem der Stellung des Glaubens verschärft. *Thomas von Aquin* versuchte eine Synthese von theoretischer und profaner Wissenschaft. Der Glaube ist für die übernatürlichen Wahrheiten zuständig, die natürliche Vernunft für die Erkenntnis der Weltdinge. Glaube ist dabei verstanden als die objektiven Lehrinhalte der Heiligen Schrift, wie sie Gott geoffenbart hat. Vernunft und Glauben sind nicht getrennt, da beide von Gott stammen; sie ergänzen sich gegenseitig, wobei jedoch die Wahrheit des Glaubens vollkommener ist. Theologie ist deshalb die höchste Wissenschaft; sie ist „Einprägung“ („impressio“) des göttlichen Wissens. Die Offenbarung zeigt allerdings nur das „Daß“ („quia est“), nicht aber das „Wie“ („quomodo est“). Diese Frage ist Sache des Philosophen. Er fragt nach dem Wesen, der „Washeit“ („quiditas“) der Dinge. Es liegt ihm nicht im „Stoff“, sondern in der „Form“, die aber nicht als unveränderliche gedacht ist, vielmehr meint Thomas, daß sie sich in den Dingen entwickle: Materie ist bloße Bestimmbarkeit und kommt nur in Form ausgeprägt (bestimmt) vor. Doch dieselbe Form kann ihrerseits unterschiedlich auftreten, je nachdem, wie weit sie die Materie beherrscht.

I Hauptschriften

De ente et essentia (1252)
Summa de veritate fidei catholicae contra gentiles („Summa contra gentiles“) (1264)
Kommentar zu Aristoteles (1272)
Summa theologiae (1273)

II Sekundärliteratur

Eckert, W. P. (Hg.): Thomas von Aquin, Interpretation und Rezeption, Mainz 1974
Kluxen, W. (Hg.): Thomas von Aquin im philosophischen Gespräch, Freiburg 1975
ders.: Philosophische Ethik bei Thomas von Aquin, 2. Aufl. Hamburg 1980
Mundhenk, J.: Die Seele im System des Thomas von Aquin, Hamburg 1980

Meyer, H.: Thomas von Aquin. Sein System und seine geistesgeschichtliche Stellung, 2. Aufl. Paderborn 1961
Pieper, J.: Hinführung zu Thomas von Aquin, München 1958
Rolfes, E. (Hg.): Die Philosophie des Thomas von Aquin, Nachdruck Hamburg 1977
Schütz, L.: Thomas-Lexikon, 2. Aufl. Stuttgart 1958

An der Schwelle vom Mittelalter zur Renaissance dachte *Nikolaus von Kues*. Sein Denken umkreist das Verhältnis von Gott und Welt, Unendlichkeit und Endlichkeit, wobei er versucht, beide Momente nicht als Gegensatz, sondern als unterschiedene Einheit, als Zusammenfall (auch kontradiktorischer) Gegensätze zu begreifen. Er versucht damit, den von Aristoteles als Voraussetzung jeglichen Denkens angesehenen Satz vom (zu vermeidenden) Widerspruch („Etwas kann nicht zugleich und in gleicher Hinsicht sein und nicht sein") aufzuheben und diese Aufhebung noch vernünftig zu denken. Nach vielen Versuchen kommt er schließlich zur Überzeugung, Gott sei „das Können selbst", Urbild als bildende Macht, Bilder hervorbringend. Insofern ist in Gott die Wirklichkeit „eingefaltet" („complicatio"). Er enthält „eingefaltet" das Seiende in sich, das sich aus ihm „entfaltet" („explicatio"). Das Absolute ist als dem Bereich möglicher Gegensätzlichkeit enthoben gedacht, es steht zu nichts im Gegensatz, es ist frei von jeder Andersheit, es kommt ihm nicht zu, von etwas anderem verschieden zu sein. Das Seiende ist sichtbar gewordener Gott. Die Welt ist die „Erscheinung des unsichtbaren Gottes". D.h., daß Gott in allem Seienden ist und alles Seiende in ihm. „Daß Gott in der Welt ist, ist nichts anderes, als daß die Welt in Gott ist."

Das menschliche Denken, welches das Widerspruchsprinzip anwendet, kann diesen Gott nicht erfassen, denn für den Verstand sind etwa der Kreis und sein Zentrum getrennt, die für die Vernunft, die „Schau des Geistes" zusammenfallen. Der Verstand „kann das Widersprüchliche nicht überspringen", und selbst die Vernunft schaut „jene Einheit nicht wie sie ist, sondern wie sie menschlich eingesehen wird". Verstand und Vernunft also können Gott nicht begreifen. Übrig bleibt deshalb anstelle des Wissens Gottes das Nichtwissen. Die Vernunft muß „unwissend" werden, um Gott zu sehen, d.h., das Wissen muß seine Unwissenheit wissen, muß „wissendes Nichtwissen" werden, um zum „verborgenen Gott" gelangen zu können. In diesem Sinne kann Gott dann bestimmt werden als reine, nichtseiende Subjektivität, die weder ist noch nicht ist. Gott ist prinzipiell unsichtbar, denn er ist das Sehen selbst und damit beim menschlichen Sehen schon vorausgesetzt. Der Mensch kann sich Gott deshalb nicht erkennend nähern, sondern nur in der Sehnsucht. Nicht der

Mensch kann sich eigentlich Gott nähern, sondern umgekehrt: nur Gott kann sich dem Menschen nähern, und zwar in der Offenbarung.

I Hauptschriften

De docta ignorantia (1440)
De visione Dei (1443)
De possest (1450)
De concordantia catholica (1434)

II Sekundärliteratur

Cusanus-Bibliographie (1920–1961). In: Mitteilungen und Forschungsbeiträge der Cusanus-Gesellschaft 1 (1961), S. 95–126 und 3 (1963), S. 223–237
Gandillac, M. de: Nicolaus von Cues, Düsseldorf 1953
Henke, N.: Der Abbildbegriff in der Erkenntnislehre des Nikolaus von Kues, Münster 1969
Jacobi, K.: Die Methode der Cusanischen Philosophie, Freiburg 1969
ders. (Hg.): Nikolaus von Kues. Einführung in sein philosophisches Denken, Freiburg 1979
Jaspers, K.: Nikolaus Cusanus, München 1964
Schwarz, W.: Das Problem der Seinsvermittlung bei Nikolaus von Cues, Leiden 1969

Die eigentliche Neuzeit beginnt in der Philosophie damit, daß nicht mehr Gott, sondern der Mensch im Mittelpunkt der Überlegungen steht (was nicht ausschließt, daß selbst der „Vater der neuzeitlichen Philosophie", Descartes, seine Grundfeste, das Ich und sein Denken, in Gott als dem ihm Übergeordneten noch absichert). Gründet das mittelalterliche Denken seine Gewißheit in der Glaubensgewißheit der Offenbarung, so versuchen der Empirismus und Rationalismus ihre Wirklichkeitsbehauptungen und Handlungsvorschriften auf die Erfahrung und das Denken zu gründen.

Als Beispiel des Empirismus soll das in der Entwicklungsgeschichte des englischen aufklärerischen Empirismus späte Denken von *Hume* kurz skizziert werden. Alles Wissen ist erfahrungsbezogen. Die „perceptions" sind entweder (äußere) Sinnesempfindungen bzw. (innere) Gefühlszustände („impressions") oder Vorstellungen („ideas"), die jedoch Abbilder („copies") der Impressionen sind und mit Hilfe der Einbildungskraft („imagination") gebildet werden. Die Impressionen sind Tatsachen („facts") und sind, in der Form von Vorstellungen, absolut gewiß. Die Vorstellungen werden gemäß drei Prinzipien der Assoziation miteinander verbunden: Ähnlichkeit (bzw. Kontrast), Berührung in Raum und Zeit,

Ursache und Wirkung. Kausalität ist ein Denkprinzip, dessen Notwendigkeit weder a priori (vor aller Erfahrung) durch reines Denken gefunden werden kann noch a posteriori (mit Bezug auf Erfahrung), weil die Erfahrung zwar zeigt, daß zwei Ereignisse aufeinander folgen, aber nicht, weshalb dies so ist. Die Notwendigkeit der Abfolge und somit das Kausalprinzip selbst ist weder rein denkerisch noch rein erfahrungsmäßig gegeben. Die Vorstellung der Kausalität gründet in einem (subjektiven) Gefühl psychischer Nötigung aufgrund von Gewohnheit. Die Einbildungskraft verfälscht dies Gefühl dann zu (objektiver) Notwendigkeit.

Alle Gegenstände menschlichen Denkens und Forschens gliedern sich in „relations of ideas", das sind Urteile, die a priori durch reines Denken gewonnen werden und logisch zwingend sind (wie in der Geometrie, Algebra und Arithmetik) und „matters of fact", deren Sicherheit nicht verbürgt ist: das Gegenteil jeder Tatsache ist (logisch) immer möglich. Nun gibt es aber noch eine Verstandestätigkeit („operations of the mind"), die Begriffe hervorbringt, die nicht auf Impressionen zurückgehen. So täuschen wir uns, wenn wir im Wandel der Außenwelt ein Beharrendes (eine „Substanz") behaupten. In Wirklichkeit objektiviert das Bewußtsein nur seine eigenen Zustände. Damit leugnet Hume die theoretische Erkennbarkeit der Außenwelt, gleichwohl der Glaube („belief") an sie praktisch notwendig sei. Dies ist auch die Denkfigur beim Kausalprinzip. Obwohl es theoretisch als Schein entlarvt wird, bleibt seine praktische Gültigkeit bestehen.

Dieser empirische Ansatz verwahrt sich gegen Metaphysik, die nicht denknotwendig mit Zahl und Größe umgeht bzw. sich nicht auf Erfahrung beruft: „Greifen wir irgendeinen Band heraus, etwa über Gotteslehre oder Schulmetaphysik, so sollten wir fragen: Enthält er irgendeinen abstrakten Gedankengang über Größe oder Zahl? Nein! Enthält er irgendeinen auf Erfahrung gestützten Gedankengang über Tatsachen und Dasein? Nein! nun, so werft ihn ins Feuer, denn er kann nichts als Blendwerk und Täuschung enthalten."

I Hauptschriften

Treatise on human nature (1739)
Enquiry concerning human understanding (1748)
Enquiry concerning the principles of morals (1751)
The natural history of religion (1757)

II Sekundärliteratur

Craig, E.: David Hume. Eine Einführung in seine Philosophie, Frankfurt (Main) 1979

Gaskin, J. C. A.: Hume's Philosophy of Religion, London 1978
Livingston, D. W./King, J. T. (Hg.): Hume. A Re-Evaluation, New York 1976
Merrill, K. R./Shahan, R. W. (Hg.): David Hume. Many-sided Genius, Norman 1976
Morice, G. P. (Hg.): David Hume. Bicentenary Papers, Edinburgh 1977
Noxon, J.: Hume's Philosophical Development. A Study of his Methods, Oxford 1973
Penelhum, T. : Hume, London 1975
Stoud, B.: Hume, London 1977
Todd, W. B. (Hg.): Hume and the Enlightenment, Edinburgh 1974
Topitsch, E./ Streminger, G.: Hume, Darmstadt 1981

Über hundert Jahre früher als Hume begründete *Descartes* das, was in der Philosophie heute „Neuzeit" genannt wird. Der konsequente Zweifel, der radikal alles in Frage stellt, wird bei ihm gerade zum Fundament der Erkenntnis und Sicherheit. Wenn ich an allem zweifle, so ist doch gewiß, daß etwas ist, das zweifelt. Der Zweifelnde kann, solange er zweifelt, sicher sein, daß gezweifelt wird. Deshalb kann Descartes sagen „cogitans sum", denkend bin ich. Wenn Descartes auch formuliert: „cogito, ergo sum" (ich denke, also bin ich), so ist dies nicht als logische Folgerung zu verstehen, sondern als praktische Gleichzeitigkeit. Das Tun des Denkens fällt zusammen mit dem Sein dessen, das denkt; solange gedacht wird, muß etwas sein, das denkt. Und dies „Etwas" nennt Descartes „res cogitans", die denkende Sache, welcher er die „res extensa", die ausgedehnte Sache, gegenüberstellt. Diese „res cogitans" wird oft (hypostasierend) als „Ding" verstanden, doch bedenkt man den Vollzugscharakter, dann ist bei Descartes Bewußtsein eben nicht Reales unter Realem, sondern Bewußtsein ist Vollzug von Realem. Die „res cogitans" verbindet notwendig den Vollzug des Denkens mit der Zufälligkeit des Seins. An der Tatsache des Denkens kann das Denken nicht zweifeln, solange es denkt. Daraus entwickelt sich der Konflikt zwischen einem reflexiven Bewußtsein (gemäß dem alles Vollzogene eben nur Vollzug ist) und einem empirischen Erfahrungsbewußtsein (gemäß dem das Erfahrene auch unabhängig vom Vollzug ist). Das empirische und reflexive Bewußtsein sind folglich insofern unterschiedlich, als das empirische Bewußtsein bezweifelbar, das reflexive unbezweifelbar ist. Selbstbewußtsein ist folglich bei Descartes ohne Gegenstandsbewußtsein gedacht (dieses wird sogar methodisch ausgeklammert).

Das Problem für Descartes ist damit, wie ein Fortschritt in der Erkenntnis möglich sein soll, wenn doch nur im Vollzug des Denkens selbst Sicherheit liegt. Descartes' Anspruch ist ausdrücklich, die Einheit der Wissenschaft zu erweisen, die ihrerseits aus der Einheit der Methode zur

Erlangung des Wissens erwächst. Wenn sichere Erkenntnis gewonnen werden soll, darf nicht mit den Dingen der Außenwelt begonnen werden.

Das Problem des Erkenntnisfortschritts löst Descartes, indem er auf Gott zurückgreift: Gott täuscht den Menschen nicht, wenn dieser sich an die eigenen „cogitationes" erinnert. Die Sicherheit im Sinne der Gewißheit der Erinnerung, ihre Kontinuität, wird somit metaphysisch begründet. Gott ist Erkenntnisgrund aller Dinge, ist Ursache und Bürge dafür, daß wir, als endliche und insofern unvollkommene Wesen, dennoch wahrhaft erkennen können.

I Hauptschriften

Discours de la méthode (1637)
Meditationes de prima philosophia (1641)
Principia philosophiae (1644)
Passions de l'âme (1650)
Regulae ad directionem ingenii (posthum veröffentlicht 1701)
Briefe

II Sekundärliteratur

Sebba, G.: Bibliographia Cartesiana, Den Haag 1964
Bader, F.: Die Ursprünge der Transzendentalphilosophie bei Descartes, Bonn 1979
Fahrenbach, H.: Endlichkeit des Bewußtseins und absolute Gewißheit bei Descartes. In: Subjektivität und Metaphysik. Festschrift für W. Cramer. Hg. von D. Henrich und H. Wagner, Frankfurt (Main) 1966, S. 64–91
Gäbe, L.: Descartes' Selbstkritik, Hamburg 1972
Halbfaß, W.: Descartes' Frage nach der Existenz der Welt, Meisenheim 1968
Röd, W.: Descartes' Erste Philosophie, Bonn 1971
Rombach, H.: Substanz, System, Strukturen (2 Bde.), Freiburg und München 1965, Bd. I, S. 355–513
Schmidt, G.: Aufklärung und Metaphysik. Die Neubegründung des Wissens durch Descartes, Tübingen 1965

Die *französische Aufklärung* versteht sich hauptsächlich als politisch-moralische. Sie denkt nach über die Prinzipien des Handelns, über gesellschaftliche Institutionen und über die Legitimation von Herrschaft. Dabei spielt die Vernunft eine entscheidende Rolle. Nicht mehr die (politische, religiöse und ökonomische) Tradition ist Rechtfertigungsinstanz, sondern rechtens ist, was sich rational begründen läßt. So kämpft *Voltaire* gegen Kirche und Fanatismus. Angesichts des Erdbebens von Lissabon wird er von der Behauptung Leibniz' geheilt, daß die Welt die beste der möglichen sei und daß Gott, als Allmächtiger, angesichts dieser Katastrophe noch gerechtfertigt werden könne. *Rousseau* dagegen setzt weniger auf die Vernunft (obwohl er rational argumentiert), seine Hoffnung ist, das Ursprüngliche und Natürliche zu reaktivieren, um so das wahre Menschsein zu ermöglichen. An die Stelle der Ratio soll das Gefühl treten; der Mensch ist ursprünglich gut.

Der *deutsche Idealismus* beginnt mit der kritischen Transzendentalphilosophie *Kants*. Ihm geht es darum auszuweisen, wie weit das menschliche Denken zu gesicherten Aussagen kommen kann. Der Nutzen der „Kritik der reinen Vernunft" „ist daher also wohl nur negativ; da sie nämlich nicht als Organon, zur Erweiterung, sondern als Disziplin, zur Grenzbestimmung dient, und anstatt Wahrheit zu entdecken, nur das stille Verdienst hat, Irrtümer zu verhüten". Dabei unterscheidet Kant zwei Bereiche: den der theoretischen und den der praktischen Philosophie. Die theoretische Philosophie überdenkt als Transzendentalphilosophie die Bedingungen der Möglichkeit von Erfahrung. Sie ist deshalb zunächst keine Gegenstandserkenntnis, sondern beschäftigt sich „mit unseren Begriffen a priori von Gegenständen überhaupt". Insofern ist Transzendentalphilosophie dann aber doch Gegenstandserkenntnis: Erkenntnis des „Gegenstandes überhaupt", dessen, was überhaupt als Gegenstand gelten kann. Solche Erkenntnis bezieht sich nicht direkt auf einen Gegenstand, sondern auf Begriffe, die wir a priori (vor aller Erfahrung) von Gegenständen haben. Insofern ist transzendentale Erkenntnis die Erkenntnis dessen, was Gegenstände als solche sind, unabhängig von aller Erfahrung der Gegenstände. Wenn nun Begriffe, die nicht aus der Erfahrung stammen, für Gegenstände gelten sollen, ist dies nur dann verständlich, wenn die apriorischen Begriffe für das Objekt selbst konstituierend sind. Die Begriffe a priori sind die Bedingungen der Möglichkeit der Objekte. „Die Bedingungen der möglichen Erfahrung überhaupt sind zugleich die Bedingungen der Möglichkeit der Gegenstände der Erfahrung." Kant gelangt mithin zu der Einsicht, daß die Objekte nicht schlicht vorgegeben sind und vom Subjekt nur passiv aufgenommen werden müssen, sondern daß das Subjekt selbst Wirklichkeit bestimmt („konstituiert"). Das Erkenntnisvermögen bestimmt den Gegenstand; anders: die Bedingungen der Erkenntnis sind zugleich die Bedingungen der Gegenstände der Erkenntnis. Aber nicht die apriorischen Begriffe allein konstituieren den Gegenstand, sondern die Konstituierung des Gegenstandes ist eine „Handlung des Verstandes", wobei es auf die Tätigkeit ankommt. Erkenntnis kommt dadurch zustande, daß Wahrnehmung gemäß allgemeinen Regeln (Kategorien) synthetisiert wird. Wahrnehmung und Kategorien sind notwendig wechselseitig aufeinander verwiesen. Das Allgemeine der Kategorie und das Besondere der Gegenständlichkeit der Anschauung sind korrelativ. Bei Kant ist Selbstbewußtsein insofern apperzeptiv in bezug auf Gegenstandsbewußtsein gefaßt; es ist zu denken als einheitsstiftend für die perzipierte Mannigfaltigkeit der Anschauung. Die Konstituierung (Bestimmung) der gegebenen Mannigfaltigkeit der Anschauung zur Einheit der Empirie ist eine synthetische Leistung der ursprünglichen Selbsteinheit des Bewußtseins. Diese Einheit des Bewußtseins erst stiftet die Einheit des Gegenstandes; es handelt sich um die Synthesis der „transzendentalen Apperzeption".

Die Wirklichkeit, die der Mensch bestimmen kann, ist die Welt der Erscheinung. Dahinter aber liegt noch der „mundus intelligibilis", der sich der menschlichen Erkenntnis prinzipiell entzieht. Das „Ding an sich" ist nicht erkennbar. Metaphysik aber, als der Versuch, Aussagen über einen Bereich zu machen, der die mögliche Erfahrung übersteigt, so Kant, könne dennoch als Wissenschaft betrieben werden. Dann nämlich, wenn beide Welten streng geschieden und nicht unzulässig vermischt würden. Das Problem hier ist, daß Urteile möglich sein müssen, die erfahrungsunabhängig (a priori) sind, gleichwohl aber nicht nur das, was in einem Begriff sowieso schon gedacht ist, erläutern (analytische Urteile. Beispiel: Alle Körper sind ausgedehnt.), sondern synthetisch sind, d.h. ihm etwas hinzufügen, was in ihm nicht gedacht ist (synthetisches Urteil. Beispiel: Alle Körper sind schwer.). Das Problem der Metaphysik ist folglich, synthetische Erkenntnis a priori zu leisten.

Ist im theoretischen Bereich der Verstand zuständig, so im praktischen die Vernunft. Die Vernunft bildet nicht, wie der Verstand, Begriffe, sondern Ideen, d.h. Vernunftbedingungen, denen prinzipiell keine Anschauung entsprechen kann. Sind die Begriffe Konstitutiva der Natur (der Mensch als erkennendes und die Natur bestimmendes Wesen), so die Ideen Regulativa im Bereich des menschlichen Tuns (der Mensch als handelndes Wesen). Oberster Grundsatz ist hier, daß der Mensch niemals nur als Mittel, sondern immer auch als Zweck an sich selbst betrachtet werden müsse. Das Grundgesetz der praktischen Vernunft, der „kategorische Imperativ", lautet: „Handle so, daß die Maxime (subjektiver Handlungsgrundsatz) deines Willens jederzeit zugleich als Prinzip einer allgemeinen Gesetzgebung gelten könne."

I Hauptschriften

Vorkritische Schriften:

1. Allgemeine Naturgeschichte und Theorie des Himmels (1755)
2. Der einzig mögliche Beweisgrund zu einer Demonstration des Daseins Gottes (1762)
3. Beobachtungen über das Gefühl des Schönen und Erhabenen (1764)
4. Träume eines Geistersehers, erläutert durch Träume der Metaphysik (1766)
5. De mundi sensibilis atque intelligibilis forma et principiis (1770)

Kritische Schriften:

1. Kritik der reinen Vernunft (1781, umgearbeitete 2. Auflage 1787)
2. Prolegomena zu einer jeden künftigen Metaphysik, die als Wissenschaft wird auftreten können (1783)
3. Grundlegung zur Metaphysik der Sitten (1785)
4. Metaphysische Anfangsgründe der Naturwissenschaft (1786)
5. Kritik der praktischen Vernunft (1788)
6. Kritik der Urteilskraft (1790)
7. Die Religion innerhalb der Grenzen der bloßen Vernunft (1793)
8. Zum ewigen Frieden (1795)
9. Metaphysik der Sitten (1797)
10. Der Streit der Fakultäten (1798)

II Sekundärliteratur

Batscha, Z. (Hg.): Materialien zu Kants Rechtsphilosophie, Frankfurt (Main) 1976

Beck, L. W.: Kants Kritik der praktischen Vernunft. Ein Kommentar, München 1974

Cassirer, E.: Kants Leben und Lehre, Berlin 1921

Cramer, K. (Hg.): Materialien zu Kants „Kritik der praktischen Vernunft", Frankfurt (Main) 1974

Eisler, R.: Kant Lexikon, Nachdruck Hildesheim 1964

Gerhardt, V./Kaulbach, F.: Kant, Darmstadt 1979

Grayeff, F.: Deutung und Darstellung der theoretischen Philosophie Kants, 2. Aufl. Hamburg 1977

Heimsoeth, H.: Studien zur Philosophie Immanuel Kants, Bd. I: 2. Aufl. Bonn 1971, Bd. II: Bonn 1970

ders.: Transzendentale Dialektik (4 Teile), Berlin und New York 1966 – 1971

Heintel, P./Nagl, L. (Hg.): Zur Kantforschung der Gegenwart, Darmstadt 1981

Henrich, D.: Identität und Objektivität. Eine Untersuchung über Kants transzendentale Deduktion, Heidelberg 1976

Körner, S.: Kant, 2. Aufl. Göttingen 1980

Kopper, J.: Reflexion und Determination, Berlin und New York 1976

ders./Malter, R. (Hg.): Materialien zu Kants „Kritik der reinen Vernunft", Frankfurt (Main) 1975

Martin, G.: Immanuel Kant. Ontologie und Wissenschaftstheorie, 4. Aufl. Berlin 1969

Paton, H.J.: Der kategorische Imperativ, Berlin und New York 1962

Plaass, P.: Kants Theorie der Naturwissenschaften, Göttingen 1965

Prauss, G.: Kant und das Problem der Dinge an sich, Bonn 1977

ders. (Hg.): Kant. Zur Deutung seiner Theorie vom Erkennen und Handeln, Köln 1973

Weischedel, L. (Hg.): Materialien zu Kants „Kritik der Urteilskraft", Frankfurt (Main) 1976

Zocher, R.: Kants Grundlehre, Erlangen 1959

Hegel versuchte, die von Kant gezeigte Trennung von Ding an sich und Erscheinung aufzulösen. In der „Phänomenologie des Geistes" denkt er – analog zum christlichen Heilsgeschehen – die Weltgeschichte als das Herausgehen des (zunächst abstrakten) Geistes aus sich selbst und seine Entzweiung mit sich selbst, seine „Inkarnation" in der Natur, in der Geschichte, der Kunst, der Religion und schließlich das Wiederankommen des Geistes bei sich selbst im Denken des Denkens der Philosophie. Die Philosophie mithin ist das Gebiet, in dem der Geist nicht mehr außer sich ist, d.h. in einer anderen Erscheinungsform auftritt, als er selbst ist, denn Philosophie ist Denken, und dies ist das eigentliche „Medium" des Geistes. Der absolute Geist wird in seinem Werden beschrieben, was besagt, daß die Wirklichkeit als Erscheinung des Geistes gedacht ist, so daß Metaphysik und Logik zusammenfallen: die Logik entwickelt die Selbstbewegung des Geistes und die Phänomenologie zeigt seine Erscheinung auf. Wahrheit ist hierbei das Ganze eines spiraligen Kreislaufes, wobei jede Spirale den je selben Gegenstand auf einer je höheren Stufe denkt, was allerdings auch den Gegenstand verändert (weil er ja unterschiedlich gedacht wird). Hier zeigt sich, was Hegel unter Dialektik versteht. Sie ist nicht verständlich ohne diesen Zusammenhang mit dem absoluten Geist. Dies Absolute ist aber nicht der fixierte Endpunkt der logischen Bewegung, sondern deren reine Darstellung. Nur in diesem Ganzen des sich entfremdenden und wieder versöhnenden Geistes können die drei dialektischen Schritte von der Position über die Negation (der Position) zur Negation der Negation (der Position) verstanden werden. Gegensätze werden folglich nicht als unaufhebbare belassen, sondern in einem dritten Moment (der doppelten Negation) zur Synthese gebracht, und zwar so, daß die beiden ersten Momente in diesem dritten Moment vernichtet sind (nicht mehr existent = negare), gleichzeitig aber dennoch aufbewahrt (nämlich als negierte vorhanden = conservare) und zudem auf eine höhere Stufe gehoben (das dritte Moment ist eine Weiterentwicklung seiner beiden Momente im Sinne ihrer gleichzeitigen Vernichtung und Aufbewahrung als vernichtete = elevare).

Der Anfang des Denkens schließt den Fortgang ein, der sich als Rückgang in den Grund des Anfangs erweist. Im Resultat ist wesentlich das enthalten, woraus es resultiert. Die Negation ist hierbei gleichzeitig als positive zu sehen: das sich Widersprechende löst sich nicht in Null, ins abstrakte Nichts auf. Die Negation ist die eines besonderen Inhalts, einer bestimmten Sache, ist bestimmte Negation.

Philosophie ist nun das System allen Wissens, das die Bewußtseinsstufen des Denkens von der „sinnlichen Gewißheit" bis zum „absoluten Wissen" durchschreitet. Hegel macht den Anspruch, alle Bewußtseinsformen referierend vorzustellen, darzustellen, an welchem Punkt sie von der nächst höheren (komplexeren) Bewußtseinsform abgelöst wurden, um sie schließlich in seinem Denken zu ihrem Ende zu führen, das den Anfang in seiner gesamten historisch ausgebreiteten Komplexität eingeholt hat. Die Philosophie ist somit die Weise, in welcher der Geist die Entwicklung seiner selbst erfaßt. Diese Bewußtseinsformen sind aber nicht (nur) die historisch ausgebildeten Philosophien, sondern Hegel beansprucht, die den konkreten historischen Ereignissen entsprechenden Denkstrukturen aufdecken zu können und demzufolge mit der Darstellung des Ganges des Geistes gleichzeitig eine Darstellung des Ganges der konkreten Geschichte zu liefern, die für ihn im preußischen Staat gipfelt. Die konkrete Geschichtsentwicklung wird unter dem Gesichtspunkt einer notwendigen Denkbewegung systematisiert.

I Hauptschriften

Phänomenologie des Geistes (1807)
Wissenschaft der Logik (1812 – 1816)
Enzyklopädie der philosophischen Wissenschaften (1817)
Posthum wurden die Vorlesungen der Spätzeit veröffentlicht:
Geschichte der Philosophie, Philosophie der Geschichte, Ästhetik

II Sekundärliteratur

Bibliographie: Wolfhart Henckmann. In: Hegel-Studien 5 (1969)
Wortindex zu Hegels „Phänomenologie des Geistes“ (Hegel-Studien 4), Bonn 1977
Angehrn, E.: Freiheit und System bei Hegel, Berlin und New York 1977
Eley, L.: Hegels Wissenschaft der Logik, München 1976
Fink, E.: Hegel. Phänomenologische Interpretation der „Phänomenologie des Geistes“, Stuttgart 1977
Fulda, H. F./Horstmann, R. P./Theunissen, M.: Kritische Darstellung der Metaphysik. Eine Diskussion über Hegels „Logik“, Frankfurt (Main) 1980
Fulda, H. F./Henrich, D. (Hg.): Materialien zu Hegels Phänomenologie des Geistes, 4. Aufl. Frankfurt (Main) 1979
Glockner, H.: Hegel, Stuttgart 1929
Henrich, D.: Hegel im Kontext, Frankfurt (Main) 1971
Horstmann, R. P. (Hg.): Seminar: Dialektik in der Philosophie Hegels, Frankfurt (Main) 1978
Kojève, A.: Hegel. Kommentar zur Phänomenologie des Geistes, Frankfurt (Main) 1975
Pöggeler, O. (Hg.): Hegel. Einführung in seine Philosophie, Freiburg 1977
ders.: Hegels Idee einer Phänomenologie des Geistes, Freiburg und München 1973
Riedel, M. (Hg.): Materialien zu Hegels Rechtsphilosophie (2 Bde.), Frankfurt (Main) 1975

Taylor, Ch.: Hegel, Frankfurt (Main) 1978
Theunissen, M.: Sein und Schein. Die kritische Funktion der Hegelschen Logik, Frankfurt (Main) 1980

Die Philosophie des neunzehnten Jahrhunderts wird bis zur Gegenwart immer reichhaltiger, immer spezialisierter, immer komplexer. Immer weniger wird es möglich, Philosophie epochal zu ordnen, die unterschiedlichsten philosophischen Strömungen laufen zeitlich parallel zueinander.

Marx übernimmt von Hegel die Zielgerichtetheit des geschichtlichen Geschehens. Allerdings ist er der Auffassung, daß das menschliche Subjekt allein die Geschichte bestimmt. Die Geschichte zeigt sich Marx als eine Abfolge von Herrschaft und Knechtschaft, die sich in der bürgerlichen Gesellschaft auf den Kampf zweier Klassen zugespitzt hat: die Kapitaleigner und das Proletariat. Dazwischen steht die Schicht des Kleinbürgertums (selbständige Handwerker und Intellektuelle). Den Kapitalisten zeichnet Eigentum an Produktionsmitteln aus, an denen er nicht arbeitet, das Proletariat, daß es an Produktionsmitteln arbeitet, die ihm nicht gehören, das Kleinbürgertum, daß es an Produktionsmitteln arbeitet, die ihm auch gehören, bzw. daß es sein Wissen verkauft.

Die „Schicht" der Intelligenz, die zwischen den beiden „Klassen" Proletariat und Kapitalisten steht, erzeugt die „Ideologie". Diese hat ihren Ursprung in der gesellschaftlich-wirtschaftlichen Wirklichkeit. Deshalb setzt Marx zwei Bereiche an: die sozio-ökonomische „Basis" und den ideologischen „Überbau". In der Basis entstehen nun Widersprüche, z.B. die zwischen Produktionsmitteln und Produktionsverhältnissen, zwischen Kapital und Lohnarbeit. Die Ideologie ist zunächst die Bewußtwerdung dieser Widersprüche der Basis. Doch diese Bewußtwerdung kann unterschiedlicher Natur sein. So ist es möglich, daß die Widersprüche etwa in den Naturwissenschaften getreulich dargestellt werden, es ist aber auch möglich, daß sie als notwendige und unaufhebbare behauptet werden, wie dies in der Religion und der Jurisprudenz geschehe. Während somit Religion und Rechtswissenschaften so auf die Basis zurückwirken, daß die Widersprüche bestätigt werden, sind die Philosophie und die Kunst nicht ausschließlich von der Basis bestimmt, so daß beide verändernd auf die Basis zurückwirken können. Nun behaupten zwar weder Marx noch Engels, daß das Denken allein durch die sozio-ökonomischen Verhältnisse bestimmt sei und nicht auch das Denken das gesellschaftliche Sein beeinflusse, doch Engels sagt ausdrücklich, daß sich „in letzter Instanz" doch die ökonomische Notwendigkeit durchsetze.

Die Klassengesellschaft der bürgerlichen Epoche ist gekennzeichnet durch die „Entfremdung". In der Arbeit, so Marx, produziere der Produzent mit dem Produkt gleichzeitig sich selbst, sofern das Produkt von dem direkt angeeignet werden kann, der es produziert hat. Die kapitalistisch organisierte Ökonomie aber läßt durch die Trennung von Hand- und Kopfarbeit, Kapitalist und Proletariat und durch Arbeitsteilung diese direkte Aneignung nicht (mehr) zu. Damit produziert der Arbeiter in seiner Arbeit sich nicht mehr selbst. Dies nennt Marx die Entfremdung im Produkt. Da dem Arbeiter gleichzeitig die Produktionsmittel nicht gehören, an denen er arbeitet, kann er auch weder bestimmen was noch wie produziert werden soll – dies ist die Entfremdung in der Produktion.

Letzter Grund der Entfremdung ist der Privatbesitz an Produktionsmitteln. Deshalb fordert Marx deren Enteignung, die allerdings zu ihrer Durchsetzung einer Revolution bedarf. Diese Revolution entwickelt sich zwangsläufig aus der kapitalistischen Produktionsweise selbst. Das Kapital erzeugt sich seinen eigenen Totengräber: das Proletariat. Die proletarische Revolution ist demnach kein „Unfall" in der Entwicklung der kapitalistischen Gesellschaft, sondern Ergebnis der inneren Logik des kapitalistischen Produktionsprozesses, der die beiden Klassen so weit auseinandertreibt, daß die zahlenmäßig immer geringer werdenden herrschenden Kapitalisten einer stetig wachsenden Zahl Proletariern gegenüberstehen, die sie nicht mehr ernähren können. Dies ist der Augenblick, in dem die objektive Notwendigkeit der Revolution (weil die Weiterentwicklung der Produktionsmittel durch die Produktionsverhältnisse gehemmt wird) mit der subjektiven Notwendigkeit (weil das Proletariat sonst verhungert) zusammenfällt. Es ist der Zeitpunkt, an dem der Lohn, der die Reproduktionskosten des Proletariats gerade abdeckt, diese Grenze unterschreitet. Ziel der Revolution ist die Neuverteilung der Produktionsmittel, um es zu verunmöglichen, daß der Besitz an Produktionsmitteln gleichzeitig die Verfügungsgewalt über Menschen bedeutet.

I Hauptschriften

Die deutsche Ideologie (zus. mit Engels) (1845)
Das Elend der Philosophie (1847)
Das Kommunistische Manifest (zus. mit Engels) (1848)
Zur Kritik der politischen Ökonomie (1857)
Das Kapital (1. Band 1867; Posthum von Engels herausgegeben: 2. Band 1885, 3. Band 1894)
Posthum veröffentlicht: Ökonomisch-philosophische Manuskripte von 1844

II Sekundärliteratur

Althusser, L.: Für Marx, Frankfurt (Main) 1968
Berlin, I.: Karl Marx. Sein Leben und sein Denken, München 1959
Calvez, J. Y.: Karl Marx. Darstellung und Kritik seines Denkens, Freiburg 1964

Fischer, E./Marek, F.: Was Marx wirklich sagte, Wien 1968
Fleischer, H.: Marx und Engels. Die philosophischen Grundlinien ihres Denkens, Freiburg und München 1970
Hartmann, K.: Die Marxsche Theorie. Eine philosophische Untersuchung zu den Hauptschriften, Berlin 1970
Korsch, K.: Karl Marx, Frankfurt (Main) 1959

Nietzsche kritisiert ungestüm ein „metaphysisches" Denken, das die Wirklichkeit als Schein einer dahinter stehenden „Hinterwelt" erklärt, welche die eigentliche Wahrheit sei. Solche Vorstellungen sieht er im christlichen Denken, das deshalb die wirkliche Welt entwerte. Da nun jedoch „Gott tot ist", d.h. die christliche Heilslehre nicht mehr das tragende Fundament des europäischen Denkens und Handelns sei, resultiere aus der Abwertung des Lebens der Nihilismus, weil der sinnstiftende Glaube verlorengegangen sei. Dieser Zusammenbruch des Christentums liege in ihm selbst begründet, darin, daß es das Leben gegenüber dem Jenseits abgewertet habe. In diesem Sinne ist für Nietzsche seine Zeit gekennzeichnet durch den Zusammenbruch der Metaphysik, der seinen Grund in der Metaphysik selbst hat. Der Nihilismus ist „die zu Ende gedachte Logik unserer großen Werte und Ideale", die Werte haben sich selbst entwertet. Im Christentum sei diese Selbstzerstörung der Moral offensichtlich, weil es die Moral außerhalb des Lebens gesetzt, absolute Werte in die Transzendenz verlagert habe. Das Christentum habe „den Gegensatzbegriff des Lebens, das Nichts, als Ziel, als höchstes Gut, als ‚Gott' verherrlicht". In Gott sei das Nichts geheiligt.

Um den daraus sich ergebenden Nihilismus zu überwinden, fordert Nietzsche eine „Umwertung aller Werte", und das heißt: die Anerkennung und das Annehmen einer rein diesseitigen Welt der „transzendentalen Obdachlosigkeit" (Lukács). Die „Umwertung aller Werte" besagt, daß das, was dem Christentum und einer christlich infizierten Philosophie als Schein galt, nämlich das Werden der Wirklichkeit, als die eigentliche Wahrheit zu sehen ist. Die Wahrheit sei das Leben und nicht eine dahinter angenommene „Hinterwelt": diese sei Schein, nicht das Leben. Und die neuen Werte seien die, welche das Leben ernst nehmen, das Leben bejahen.

Eine solche Einstellung entspricht derjenigen der Künstler, deren „Metaphysik" die Sinnlichkeit des Diesseits ist, die die Wirklichkeit als das Machbare nehmen, das Leben bejahen. Der Künstler wird zum Prototyp des neuen Menschen. Gefordert ist, daß das „Prinzip Machen" von der Staffelei-Kunst übertragen wird auf die Gestaltung der Welt und des Menschen.

I Hauptschriften

Die Geburt der Tragödie aus dem Geiste der Musik (1872)
Unzeitgemäße Betrachtungen (1873 – 1876)
Menschliches – Allzumenschliches (1878 – 1880)
Morgenröte, Gedanken über die moralischen Vorurteile (1881)
Die fröhliche Wissenschaft (1882)
Also sprach Zarathustra (1883 – 1885)
Jenseits von Gut und Böse (1886)
Genealogie der Moral (1887)
Antichrist (1888)
Posthum wurde eine Zusammenstellung von unveröffentlichten Manuskripten, die eine Werk geben sollten, unter dem Titel „Der Wille zur Macht“ veröffentlicht.

II Sekundärliteratur

Altmann, A.: Friedrich Nietzsche. Das Ressentiment und seine Überwindung verdeutlicht am Beispiel christlicher Moral, Bonn 1977
Balmer, H. P.: Freiheit statt Teleologie. Ein Grundgedanke von Nietzsche, Freiburg 1977
Colli, G.: Nach Nietzsche, Frankfurt (Main) 1980
Deleuze, G.: Nietzsche und die Philosophie, Paris 1962
Fink, E.: Nietzsches Philosophie, 4. Aufl. Stuttgart 1979
Guzzoni, A. (Hg.): Neunzig Jahre philosophische Nietzsche-Rezeption, Königstein 1979
Jaspers, K.: Nietzsche. Einführung in das Verständnis seines Philosophierens, 4. Aufl. Berlin und New York 1974
Literaturmagazin 12. Nietzsche, Reinbek bei Hamburg 1980
Löwith, K.: Nietzsches Philosophie der ewigen Wiederkehr des Gleichen, 2. Aufl. Stuttgart 1956
Margreiffer, R.: Ontologie und Gottesbegriff bei Nietzsche, Königstein 1978
Most, O.: Zeitliches und Ewiges in der Philosophie Nietzsches und Schopenhauers, Frankfurt (Main) 1977
Steffen, H. (Hg.): Nietzsches Werk und Wirkung, Göttingen 1974
Volkmann-Schluck, K.-H.: Leben und Denken. Interpretationen zur Philosophie Nietzsches, Frankfurt (Main) 1968

Heidegger versteht sich als Fundamentalontologe. Dies erwächst aus seinem gegen die gesamte überlieferte Ontologie und Metaphysik gerichteten Vorwurf, daß sie ontisch und nicht ontologisch sei, d.h. sie habe „Sein“ nur in seiner Gründungsfunktion für „Seiendes“ betrachtet, „Sein“ vom „Seienden“ her angegangen, Sein aber nicht an ihm selbst gedacht. Dies indessen sei die Aufgabe der Fundamentalontologie, nämlich zum Verständnis des Seins selbst zu gelangen, als „Andenken“, ein „Denken in Ankunft des Seins". „Das Sein des Seienden ‚ist' nicht selbst ein Seiendes." Beim Verstehen des Seins ist die Zeit von entscheidender Bedeutung. Zeit ist Sinn, ist der Horizont, vor dem das Verstehen von Sein überhaupt erst ermöglicht wird. Die Frage nach dem Sein setzt die nach dem Sinn von Sein voraus. Das Sein ist Heidegger nicht nur ein vom Menschen gesetztes, verfügbares Objekt. Solches „objektivistische" Verständnis ist in Wahrheit „Seinsvergessenheit", objektivistischer Nihilismus. Das Dasein des Menschen wird in einer total der technischen Beherrschung unterworfenen Welt sinnlos. Der Mensch ist der, der Sein immer schon irgendwie versteht. Er ist seinsverstehendes Wesen und verhält sich zu sich und zum Seienden aufgrund seiner Struktur und im Blick auf ein vorverstandenes Sein. Er ist „Dasein", d.h. ein Seiendes, dem es in seinem Sein um sein Sein geht. Als solches ist er „In-der-Welt-Sein" als „Sorge" um Seiendes, entwirft sich auf das, was sein kann. Der Mensch ist ins Dasein „geworfen", es ist für ihn unhintergehbare Faktizität, doch gleichzeitig birgt Dasein (zukünftige) Möglichkeiten. Deshalb spricht Heidegger von der „geworfenen Möglichkeit". Diese Möglichkeit ist entweder eine – aus „Vertrautheit" sich ergebende – „Verfallenheit" an das „Man" der Alltäglichkeit oder aber „Entschlossenheit" zum Selbst. Den ersten Fall bezeichnet Heidegger als die „Verdecktheit" der „Uneigentlichkeit", den zweiten als die „Offenheit" der „Eigentlichkeit". Daß es zu dieser kommen kann, gründet in der Tatsache, daß das Dasein ins „Nichts" hineingehalten ist. In der Angst offenbart sich durch das Nichts und den Tod hindurch das Sein und die Unheimlichkeit der Welt. Das Sein ist mithin nicht methodisch denkend erfaßbar, sondern ist „ereignete Unverborgenheit" und dies ist die ursprüngliche Wahrheit (Alétheia: a = Negationspartikel, létho = bin verborgen). Die „Offenbarkeit dessen, was ist" erschöpft sich nicht im Beweisbaren, sie zeigt sich in der Angst, im Nichts, im Tod. Der Tod verstanden als Grenze des Seinkönnens, als äußerste, unüberholbare Möglichkeit des Daseins, in der alles Mögliche aufgehoben ist. Das Gewissen, als Ruf aus der Unheimlichkeit des Daseins, entreißt den Menschen dem Verfallensein an die Uneigentlichkeit des „Man", das Dasein wird auf sich selbst als Möglichkeit zurückgeworfen. Aus der Annahme der Möglichkeit und des Todes erwächst die Existenz als das bewußte Sein zum Tode.

I Hauptschriften

Sein und Zeit (1927)
Kant und das Problem der Metaphysik (1929)
Was ist Metaphysik? (1929)
Vom Wesen des Grundes (1929)
Holzwege (1950)

II Sekundärliteratur

Bast, R.: Handbuch zum Textstudium von M. Heideggers ‚Sein und Zeit', Bd. 1 Stuttgart 1980
Beaufret, J.: Wege zu Heidegger, Bonn 1976
Bucher, A. J.: Martin Heideggers Metaphysikkritik als Begriffsproblematik, Bonn 1972
Guzzoni, U. (Hg.): Nachdenken über Heidegger, Hildesheim 1979
Herrmann, F.-W. von: Heideggers Philosophie der Kunst, Frankfurt (Main) 1980
Jäger, A.: Gott: nochmals Martin Heidegger, Tübingen 1978
Pöggeler, O.: Philosophie und Politik bei Heidegger, 2. Aufl. Freiburg 1974
Prauss, G.: Erkennen und Handeln in Heideggers ‚Sein und Zeit', Freiburg 1977
Sass, H.-M.: Heidegger-Bibliographie, Königstein 1968

Adorno setzt vor der Geschichte eine geschichtslose menschliche Zeit der Archaik an, die noch vor dem Mythos liegt, in der das „An sich" der Natur sich in prästabilierter Harmonie befand. Der Mensch reagierte „mimetisch" auf die Natur, Mimesis verstanden als die unendliche Wiederholung der Natur durch den Menschen. Diese Archaik ward abgelöst durch die Geschichte, die nicht notwendig, sondern zufällig entstand. Sie zeichnet sich aus durch den Verfall der Mimesis und gründet in der Vernunft, die Adorno als „instrumentelle", zweckorientierte Ratio interpretiert. Die instrumentelle Vernunft hat durch ihre irrationale Machtübernahme die prästabilierte Natur zerstört und Herrschaft erzeugt.

Das begriffliche Denken entspricht der gesellschaftlichen Herrschaft insofern, als für Adorno im Begriff das Besondere im Allgemeinen untergeht, das Einzelne dem Allgemeinen hierarchisch unterworfen ist. Die gesellschaftliche Herrschaft folgt der „Dialektik der Aufklärung", die damit beginnt, daß der Mensch der Herrschaft der Naturgewalten zu entrinnen versucht. Dazu setzt er die Technik ein mit dem Erfolg, daß er zwar die Außennatur weitgehend beherrschen kann, er aber gleichzeitig in die Abhängigkeit genau der Mittel gerät, die ihn vor den Naturgewalten schützen, und noch schlimmer: da diese Mittel zur Naturbeherrschung im Besitz weniger sind, gerät der Mensch auch noch in die Abhängigkeit des Menschen. So zeichnet sich die „Dialektik der Aufklärung" aus durch den Umschlag der Herrschaft der Natur über den Menschen in die Herrschaft der Technik über den Menschen und schließlich des Menschen über den Menschen. Diese Dialektik fand in Auschwitz ihren vorläufigen Höhepunkt, wo das Identitätsdenken am reinsten und grausamsten Wirklichkeit wurde: das Individuum starb nicht als solches, sondern als Exemplar einer Gattung. So führt für Adorno kein Weg vom Wilden zur Humanität, wohl aber einer von der Steinschleuder zur Megabombe.

Diesem „total Falschen“ ist nach Adorno denkerisch nicht beizukommen, weil das Denken an das Identitätsprinzip gebunden ist und somit die gesellschaftliche Herrschaft im Begriff nur verdoppelt. Zu entkommen ist allenfalls in der Kunst, weil im Kunstwerk das Besondere in sein Recht gegen das Allgemeine gesetzt ist; das Kunstwerk ist nicht hierarchisch strukturiert, es ist Sachwalter des Besonderen. Deshalb haben das zerstörte „An sich“ und das Mimetische hier ihren Platz. Solche Wahrheit scheint aber im Kunstwerk nur momenthaft auf; das Kunstwerk ist das Feuerwerk, einmalige, vergehende Erscheinung, dessen Wahrheit nur um den Preis festgehalten werden kann, sie zu verraten, denn die Fixierung der Wahrheit der Kunst bedarf des Begriffs, und dieser ist durch das Identitätsdenken korrumpiert.

I Hauptschriften

Dialektik der Aufklärung (zus. mit Max Horkheimer) (1944)
Minima Moralia (1951)
Negative Dialektik (1966)
Ästhetische Theorie (posthum 1970)

II Sekundärliteratur

Beier, Ch.: Zum Verhältnis von Gesellschaftstheorie und Erkenntnistheorie. Untersuchungen zum Totalitätsbegriff in der kritischen Theorie Theodor W. Adornos, Frankfurt (Main) 1977
Figal, G.: Theodor W. Adorno. Das Naturschöne als spekulative Gedankenfigur, Bonn 1977
Grenz, F.: Adornos Philosophie in Grundbegriffen, Frankfurt (Main) 1975
Herrmann, B.: Theodor W. Adorno. Seine Gesellschaftstheorie als ungeschriebene Erziehungslehre, Bonn 1978
Lindner, B./Lüdke, W. M. (Hg.): Materialien zur ästhetischen Theorie Theodor W. Adornos Konstruktion der Moderne, Frankfurt (Main) 1980
Sauerland, K.: Einführung in die Ästhetik Adornos, Berlin und New York 1979
Schmucker, J. F.: Adornos Logik des Zerfalls, Stuttgart 1977
Schweppenhäuser, H. (Hg.): Theodor W. Adorno zum Gedächtnis, Frankfurt (Main) 1971
Über Theodor W. Adorno, Frankfurt (Main) 1968

Wittgenstein entdeckte die Sprache als Gegenstand des philosophischen Denkens des zwanzigsten Jahrhunderts. Dabei wurde er zum doppelten Anreger. Einmal für den „logischen Positivismus“ und dann für die „Philosophie der normalen Sprache“. Der frühe Wittgenstein versucht, das philosophische Denken auf das zu beschränken, was sich als Tatsache feststellen und sagen läßt. Tatsachen lassen sich in „Elementarsätzen“

ausdrücken, denn „der Satz zeigt die logische Form der Wirklichkeit". Damit kann mit den wahren Elementarsätzen die Welt vollständig beschrieben werden. Der Satz ist ein „Bild" der Wirklichkeit im Sinne einer strukturellen Übereinstimmung, ähnlich der Beziehung von Partitur und Symphonie. Die Wirklichkeit ist somit im Satz abgebildet, und die logische Form ist die Verbindung beider Ebenen. Logik und Sprache fallen für Wittgenstein zusammen. Deshalb kann er sagen, daß die Grenze meiner Sprache auch die Grenze meiner Welt ist. Der Gedanke einer (transzendentalen) Einheit eines (denkenden) Ich wird überflüssig. Das Ich ist lediglich Grenze der Welt, nicht einheitstiftendes, konstitutives Zentrum.

Sätze über das, was nicht „Tatsache" ist, das „Mystische", sind weder wahr noch falsch, vielmehr sind sie unsinnig, da sie nicht überprüfbar sind. Deshalb sollte darüber auch (philosophisch) nichts gesagt werden. Denn „wovon man nicht sprechen kann, darüber muß man schweigen".

Der späte Wittgenstein wendet sich der Vieldeutigkeit der „normalen Sprache", der Alltagssprache (im Gegensatz zur formalisierten Kunstsprache) zu. Die Beziehung zwischen Sprache und Welt ist nicht mehr durch Logik gesichert. An deren Stelle tritt das „Sprachspiel", d.h. die Bemühung, die Bedeutung von Wörtern aus ihrem Gebrauch in der Sprache selbst zu erschließen. Sprache ist Teil einer Lebensform, Teil einer Tätigkeit, einer Handlung. Deshalb gibt es so viele Sprachen, wie es Lebensformen gibt. Dies hat u. a. zum Ergebnis, daß die Philosophie die Probleme, die in diesen Sprachen auftauchen, gar nicht lösen kann. Deshalb treibt Wittgenstein die Philosophie in eine Dauerproblematisierung, aus der sich ergibt, daß Philosophie sich zugunsten des Lebens und der alltäglichen Sprachwelt aufheben müsse. Sprachspiele jedenfalls sind nicht philosophisch begreifbar, sie sind nur beschreibbar. Um sie zu lernen, bedarf es daher der praktischen Einübung, der Dressur, nicht der theoretischen Einsicht. Das praktisch gelingende Sprachspiel macht die philosophische Reflexion überflüssig.

I Hauptschriften

Tractatus logico-philosophicus. Logisch-philosophische Abhandlung (1918 beendet, 1921 erschienen)
Philosophische Untersuchungen (1956 beendet, 1958 erschienen)
The Blue Book (1933/34 von Wittgenstein seinen sieben Studenten diktiert)
The Brown Book (1934/35 von Wittgenstein seinen zwei Studenten diktiert)
Posthum aus dem Nachlaß: Philosophische Bemerkungen (entstanden 1930), Philosophische Grammatik.

II Sekundärliteratur

Brand, G.: Die grundlegenden Texte von Ludwig Wittgenstein, Frankfurt (Main) 1975
Birnbacher, D.: Die Logik der Kriterien. Analyse zur Spätphilosophie Wittgensteins, Hamburg 1974
Hacker, P. M. I.: Einsicht und Täuschung. Wittgenstein über Philosophie und die Metaphysik der Erfahrung, Frankfurt (Main) 1978
Hartnack, J.: Wittgenstein und die moderne Philosophie, Stuttgart 1962
Kenney, A.: Wittgenstein, Frankfurt (Main) 1974
Schulz, W.: Wittgenstein. Die Negation der Philosophie, Pfullingen 1967
Specht, E. K.: Die sprachphilosophischen und ontologischen Grundlagen im Spätwerk Ludwig Wittgensteins, Köln 1963 (Kant-Studien, Ergänzungsheft 84)
Stenius, E.: Wittgensteins Traktat, Frankfurt (Main) 1969
Über Ludwig Wittgenstein, Frankfurt (Main) 1968
Wuchterl, K.: Struktur und Sprachstil bei Wittgenstein, Frankfurt (Main) 1969
Fromm, S.: Wittgensteins Erkenntnisspiele contra Kants Erkenntnislehre, Freiburg 1979
Zimmermann, J.: Wittgensteins sprachphilosophische Hermeneutik, Frankfurt (Main) 1975

c) Gegenwärtige Strömungen der Philosophie

Die zeitgenössische Universitätsphilosophie ist hauptsächlich gekennzeichnet durch die „linguistische" und „pragmatische Wende". Ich will im folgenden kurz die Situation in der Bundesrepublik skizzieren (und zitiere dabei Baumgartner in Baumgartner/Sass 1978).

Unmittelbar nach dem zweiten Weltkrieg standen im Mittelpunkt der philosophischen Diskussion die Phänomenologie, Ontologie, Metaphysik, Erkenntnistheorie und die philosophische Anthropologie. Eine zweite Phase ist gekennzeichnet durch die Kenntnisnahme und Auseinandersetzung mit der angloamerikanischen Philosophie und der logisch-empiristischen Tradition des „Wiener Kreises". Die zweite Hälfte der sechziger und der Anfang der siebziger Jahre bilden eine dritte Phase der Streitigkeiten zwischen analytisch-szientistischer, besonders neopositivistischer und traditioneller, besonders dialektischer Philosophie. Die derzeitige vierte Phase scheint eine Annäherung der unterschiedlichen philosophischen Positionen zu bringen, in der es weniger um neue Positionsbestimmungen als um die Diskussion von Einzelproblemen geht.

Phase (1) „Die Phänomene der Angst, des Scheiterns, der Einsamkeit und Tragik des menschlichen Daseins, die Unmöglichkeit, auf eine stabilisierende metaphysische Deutung des menschlichen Wesens zurückgreifen zu können, die Erfahrung der Ausgesetztheit des Daseins und der menschlichen Grenzsituationen in Tod, Schuld und Leiden – all dies ließ den Menschen als wesenlose Existenz, als absolute und zugleich leere Freiheit erscheinen. (...). Während jedoch Jaspers das Verhältnis von Existenz-Welt-Transzendenz unter Rückgriff auf Kants Vernunftstruktur und mithin in der Manier der klassischen philosophischen Tradition interpretierte, hielt Heidegger an der Idee der Geschichtlichkeit des Seins in der Weise fest, daß der Nihilismus zugleich historisch als Kulminationspunkt der abendländischen Metaphysik überhaupt erscheinen konnte. Diese durch den Titel ‚Kehre' bezeichnete Veränderung des fundamentalontologischen Ansatzes von ‚Sein und Zeit' (1927) wurde zum Kristallisationspunkt der philosophischen Diskussionen." (Baumgartner/Sass 1978, S. 7 f.).

Phase (2) „Noch ehe die Philosophie des Wiener Kreises, die mittlerweile die angloamerikanische philosophische Szene wesentlich mitbestimmte, durch die Rezeptionsleistung Stegmüllers (...) wieder in der BRD Eingang fand, hatte auch die die Gemüter erhitzende Diskussion um die philosophische Bedeutung der mathematischen Logik den Boden für eine internationale Öffnung der deutschen Philosophie bereitet. (...) Am Anfang jedoch, und dies ist das Kennzeichnende der zweiten Phase, schien die Philosophie, sofern sie mehr sein wollte als bloße Rekonstruktion des wissenschaftlichen Wissens, durch den Szientismus grundsätzlich in Frage gestellt". (Baumgartner/Sass 1978, S. 10ff.)

Phase (3) Vor allem zwei Problemkreise haben die dritte Phase bestimmt: „Auf der einen Seite handelt es sich um die in vielen Veröffentlichungen und Repliken geführte Kontroverse zwischen der Kritischen Theorie und dem Kritischen Rationalismus um den Begriff der Vernunft, deren Protagonisten nach dem Vorgang von Adorno und Popper nunmehr Habermas und Wellmer, Albert, Topitsch und Spinner geworden sind. Unversöhnliche Gegensätze blieben hierbei einerseits die Idee einer Vernunft, in der Erkenntnis und Interesse, Theorie und Praxis als Einheit gedacht sind, und andererseits ein Vernunftbegriff, der sich zwar ebenso als kritische Instanz verstand, die postulierte Einheit von Erkenntnis und Entscheidung jedoch als spekulativen Mythos glaubte erweisen zu können. Kontrovers blieben von daher auch das Verständnis der Sozialwissenschaften, der Stellenwert des Begriffes ‚Verstehen', die Einschätzung der Möglichkeiten geschichtsphilosophischer Analysen und die Beurteilung möglicher und sinnvoller Strategien zur Veränderung der Gesellschaft im ganzen.

Auf der anderen Seite entwickelte sich eine Konfrontation zwischen der nunmehr ausschließlich von Habermas und seinen Schülern vertretenen kritischen Gesellschaftstheorie und der den Funktionalismus weiterführenden Systemtheorie Niklas Luhmanns. Im Gegensatz zur ersten Kontroverse hielten beide Kontrahenten am universalen Anspruch sozialphilosophischer Analysen fest. Ihre Differenz lag im besonderen im Verständnis der wesentlichen Strukturmomente sozialer Systeme. Während es Habermas unverzichtbar erschien, Gesellschaft als Realisationsweise vernünftiger Subjekte zu interpretieren und also an der Idee des freien, vernünftigen und autonomen Subjekts festzuhalten, interpretierte Luhmann Gesellschaft primär als ein von subjektiven Intentionen unabhängiges funktionales Gefüge sich selbst regulierender Systemteile; die von Habermas festgehaltene und affirmierte Ich-Identität von Vernunftsubjekten wurde von Luhmann auf dem Komplexitätsniveau hochindustrialisierter Gesellschaften als funktionslos gewordenes Element, welches das Überleben des Gesellschaftssystems eher bedroht, angesehen. Kein Wunder, daß die Kritische Theorie entschieden opponierte und gegenüber Luhmann an der moralischen Realität der Gesellschaft und (gegenüber dem Luhmann vorgeworfenen Zynismus und der befürchteten Zerstörung der praktischen Vernunft) am Begriff der – im übrigen evolutionstheoretisch untermauerten – auf dem Wege vernünftiger und freier Entscheidungen der Individuen sich realisierenden Demokratie festhielt. Die für Habermas in dieser Auseinandersetzung dringlich gewordene Frage, wie die Wahrheitsfähigkeit praktischer Aussagen, vermittels deren sich auch hochkomplexe Industriegesellschaften in ihrer Struktur legitimieren könnten, zu denken und zu rechtfertigen wäre, führte ihn zur Konzeption einer kommunikativen Ethik, deren Diskussion bereits in die letzte Phase der Nachkriegsphilosophie in Deutschland einmündet." (Baumgartner/Sass 1978, S. 15–16)

Phase (4) „Die letzte, erst einige Jahre dauernde Phase erscheint auf den ersten Blick als Phase der allgemeinen Ermüdung; in Wahrheit aber läßt sie sich begreifen als Rückkehr zur kritischen, jetzt aber tatsächlich miteinander geführten Detaildiskussion. Sie ist bestimmt durch die merkliche Horizonterweiterung der ehemaligen Kontrahenten Analytische Philosophie bzw. Kritischer Rationalismus und dialektische Philosophie bzw. Kritische Theorie.

Vor allem die durch Thomas Kuhn, Lakatos und Musgrave auf den Weg gebrachte Erforschung der Wissenschaftsgeschichte und die in der Bundesrepublik teils erneuerten, teils sich daran anschließenden Forschungen (vgl. das Hamburger Institut für Geschichte der Naturwissenschaften: Sticker, Scriba, Schütt, Weyer; aber auch das Starnberger Max-Planck-Institut zur Erforschung der Lebensbedingungen der wissenschaftlich-technischen Welt: C. F. von Weizsäcker, Habermas, Böhme, van den Daele, Krohn; vgl. ebenso die Untersuchungen von Blumenberg, Diederich, Hübner, Krüger, Mittelstraß, Schäfer, Stegmüller, Ströker und Weingart) haben ein dynamisches Verständnis der Wissenschaften und ihres Erkenntnisfortschritts hervorgebracht, das die Standpunkte sowohl der Hermeneutik wie der Kritischen Theorie als auch des Kritischen Rationalismus aufeinander bezieht und in differenzierter Weise miteinander vermittelt. Auf der anderen Seite hat die analytische Philosophie – vermittelt durch den Linguistic turn der Austin, Chomsky, Searle, Wittgenstein II u.a. und durch ihre Zuwendung zu Prinzipienfragen der Ethik des Utilitarismus – einen neuen Zugang zu sprachphilosophischen und moralisch-praktischen Problemen der in Deutschland und Österreich besonders bearbeiteten klassischen philosophischen Tradition gefunden. Die Kritik an der Neutralitätsthese der Metaethik von seiten Alberts und Hans Lenks, die Neuformulierung der analytischen Ethik durch Frankena, die Überlegungen zum Problem der Universalisierbarkeit (Hare, Singer), die an Kant gemahnende Theorie der Gerechtigkeit von Rawls und die kritische Rezeption dieser Hinwendung der analytischen Ethik zu Prinzipienfragen der Moralität durch Hoerster, Annemarie Pieper, Höffe, Patzig, Kaulbach haben in entscheidendem Maße dazu beigetragen, daß die ‚Rehabilitierung der praktischen Philosophie' (Riedel u. viele andere) in der nötigen systematischen Differenziertheit erfolgen konnte.

Aber auch die kritische Theorie der ‚Frankfurter Schule' hat sich sowohl durch ihre Öffnung zu Linguistik und Sprechakttheorie als auch durch die Übernahme der durch Apel und seine kritische Rezeptionsleistung eröffneten pragmatistischen Wendung entscheidend verändert. Schon früh hatte Apel die analytische Tradition der Sprachphilosophie und Linguistik aufgegriffen und mit der sich an Heidegger anschließenden hermeneutischen Philosophie der Sprache vermittelt; seiner späteren Kant- und Peirce-Rezeption war dadurch nicht nur der nötige universale Horizont gesichert, sondern zugleich auch zu einer breiten Wirksamkeit verholfen. Daneben hatte die geschichtsphilosophische Problematik der Gattungsgeschichte und deren kritische Diskussion in Verbindung mit der analytischen Geschichtsphilosophie Dantos durch Baumgartner, Rüsen und wiederum Habermas unter anderem die kritische Theorie dazu genötigt, ihren historisch-materialistischen Grundansatz zu präzisieren und ihm im Sinne einer Evolutionstheorie der Geschichte, die Gesellschaftsformationen nunmehr als sozio-kulturelle Lernniveaus interpretiert, wenn nicht umzudeuten, so doch wesentlich zu modifizieren. Es nimmt daher nicht wunder, daß der ursprünglich im Mittelpunkt des Streites stehende Begriff der ‚Dialektik' mehr oder weniger aus dem Gesichtskreis verschwunden ist. Auch die strategische Alternative ‚Reform versus Revolution' hat ihren weltanschaulich-bekenntnishaften Charakter eingebüßt und ist einer differenzierten Untersuchung des Sachverhalts, auf welche Weise wünschenswerte gesellschaftliche Veränderungen möglich und durchsetzbar sind, gewichen. Allerdings ist das grundsätzliche Problem des Verhältnisses von vernünftigem Individuum und gesellschaftlicher Realität noch keineswegs befriedigend ausdiskutiert. Namentlich als Problem der Institutionen bestimmt es nach wie vor bis in die Grundlegungsfragen der praktischen, insbesondere praktisch-politischen Philosophie hinein die Diskussion um die Rechtfertigungsprobleme einer normativen, sei es transzendental, pragmatisch oder konstruktivistisch gedeuteten Ethik, aber auch die in letzter Zeit anhebende Auseinandersetzung um die Rolle und Funktion, die der Philosophie angesichts der technisch-wissenschaftlichen Zivilisation und ihrer hochkomplexen Gesellschaftsformationen zugewiesen werden kann." (Baumgartner/Sass 1978, S. 17 – 18)

In die Diskussion mit der „Kritischen Theorie" hat sich inzwischen auch der „Ritter-Kreis" eingeschaltet; vor allem Lübbe und Oelmüller betonen die Gebundenheit auch einer kritischen Vernunft an die Tradition, aus der sie erwachsen ist.

Neben der Diskussion dieser Lager haben sich neue Problembereiche eröffnet. So ergab sich vor allem das Problem des Diskurses, das sowohl von Dialektikern wie Habermas als auch von Konstruktivisten wie Lorenzen und Ideologiekritikern wie Lübbe aufgegriffen wurde. Hierbei geht es darum, ob und, wenn ja, wie weit Regeln angebbar sind, die in einem vernünftigen Gespräch, das nicht interessengeleitet ist, sondern um der Sache willen geführt wird, entweder als transzendentale Bedingungen immer schon vorausgesetzt sind oder aber in praktischer Absicht als immer schon akzeptierte vorausgesetzt werden müssen. Weiter geht es darum, Argumentationsstrategien zu entwickeln, aufgrund derer in einer Art Gewinnspiel Behauptungen akzeptiert werden müssen. Die Diskurstheorie geht mithin auf Begründungsverfahren von Behauptungen und Forderungen. Wieder ins Zentrum rückte das hermeneutische Problem „Verstehen-Erklären" vor allem bei Apel; die Sprachphilosophie bekam von Tugendhat neue Anregungen, und die Wissenschaftstheorie wurde von Feyerabend einer herben Kritik unterzogen: das wissenschaftliche Denken hätte prinzipiell keinen Vorrang vor nicht-wissenschaftlichem Denken, weshalb Methodenpluralismus bei der denkerischen und praktischen Lebensbewältigung zu fordern sei. Herausgebildet hat sich eine Handlungstheorie (Lenk), und die Logistik fand im Konstruktivismus der „Erlanger-Konstanzer-Schule" (Kamlah, Lorenzen, Kambartel) neuen Auftrieb, der sich auch ethischen Fragen (Schwemmer) zuwendet. Die Erkenntnistheorie, innerhalb der Philosophie durch Wissenschaftstheorie und Sprachphilosophie fast ganz verdrängt, gerät neuerdings durch Veröffentlichungen aus dem naturwissenschaftlichen Bereich (Lorenz, Eigen, Vollmer, Riedl) wieder ins Zentrum des Interesses.

Literatur

1. Darstellungen

Baumgartner, H. M./Sass, H.-M.: Philosophie in Deutschland 1945 – 1975, Königstein 1978
Fahrenbach, H.: Zur Problemlage der Philosophie, Frankfurt (Main) 1975
Landgrebe, L.: Philosophie der Gegenwart, Berlin 1961
Stegmüller, W.: Hauptströmungen der Gegenwartsphilosophie, Bd. II, 6. Aufl. Stuttgart 1979
Schulz, W.: Philosophie in der veränderten Welt, Pfullingen 1972

2. Originaldiskussionen

Adorno, Th. W. u.a.: Der Positivismusstreit in der deutschen Soziologie, Neuwied u. Berlin 1969
Apel, K. O. (Hg.): Sprachpragmatik und Philosophie, Frankfurt (Main) 1976
ders. (Hg.): Neue Versuche über Erklären und Verstehen, Frankfurt (Main) 1978
ders. u.a.: Hermeneutik und Ideologiekritik, Frankfurt (Main) 1973
Grewendorf, G./Meggle, G. (Hg.): Seminar: Sprache und Ethik, Frankfurt (Main) 1974
Habermas, J./Luhmann, N.: Theorie der Gesellschaft oder Sozialtechnologie, Frankfurt (Main) 1971
Kambartel, F. (Hg.): Praktische Philosophie und konstruktive Wissenschaftstheorie, Frankfurt (Main) 1974
Lenk, H. (Hg.): Handlungstheorien – interdisziplinär (4 Bde.), München 1978 – 1979
Lübbe, H. (Hg.): Wozu Philosophie? Berlin und New York 1978
Oelmüller, W. (Hg.): Materialien zur Normendiskussion (3 Bde.)
- Transzendentalphilosophische Normenbegründungen, Paderborn 1978
- Normenbegründung und Normendurchsetzung, Paderborn 1978
- Normen und Geschichte, Paderborn 1979

ders. (Hg.): Kunst und Philosophie (3 Bde.)
- Ästhetische Erfahrung, Paderborn 1981
- Ästhetischer Schein, Paderborn (in Vorbereitung)
- Werk, Paderborn (in Vorbereitung)

Poetik und Hermeneutik, Bde. I – VIII (wird fortgesetzt), München 1968 ff.
Topitsch, E. (Hg.): Logik der Sozialwissenschaften, Köln 1972

2. Systematischer Querschnitt

a) Disziplinen der Philosophie

Im Laufe der Geschichte der Philosophie haben sich eigenständige Bereiche der Philosophie („Disziplinen“) gebildet, die zum festen Bestandteil dessen wurden, was philosophisch überdacht wurde. Dazu gehören Anthropologie, Ethik, Geschichtsphilosophie, Erkenntnistheorie, Logik, Ästhetik, Metaphysik, Ontologie und die „Bindestrich-Philosophien“ wie Philosophie der Gesellschaft, des Rechts, des Staates, Wissenschaftstheorie, Sprachphilosophie, Religionsphilosophie, Naturphilosophie. Im folgenden sollen die Problemstellungen dieser philosophischen Disziplinen kurz angerissen werden; die Abfolge ist alphabetisch. Auch hier sind bibliographische Angaben gemacht, die ebenfalls erstens besonders die neueren deutschsprachigen Veröffentlichungen berücksichtigen und zweitens nicht Aufsätze, sondern Bücher angeben.

Philosophische Anthropologie

Was „den Menschen“ ausmache, beschäftigt die Philosophen schon seit Platon. Insofern gibt es schon von Anbeginn der Philosophie den Versuch, das Wesen des Menschen zu bestimmen. Die Antike dachte über den Menschen in seinem Bezug zum Kosmos und der Natur nach, er wurde verstanden als eingebunden in vorgegebene Ordnungen, die sein Wesen begründen. Die Individualität als das Veränderliche trat unter dem Gesichtspunkt des ewigen, unveränderlichen Kosmos in den Blick. Das Mittelalter sieht den Einzelnen, der sich über die Natur erhebt und als Einzelner dem lebendigen Schöpfergott gegenübertritt. Dennoch aber ist der Mensch begriffen als eingefügt in die göttliche Geordnetheit der Welt. Für das Mittelalter wie für die Antike gilt eine Zweiteilung: die individuelle Einmaligkeit und die allgemeingültige Ordnung. In der Neuzeit tritt das Individuum erstmals aus dieser Gegensätzlichkeit. Das Individuum begreift sich als Subjekt, das Ordnung, Prinzipien und Normen allererst erzeugt. Das Subjekt wird autonom.

Als eigentliche philosophische Disziplin trat Anthropologie erst spät auf; nämlich zwischen dem 16. und 18. Jahrhundert. Hier wurde der Versuch gemacht, den Menschen nicht metaphysisch zu bestimmen, sondern von seiner „Natur“ her. Erst jetzt wird der Mensch in seiner Eigenständigkeit betrachtet. Ende der zwanziger Jahre des zwanzigsten Jahrhunderts wurde diese Position aufgegriffen (Scheler) und bis zur Gegenwart fortgesetzt (Gehlen, Plessner). Die philosophische Anthropologie sucht die immergleiche Natur des Menschen zu ergründen. Daß es ihr um ein Gesamtbild des Menschseins geht, unterscheidet sie von den Einzelwissenschaften, die Einzelaspekte untersuchen. Dabei wird philosophische Anthropologie entweder als Zusammenschau der Erkenntnisse der Einzelwissenschaften verstanden oder als Versuch, eine davon unabhängige Bestimmung des Menschen zu geben.

Die moderne philosophische Anthropologie geht davon aus, daß unveränderliche Grundlagen des Menschseins auszumachen seien. So kennzeichne den Menschen eine Doppelwertigkeit. Einerseits ist er mit allem Lebendigen gleichgestellt, andererseits nimmt er diesem gegenüber durch seinen Geist eine Gegenstellung ein. Er sei grundsätzlich gefährdet seiner Instinktarmut wegen, andererseits sei dies jedoch auch als Instinktentbundenheit zu sehen, welche die Weltoffenheit des Menschen gegenüber der Umweltverhaftetheit des Tieres ausmache, und dies schlösse die menschliche Freiheit ein. Der Mensch unterscheide sich vom Tier dank Sprache, Selbstbewußtsein, dem Wissen um den eigenen Tod, um gut und böse, um Zeit und Geschichte, seiner Möglichkeit zu lachen, zu weinen und nein sagen zu können; die Leistungen des Menschen entlasteten ihn von seiner natürlichen Mängellage, und eine entscheidende Leistung des Menschen sei die Entwicklung von Institutionen; durch Arbeit kann er nicht nur die Außennatur, sondern auch sich selbst verändern. Der Mensch wird mithin verstanden als das prinzipiell Ungeformte, während das Tier in den Gesetzeszusammenhang der Natur eingepaßt ist. Der Mensch ist demgegenüber nicht determiniert, er kann sich entfalten. Insofern ist er offen und unfertig, während das Tier in seiner Spezialisierung abgeschlossen ist. Das „Mängelwesen" Mensch ist demzufolge dem Tier in Einzelfertigkeiten unterlegen, ist unangepaßt; doch steht es insofern über dem Tier, als es lernfähiger ist und seine Umwelt und sich selbst gestalten kann.

Literatur

Diemer, A.: Elementarkurs: Philosophische Anthropologie, Düsseldorf 1978

Gadamer, H.-G./Vogler, P. (Hg.): Neue Anthropologie (5 Bde.), Stuttgart und München 1972–1973

Gehlen, A.: Der Mensch. Seine Natur und seine Stellung in der Welt, 9. Aufl. Wiesbaden 1972

Groethuysen, B.: Philosophische Anthropologie, München 1969

Kamlah, W.: Philosophische Anthropologie. Sprachkritische Grundlegung und Ethik, Mannheim, Wien und Zürich 1973

Keller, W.: Einführung in die philosophische Anthropologie, München 1971

Landmann, M.: Philosophische Anthropologie, 4. Aufl. Berlin 1976

Landsberg, D. W.: Einführung in die philosophische Anthropologie, 2. Aufl. Frankfurt (Main) 1960

Mühlmann, W. E.: Geschichte der Anthropologie, Bonn 1968

Müller, M.: Philosophische Anthropologie, Freiburg 1974
Plessner, H.: Philosophische Anthropologie, Frankfurt (Main) 1970
Rothacker, E.: Philosophische Anthropologie, 4. Aufl. Bonn 1975
Rudolph, W./Tischohl, P.: Systematische Anthropologie, München 1977
Sonnemann, E.: Negative Anthropologie, Reinbek bei Hamburg 1969
Scheler, M.: Die Stellung des Menschen im Kosmos, 7. Aufl. Bern und München 1966

Ästhetik

Wie die meisten der eingebürgerten Disziplinen ist auch Ästhetik erst spät zum eigenständigen Teilbereich der Philosophie geworden. Gleichwohl sind Überlegungen zur Kunst so alt wie die Philosophie selbst.

Die philosophische Auseinandersetzung ging u.a. um das Verhältnis von Wesen und Erscheinung, wobei der Kunst in der Antike nur eine untergeordnete Stellung, nämlich Abbild des Abbilds (der Urbilder, der Ideen) zu sein, zuerkannt wurde. Andererseits meinte man jedoch, sie auch als eine Wahrheitsaussprache der Götter sehen zu können, die sich der Künstler bedienten, die, um diese Aufgabe erfüllen zu können, außer sich geraten müßten („Extase", „Mania"). Daneben wurde auch die Wirkung der Kunst auf den Kunstbetrachter bedacht. So wurde einerseits die Gefahr gesehen, daß das Kunstwerk (besonders Dichtkunst und Musik) wegen seiner Sinnenhaftigkeit nicht den Verstand, sondern den schlechteren Seelenteil anspräche und den Menschen dadurch verdürbe. Deshalb wurde sogar gefordert, daß Kunst der Zensur derer unterworfen werden müsse, welche, im Wissen um Wahrheit, die mögliche Schädlichkeit eines Kunstwerks für die Polis-Gemeinschaft erkennen könnten. Andererseits wurde betont, daß Kunstbetrachtung (besonders der Tragödie) eine reinigende Wirkung auf die Gemütsverfassung des Betrachters habe.

Überlegungen zu Wesen und Erscheinung hielten sich in leichten Abänderungen in der Geschichte der Ästhetik bis heute. Daneben ging es um das Verhältnis von Sinnlichkeit – Geist und von Form – Inhalt. Erörtert wurde auch die Form des ästhetischen Urteils; es sei weder ein Erkenntnisurteil über den Gegenstand (das Kunstwerk), noch über den Urteilenden, sondern es sei ein Urteil über das Gefühl der Lust und Unlust eines Subjektes angesichts eines Objektes.

Neben solchen Überlegungen standen Versuche, Kunst zu verstehen als eine (neben anderen) historische Ausprägung eines „absoluten Geistes"; Kunst als Darstellungsform des absoluten Geistes im Medium der „Anschauung", deren nächste die „Vorstellung" (Religion) und letzte das „Denken des Denkens" (Philosophie) ist. Dies besagt, daß die Kunst dann ihr Ende findet, wenn sich der Geist in der Vorstellung besser darstellen kann als in der Anschauung. Dies heißt jedoch nicht, daß es dann keine Kunstwerke mehr gäbe, sondern nur, daß Kunst nicht mehr die höchste Form im Entwicklungsgang des absoluten Geistes ist, die Kunst sich folglich andere Inhalte suchen muß.

Im Zuge einer gesellschaftlich-politisch ausgerichteten Philosophie ordnete man Kunst dem ideologischen Überbau (einer sozio-ökonomischen Basis) zu; sie stünde in Gefahr, die jeweils bestehenden gesellschaftlichen Herrschafts- und Besitzverhältnisse zu zementieren. In der Weiterentwicklung dieses Ansatzes wurde Kunst dann gesehen als ein Ort, an dem die in der Gesellschaft zerstörte Wahrheit aufbewahrt sei. Als Wahrheit galt u.a. das Lustprinzip (gegenüber dem Leistungsprinzip) und ein mimetisches, herrschaftsfreies Verhalten (gegenüber einem Denken und einem gesellschaftlichen Sein, das herrschaftlich im Sinne von Unter- und Überordnung, der Unterdrückung des Besonderen ist). War früher das Kunstwerk als Nachahmung der Wirklichkeit verstanden worden, so forderte man nun, daß die gesellschaftliche Wirklichkeit die Kunst nachahmen solle, die Gesellschaft selbst solle Kunstwerk werden, der Staat ästhetisch.

Neben solchen Überlegungen stehen Auseinandersetzungen über die Interpretationsmöglichkeit von Kunst. Die Hermeneutik machte auf den „Zirkel" im Verstehen aufmerksam: das Verständnis des Einzelnen bedarf des Verständnisses des Ganzen und umgekehrt; beide stehen in einem Abhängigkeitsverhältnis, in dem sie sich gegenseitig erhellen. Die phänomenologisch ausgerichtete Ästhetik (und im Anschluß daran die „Rezeptionsästhetik") zeigte die Leistung des Kunstbetrachters für das Kunstwerk auf: das Kunstwerk ist ein Produkt auch des Betrachters.

Schließlich versucht die semiotische und informationstheoretische Ästhetik, das Kunstwerk als ein System von Zeichen zu erfassen, dessen syntaktische Struktur (d.h. die Beziehung der Zeichen untereinander) und semantische Bezüge (d.h. die Beziehung der Zeichen auf das, was sie bezeichnen) herausgearbeitet werden.

Literatur

Adorno, Th. W.: Ästhetische Theorie, Frankfurt (Main) 1970

Assunto, R.: Die Theorie des Schönen im Mittelalter, Köln 1963

Bense, M.: Einführung in die informationstheoretische Ästhetik, Reinbek bei Hamburg 1969

Bittner, R./Pfaff, P. (Hg.): Das ästhetische Urteil, Köln 1977

Bohrer, K. H.: Plötzlichkeit. Zum Augenblick des ästhetischen Scheins, Frankfurt (Main) 1981

Bürger, P.: Theorie der Avantgarde, Frankfurt (Main) 1974

Enzensberger, Ch.: Literatur und Interesse (2 Bde.), München 1977

Gilbert, E./Kuhn, H.: A History of Esthetics, 2. Aufl. Bloomington 1953

Goodman, N.: Sprachen der Kunst, Frankfurt (Main) 1973
Grassi, E.: Die Theorie des Schönen in der Antike, Köln 1962
Hartmann, N.: Ästhetik, 2. Aufl. Berlin 1966
Hegel, G. W. F.: Ästhetik. Hg. v. F. Bassenge (2 Bde.), Frankfurt (Main) o.J.
Heidegger, M.: Der Ursprung des Kunstwerkes. In: ders.: Holzwege, Frankfurt (Main) 1950, S. 7–68
Henckmann, W. (Hg.): Ästhetik, Darmstadt 1979
Henrich, D./Iser, W. (Hg.): Theorien der Kunst, Königstein 1980
Jauss, H. R. (Hg.): Die nicht mehr schönen Künste (Poetik und Hermeneutik III), München 1968
ders. (Hg.): Nachahmung und Illusion (Poetik und Hermeneutik I), München 1963
Kant, I.: Kritik der Urteilskraft. In: Werke in sechs Bänden. Hg. v. W. Weischedel, Bd. V, Darmstadt 1966
Lotze, H.: Geschichte der Ästhetik in Deutschland, Leipzig 1913
Oelmüller, W. (Hg.): Kunst und Philosophie (3 Bde.)
– Ästhetische Erfahrung, Paderborn 1981
– Ästhetischer Schein, Paderborn (in Vorbereitung)
– Werk, Paderborn (in Vorbereitung)
Perpeet, W.: Ästhetik des Mittelalters, Freiburg 1977
Platon: Politeia. In: Werke Bd. IV. Hg. v. E. Eigler, Darmstadt 1971
Zimmermann, J.: Sprachanalytische Ästhetik. Ein Überblick, Stuttgart 1980

Erkenntnistheorie

Was Erkenntnis sei, wie sie zustande kommt und wie sie zu sichern wäre: das sind Grundfragen der Philosophie seit Anbeginn. Erkenntnistheorie als philosophische Disziplin jedoch gibt es erst seit der zweiten Hälfte des neunzehnten Jahrhunderts.

Die Erörterung des Erkenntnisproblems dreht sich um die Dreierbeziehung von Erkenntnissubjekt, Erkenntnisobjekt und Erkenntnisinhalt. Hauptsächlich drei Möglichkeiten wurden erwogen. Einmal, daß das erkennende Subjekt, ohne Erfahrung machen zu müssen, schon im Besitz des Wissens über die Wirklichkeit sei, daß es folglich das Wissen über die Wirklichkeit in sich wiederfinden müsse. Dann, daß das Subjekt mittels Erfahrung zur Erkenntnis der Wirklichkeit gelangen könne, die unabhängig vom subjektiven Zugriff gedacht wird. Schließlich, daß die Erkenntnis der Wirklichkeit – zumindest so, wie sie für den Menschen ist – abhänge von dem Erkenntnisvermögen des Menschen. Ist Erkenntnis im ersten Fall „Anamnesis“ (Wiedererinnerung), so im zweiten der Angleichungsvorgang von Denken und Sein und im dritten „Konstituierung“ (Bestimmung) von Wirklichkeit. Alle drei stimmen darin überein, daß der

Erkenntnisvorgang einen Aufstieg darstellt von einem ersten, vorläufigen „Meinen“ zu einem gesicherten „Wissen“. Was dieses „Wissen“ jedoch sei, wurde unterschiedlich gesehen. Die Anamnesis-Lehre meint, den Schein (das Abbild) auf das eigentliche Sein, die Idee, das Wesen der Dinge (Urbild) durchstoßen zu können. Die Konstituierungslehre schränkt die Erkenntnismöglichkeit auf das Erfahrbare ein. Sie muß vor allem die Stellung und Funktion des Ich beim Erkenntnisvorgang thematisieren und hierbei Bewußtsein und Selbstbewußtsein berücksichtigen. Die Erkenntnisvermögen Einbildungskraft und Verstand und deren Abgrenzung gegen Vernunft sind zu überdenken, der Ort von Geist und Sinnlichkeit, Erfahrung und Vorstellung muß bestimmt werden. Die Erkenntnistheorie versuchte sich auch in Letztbegründungen, die in einer Philosophie des Absoluten verankert wurden: versucht wurde, in einem deduktiven Verfahren, das Gesamt des Seienden aus einem oder mehreren Grundprinzipien abzuleiten, die ihrerseits keiner weiteren Begründung mehr fähig sind. Für die radikale Abbildtheorie ist Wissen die ideelle Widerspiegelung der objektiven Realität im Bewußtsein der Menschen; die erfahrungsorientierte Theorie gründet in einer mechanistischen Auffassung von der Natur, die als rational strukturierte gedacht wird und entsprechend rational nachkonstruiert werden kann. Sie verläßt sich dabei nur auf „Beobachtungssätze“, d.h. auf solche Aussagen, die sich in einem Experiment absichern lassen.

Hier zeigt sich die Verbindung der Erkenntnistheorie mit der Wahrheitsfrage. Die Wahrheitstheorie unterscheidet zwischen Bestimmungsmerkmalen (Kriterien) der Wahrheit und der Definition von Wahrheit und versucht, die gegenseitige Abhängigkeit von Kriterium und Definition zu erhellen. Wahrheit wird z.B. definiert als die Übereinstimmung von Denken und Sein (Korrespondenztheorie), doch unklar bleibt hierbei das Kriterium: wie ist diese Übereinstimmung auszumachen? Ein solches Kriterium gibt die Kohärenztheorie an: ein Satz innerhalb einer Theorie ist wahr, wenn er mit Sätzen einer komplementären Theorie nicht in Widerspruch steht (wobei immer noch offen bleibt, wann denn ein „Widerspruch“ vorliegt).

Erkenntnistheoretische Fragen wurden historisch zunächst innerhalb der Metaphysik behandelt und wurden erst spät zu einer eigenständigen philosophischen Disziplin zusammengefaßt. In neuerer Zeit scheint es so, daß die Erkenntnistheorie als Disziplin sich auflöst und ihre Fragen innerhalb der Sprachphilosophie, der Wissenschaftstheorie und Logistik abgehandelt werden. Neue Anregungen für die klassische Erkenntnistheorie ergeben sich in jüngster Zeit allerdings aus den Naturwissenschaften, vor allem der behavioristischen Biologie.

Literatur

1. Philosophische Erkenntnistheorie

Aster, E. v.: Geschichte der neueren Erkenntnistheorie, Berlin 1921
Cassirer, E.: Das Erkenntnisproblem in der Philosophie und Wissenschaft der neuen Zeit, Bde. I–III: 3. Aufl. Berlin 1922, Bd. IV: Berlin 1957
Eisler, R.: Einführung in die Erkenntnistheorie, Leipzig 1907
Hartmann, N.: Grundzüge einer Metaphysik der Erkenntnis, 4. Aufl. Berlin 1949
Hönigswald, R.: Geschichte der Erkenntnistheorie, Nachdruck Darmstadt 1976
Kraft, V.: Erkenntnislehre, Wien 1960
Pap, A.: Analytische Erkenntnistheorie, Wien 1955
Popper, K. R.: Logik der Forschung, 6. Aufl. Tübingen 1976
Schlick, M.: Allgemeine Erkenntnislehre, 2. Aufl. Berlin 1925
Spinner, H.: Pluralismus als Erkenntnismodell, Frankfurt (Main) 1974

2. Biologische Erkenntnistheorie

Eigen, M./Winkler, R.: Das Spiel, München u. Zürich 1975
Lorenz, K.: Die Rückseite des Spiegels, München 1973
Monod, J.: Zufall und Notwendigkeit, München 1971
Piaget, J.: Biologie und Erkenntnis, Frankfurt (Main) 1974
Riedl, R.: Biologie der Erkenntnis, Berlin und Hamburg 1980
Vollmer, G.: Evolutionäre Erkenntnistheorie, 2. Aufl. Stuttgart 1980

3. Wahrheitstheorie

Heidegger, M.: Vom Wesen der Wahrheit, 4. Aufl. Frankfurt (Main) 1961
Jaspers, K.: Von der Wahrheit, 2. Aufl. München 1958
Puntel, B. L.: Wahrheitstheorien in der neueren Philosophie, Darmstadt 1978
Skirbekk, G. (Hg.): Wahrheitstheorien, Frankfurt (Main) 1977
Stegmüller, W.: Das Wahrheitsproblem und die Idee der Semantik, Wien 1957
Tarski, A.: Der Wahrheitsbegriff in formalisierten Sprachen. In: Studia philosophica I, 1935

Ethik

Wenn überlieferte Normen und Institutionen, die ihrer Bewahrung dienen, ihre unmittelbare Geltung verlieren, dann tritt die Frage auf: was sollen wir tun? So entsteht Ethik, wenn der gewohnte Zustand, der angestammte Ort, den man vertrauensvoll und selbstverständlich bewohnt, unheimlich geworden ist, seine Selbstverständlichkeit verloren hat. Die Ethik unterzieht dann die überlieferten Grundsätze des Handelns, die Wertvorstellungen und die sie tragenden gesellschaftlich-politischen Einrichtungen einer Prüfung, in der diese entweder gerechtfertigt, modifiziert oder verworfen werden. Im letzten Fall kann der Versuch der Entwicklung eines alternativen Wertsystems unternommen werden.

In der Ethik geht es mithin um die menschliche Praxis, um die Frage nach dem richtigen Handeln, um die Frage nach dem „höchsten Gut". Deshalb ist Ethik ein Teilbereich der praktischen Philosophie.

In Frage stehen die Geltung und Gültigkeit von vorschreibenden Handlungsgrundsätzen, die Rechtmäßigkeit von Institutionen und Herrschaft.

In der Antike wurden diese Fragen in der Entgegensetzung von „Nomos" („menschliches Gesetz") und „Physis" („Natur") behandelt, erörtert wurde, was das „höchste Gut" sei, untersucht wurden Grundwerte und Tugenden, wobei es auf das richtige Maß zwischen den Extremen ankam. Das Mittelalter gründete seine Ethik in der christlichen Lehre, und in der Neuzeit wurden ethische Fragen im Zusammenhang mit Gesellschaft, Staat und Recht oder in Abgrenzung zu diesen Bereichen erörtert; es ging um den Gegensatz oder das Miteinander von individuellem Sein und politisch-sozialer Wirklichkeit. In den Mittelpunkt traten die Probleme von Determination und (Willens-)Freiheit und dem damit verbundenen Problem der Autonomie und Verantwortung. Eine berühmte Formulierung des „allgemeinen Sittengesetzes" lautete: „Handle so, daß die Maxime (d.i. ein subjektiver Handlungsgrundsatz) deines Willens jederzeit als Prinzip einer allgemeinen Gesetzgebung gelten könne." (Kant) Eine solche absolute, unbedingte Ethik setzte sich ab gegen relativistische Situationsethiken.

Neben den Fragen nach dem, was Normen wären, traten auch solche, wie sie begründet und vor allem auch durchgesetzt werden könnten. Auch wurde behauptet, daß die jeweils geltende Ethik die Interessen derer verträte, welche die gesellschaftliche Macht hätten. Deshalb sei die herrschende Ethik die ideologische Rechtfertigung konkreter gesellschaftlicher Herrschaft, Ausdruck von Klasseninteressen.

Neueren Datums sind die „analytische Ethik", welche die sprachliche Form moralischer Wörter und Sätze untersucht, und die „Meta-Ethik", welche nach der Bedeutung ethischer Ausdrücke fragt, nach dem Sinn ethischer Urteile, danach, wie der moralische Gebrauch von Wörtern wie „recht" und „gut" von einem nichtmoralischen geschieden werden kann, und danach, wie ethische Urteile als gültig erweislich sind. Als „deontische Modallogik" versucht sie eine formalisierte Normenlogik zu erarbeiten. Dabei geht es auch darum, ob und wie aus vorausgesetzten Normen sich Imperative deduzieren, d.h. logisch notwendig ableiten lassen. In diesem Umkreis wird auch erörtert, ob von Ist- auf Soll-Sätze geschlossen werden könnte (Ist-Soll-Hiatus, naturalistischer Fehlschluß), wobei die Mehrzahl der Forscher dies verneint. Gleich den Schlüssen innerhalb der Logik („Syllogismen") wurde auch in der deontischen Logik der Versuch

gemacht, ein sogenanntes „praktisches Schlußverfahren“ zu entwickeln:
(1) A beabsichtigt, p herbeizuführen
(2) A glaubt, daß er p nur dann herbeiführen kann, wenn er a tut.
(3) Folglich macht sich A daran, a zu tun.

Literatur

Aristoteles: Nikomachische Ethik, 7. Aufl. Darmstadt 1979
Dittrich, O.: Geschichte der Ethik (4 Bde.), Leipzig 1923 – 32
Frankena, W. K.: Analytische Ethik. Eine Einführung, München 1972
Gehlen, A.: Moral und Hypermoral, 3. Aufl. Wiesbaden 1973
Grewendorf, G./Meggle, G. (Hg.): Sprache und Ethik, Frankfurt (Main) 1974
Hare, R. M.: Die Sprache der Moral, Frankfurt (Main) 1972
Hartmann, N.: Ethik, Berlin 1962
Höffe, O. (Hg.): Einführung in die utilitaristische Ethik, München 1975
Huppertz, N. (Hg.): Die Wertkrise des Menschen. Philosophische Ethik in der heutigen Welt, Königstein 1979
Jodl, F.: Geschichte der Ethik als philosophische Wissenschaft (2 Bde.), Nachdruck Darmstadt 1966
Kant, I.: Grundlegung zur Metaphysik der Sitten. In: Werke in sechs Bänden, hg. v. W. Weischedel, Bd. IV, Darmstadt 1956
ders.: Kritik der praktischen Vernunft. In: Werke in sechs Bänden, hg. v. W. Weischedel, Bd. IV, Darmstadt 1956
Kaulbach, F.: Ethik und Metaethik, Darmstadt 1974
Kluxen, W.: Ethik des Ethos, Freiburg 1974
Krings, H.: System und Freiheit, Freiburg 1980
Lenk, H. (Hg.): Normenlogik, Pullach bei München 1974
Mader, J.: Moral, Philosophie und Wissenschaft. Probleme der Ethik in Tradition und Gegenwart, München 1979
Moore, G. E.: Grundprobleme der Ethik, München 1975
ders.: Principia Ethica, Stuttgart 1975
Oelmüller, W. (Hg.): Materialien zur Normendiskussion (3 Bde.), Paderborn 1978 – 79
Patzig, G.: Ethik ohne Metaphysik, Göttingen 1971
Rawls, J.: Eine Theorie der Gerechtigkeit, Frankfurt (Main) 1978
Reiner, H.: Die philosophische Ethik. Ihre Fragen und Lehren in Geschichte und Gegenwart, Bonn 1975
Schrey, H. H.: Einführung in die Ethik, Darmstadt 1972
Schwemmer, O.: Philosophie der Praxis, Frankfurt (Main) 1980
Weischedel, W.: Skeptische Ethik, Frankfurt (Main) 1980
Wright, G. H. v.: Erklären und Verstehen, Frankfurt (Main) 1974

Geschichtsphilosophie

Für die Antike waren die menschlichen Geschehnisse kein eigenständiger Gegenstand des Nachdenkens. Alles menschliche Geschehen wurde verstanden als ein regelmäßiger Wechsel stets wiederkehrender Abfolgen, was ähnlich wie Naturgeschehen gesehen wurde. Allenfalls wurde menschliches Geschehen als Abfall vom „Goldenen Zeitalter" gedeutet. Der antike Mensch verstand sich nicht „historisch". Kosmos und Geschichte fielen sozusagen zusammen. Erst mit dem christlichen Denken entstand „Geschichte" in der Doppelung von „res gestae" (das Geschehen selbst) und „historia rerum gestarum" (die Kunde vom vergangenen Geschehen). Menschheitsgeschichte wurde zusammengedacht mit Heilsgeschehen, mit der Offenbarung Gottes in der Welt. Gott war Anfang und Ziel solchen geschichtlichen Erlösungsdenkens und insofern auch von Geschichte selbst. Erst für die Neuzeit wurde Geschichte zum Problem. Wenn menschliches Geschehen nicht mehr heilsgeschichtlich interpretiert wird, dann erscheint Geschichte als blinde, zufällige Abfolge von Geschehnissen ohne sinnvollen Anfang und ohne mögliche Vollendung. Damit entstanden Fragen über Fragen. Hat die Geschichte einen Anfang, ein Ende, hat sie Sinn, gibt es historische Gesetze, gibt es Fortschritt, was ist das Wesen der Geschichte, ist sie vorherbestimmt? Die Neuzeit antwortete, indem sie Geschichte als Entwicklungsprozeß der Gattung Mensch sah. So wurde Geschichte interpretiert als Fortschritt im Bewußtsein der Freiheit, als Zuspitzung politisch-ökonomischer Macht- und Herrschaftsansprüche, aber auch als Verfallsgeschichte. In all diesen Fällen ergibt sich die Frage nach dem „Subjekt" (der Bewegungskraft) der Geschichte.

Historisches Denken schließt auch ein relativistisches Verständnis allen Geschehens nicht aus. Bewertungsfragen stellen sich. Ist jede Epoche nur in sich begreiflich, kann sie nicht in einen systematischen und/oder wertenden Zusammenhang mit anderen gestellt werden? Muß die Gegenwart von der Vergangenheit her beurteilt werden, oder ist umgekehrt die Gegenwart Richter der Vergangenheit?

Geschichte wurde als „Geschichtlichkeit" (Martin Heidegger) zu dem, was den Menschen grundsätzlich kennzeichnet; die radikale Zeitlichkeit des menschlichen Daseins, das Vorlaufen des Menschen in den Tod sei die unüberholbare letzte Möglichkeit des Menschseins überhaupt.

Gegen ein historisierendes Denken, das Geschichte als Ganzes begreifen will, wurde Einspruch erhoben, weil ihm politisch totalitäres Denken entspreche (Karl Popper). Ein weiterer Einspruch versuchte aufzuweisen, daß der Synchronie der Vorrang vor der Diachronie zukomme, daß die Entwicklung gegenüber der (Grund-)Struktur zweitrangig sei, weil sie sich, wenn auch abgewandelt, in allem Geschehen unverändert durchhalte (Strukturalismus). Schließlich wird menschliches Geschehen überhaupt nicht mehr geschichtlich interpretiert, sondern im (biologisch-soziologischen) Systemdenken als Reduzierung von Komplexität unterschiedlich komplexer Systeme (Systemtheorie). Wer noch über Geschichte nachdenkt, denkt über die Sätze der geschriebenen Geschichte nach, über deren Erklärungsstruktur und darüber, ob die Struktur der geschichtlichen Ereignisse selbst nur erzählend ist (Analytische Philosophie). Vielleicht leben wir schon im „post-histoire“.

Literatur

Acham, K.: Analytische Geschichtsphilosophie, Freiburg 1974

Baumgartner, H. M./Rüsen, J. (Hg.): Seminar: Geschichte und Theorie, Frankfurt (Main) 1976

Danto, A. C.: Analytische Philosophie der Geschichte, Frankfurt (Main) 1974

Faber, K. G./Meier, Ch. (Hg.): Historische Prozesse, München 1978

Koselleck, R.: Vergangene Zukunft. Zur Sematik geschichtlicher Zeiten, Frankfurt (Main) 1979

Koselleck, R./Stempel, W. D. (Hg.): Geschichte – Ereignis und Erzählung (Poetik und Hermeneutik 5), München 1973

Koselleck, R./Mommsen, W. J./Rüsen, J. (Hg.): Objektivität und Parteilichkeit in der Geschichtswissenschaft, München 1977

Löwith, K.: Weltgeschichte und Heilsgeschehen, Stuttgart, Berlin, Köln und Mainz 1953

Lübbe, H.: Geschichtsbegriff und Geschichtsinteresse, Basel und Stuttgart 1977

Marquard, O.: Schwierigkeiten mit der Geschichtsphilosophie, Frankfurt (Main) 1973

Oelmüller, W. (Hg.): Wozu noch Geschichte?, München 1977

Popper, K.: Das Elend des Historizismus, 5. Aufl. Tübingen 1979

Schäffler, R.: Einführung in die Geschichtsphilosophie, 2. Aufl. Darmstadt 1980

Schieder, Th. (Hg.): Theorieprobleme der Geschichtswissenschaft, Darmstadt 1977

Thyssen, J.: Geschichte der Geschichtsphilosophie, 4. Aufl. Bonn 1970

Philosophie der Gesellschaft, des Rechts und des Staates

Der Mensch ist nicht allein auf der Welt, und sein Zusammenleben mit anderen ist nicht ohne Probleme. Als Individuum hat er Interessen, die quer zu denen anderer stehen können. Gleichzeitig hat er aber auch Bedürfnisse, die zu stillen er allein nur schwer oder überhaupt nicht in der Lage ist. So bedarf der einzelne des anderen, der gleichwohl sein Widersacher sein kann.

Die Menschen organisieren sich in Gemeinschaften, die Regelungen für die individuelle Bedürfnisstillung und Interessendurchsetzung treffen. Solche Gemeinschaften wachsen historisch zu unterschiedlichen Gebilden. Die griechische Antike war in „Stadtstaaten“ (der „Polis“) organisiert, Rom gründete ein „Reich“, das dann auch im europäischen Mittelalter, wenngleich verändert, die Organisationsform bildete. Erst die europäische Neuzeit schuf den (National-)Staat, der in der allerjüngsten Zeit gewisse Auflösungstendenzen zeigt.

Die Regelungen des Zusammenlebens wurden schon frühzeitig in Gesetzen schriftlich festgelegt, es ist das geltende Recht. Die *Rechtsphilosophie* denkt über solches Recht nach. Was ist das Recht, und wie läßt es sich begründen? Die Antike gründete das Recht als Naturrecht in der unveränderlichen Seinsordnung. Das Mittelalter gründete es in der göttlichen Schöpfungsordnung, dem Willen Gottes. Die Neuzeit weist das Recht vor der Natur des Menschen aus und gründet es im Vertrag. Das „Naturrecht“ (als der Natur des Menschen entsprechend) steht neben dem „positiven Recht“ (als die vom Menschen geschaffene rechtliche Ordnung). Das „positive Recht“ ist gesetzt, muß feststellbar und durchsetzbar sein und steht prinzipiell in keinem Zusammenhang mit dem „Naturrecht“. Es wurden aber Versuche unternommen, das „positive Recht“ im „Naturrecht“ zu gründen. So wurden Urrechte aufgestellt wie das Recht auf Leben und auf das zum Leben Notwendige, Menschenrechte und Grundrechte. Obwohl Recht nicht mit Gerechtigkeit gleichzusetzen ist, zeigen solche Versuche, beide einander annähern zu wollen. Da das Rechtsempfinden sich stetig wandelt, kann es in Widerspruch zum geltenden Recht geraten. Der Richter kann hier insofern ausgleichen, als er die Rechtsnorm auf einen konkreten Rechtsfall anwenden muß, der nicht logisch eindeutig der Norm untergeordnet werden kann, so daß ein Entscheidungsspielraum bleibt. Wird die Kluft jedoch zu groß, muß eventuell die Norm geändert werden. Dies ist in einem demokratischen Rechtsstaat Aufgabe der gesetzgebenden Gewalt. Dies hat seine Ursache im Grundsatz der Gewaltenteilung (in Legislative, Judikative und Exekutive), der in der *Staatsphilosophie* entwickelt wurde. Die Staatsphilosophie fragt nach dem Wesen und Sinn des Staates, nach seinen Aufgaben und Zwecken, sie erörtert sein Verhältnis zu Individuum und Gesellschaft, denkt nach über Grundsätze möglicher gesellschaftlicher Ordnungen, über gesellschaftliche Organisationsformen, rechtfertigt und kritisiert bestehende politische Ordnungssysteme, entwickelt alternative und denkt sich utopische Staatsentwürfe aus. Sie prüft nach, ob und wie Herrschaft gerechtfertigt werden kann.

Der Staat setzt und wahrt das Recht, er ist verantwortlich für den Schutz und die Sicherheit des Individuums und dessen Eigentum. Er ist der politischen Freiheit und dem Frieden verpflichtet, dem Interessenausgleich und dem Gemeinwohl. Die Kehrseite des auf das Gemeinwohl verpflichteten Staates ist die soziale Kontrolle, die er ausübt. Der Konflikt zwischen Individuum und Staat und Gesellschaft und Staat entsteht. Selbstverwirklichung, individuelle Freiheit finden ihre Grenze in der gesellschaftlichen Verantwortung des einzelnen, und diese Grenzen werden vom Staat gesichert. Dazu werden soziale und politische Institutionen, Behörden und Instanzen geschaffen, dazu gibt sich der Staat eine Verfassung, dazu hat er das Gewaltanwendungsmonopol. Doch die Gefahr des Mißbrauchs ist gegeben. Er reicht vom Obrigkeitsstaat über totalitäre Staaten bis zu diktatorischen Gewaltstaaten.

Daß der bürgerliche Staat das Wohl aller befördere, wird (im marxistischen Denken) auch bezweifelt. Er wird gesehen als Klassenstaat, in dem unter der Gesamtherrschaft des Kapitals die Bourgeoisie über das Proletariat herrscht. Das geltende Recht wird deshalb gesehen als ideologische Absicherung bestehender (sozio-ökonomischer) Unrechtsverhältnisse. Der bürgerliche Staat müsse daher vom Proletariat revolutionär umgestaltet werden, so daß schließlich, nach dem Übergangsstadium des „sozialistischen Staates", der „Diktatur des Proletariats", eine „klassenlose Gesellschaft" erreicht wird.

Literatur

Coing, H.: Grundzüge der Rechtsphilosophie, Berlin und New York 1977
Emge, C. A.: Geschichte der Rechtsphilosophie, Berlin 1931
Fachner, E.: Rechtsphilosophie – Soziologie und Metaphysik des Rechts, Tübingen 1962
Friedrich, C. J.: Die Philosophie des Rechts in historischer Perspektive, Berlin, Göttingen u. Heidelberg 1955
Henkel, H.: Einführung in die Rechtsphilosophie, München 1977
Krawietz, W.: Einführung in die Staatsphilosophie, Darmstadt (in Vorbereitung)
Kubes, V.: Grundfragen der Philosophie des Rechts, Berlin 1977
Leisner, W. (Hg.): Staatsethik. Grundfragen zum Verhältnis von Ethik, Politik und Staatsrecht, Köln 1977
Marcic, R.: Geschichte der Rechtsphilosophie, Freiburg 1971
Habermas, J./Luhmann, N.: Theorie der Gesellschaft oder Sozialtechnologie, Frankfurt (Main) 1976
Popper, K.: Die offene Gesellschaft und ihre Feinde, München 1975
Schütz, A.: Der sinnhafte Aufbau der sozialen Welt, Frankfurt (Main) 1974
Topitsch, E. (Hg.): Logik der Sozialwissenschaften, Köln 1972
ders.: Sozialphilosophie zwischen Ideologie und Wissenschaft 1961
Zippelius, R.: Das Wesen des Rechts, 3. Aufl. München 1973

Logik

Seit Beginn der Philosophie bestand das Bedürfnis, die Denkregeln, die im Alltag intuitiv verwandt werden, ausdrücklich zu machen, genau zu fassen und zu erweitern, um wenigstens im reinen Denken, ohne schon den Bezug vom Denken zum inhaltlich Gedachten zu berücksichtigen, keinen Fehler zu machen. So ist Logik einerseits methodisches Handwerkszeug („Organon“) jeglichen Denkens, andererseits jedoch selbständiges Teilgebiet der Philosophie.

Das Grundgebäude der Logik wurde schon in der Antike unter dem Titel „Analytik“ gelegt (die durch gesicherte Voraussetzungen zu gesicherten Folgerungen kommt; im Gegensatz zur „Dialektik“, als Argumentationsverfahren, das aus bloß faktisch-zufälligen und damit nicht notwendigen Voraussetzungen nur Wahrscheinlichkeiten erschließen kann). Sie zerfällt in „Elementarlehre“ (Begriff, Urteil, Schluß) und deren Anwendung in der „Methodenlehre“ (Untersuchungs- und Beweisverfahren, Gesetze). Ein wichtiger Grundbestandteil dieser „klassischen“ formalen Logik sind die „Syllogismen“, die Lehre von den zulässigen Schlüssen, die auf vier Grundformen von Prämissen beruhen: Allgemein bejahend: A a B: alle A sind B; partikulär bejahend: A i B: einige A sind B; allgemein verneinend: A e B: kein A ist B; partikulär verneinend: A o B: einige A sind nicht B. Diese Grundformen sind mit unterschiedlicher Gültigkeit kombinierbar. Bsp.:

(1) Prämisse: Alle A sind B
(2) Prämisse: Alle C sind A
(3) Konklusion: Alle C sind B.

Die vier Schlußfiguren sind:

AB	BA	AB	BA
CA	CA	AC	AC
CB	CB	CB	CB

Diese klassische Logik behandelt Ist-Sätze, keine Soll-Sätze; des weiteren ist sie „zweiwertig“. Dies hat seinen Grund im Satz vom ausgeschlossenen Dritten, demgemäß ein Seiendes entweder ist oder nicht ist, ein Drittes gibt es nicht; entsprechend ist ein Urteil „wahr“ oder „falsch“, ein Drittes gibt es nicht.

Die moderne Logik (auch „Logistik“ genannt) hat mehrwertige Systeme entwickelt, in die neben „wahr“ und „falsch“ auch „unbestimmt“, „möglich“, usf. eingegangen sind. Mit „möglich“, „unmöglich“ und „notwendig“ ist die Aussagenlogik verlassen und die „Modallogik“ erreicht. In diese gehört auch die neu entwickelte „deontische Logik“, deren „Gegenstandsbereich“ nicht mehr Ist-Sätze, sondern Soll-Sätze sind. Hier geht es um „erlaubt“ („geboten“), „verboten“ und „freigestellt“.

Die moderne Logik kennzeichnet, daß sie nicht nur formal ist, d.h. den Inhalt außer acht läßt, sondern auch formalisiert, d.h. symbolische Kunstsprachen entwickelt, die aus Zeichen und Verknüpfungsregeln bestehen. So gibt es Junktoren wie „$\neg$“ (nicht), „$\wedge$“ (und), „$\vee$“ (oder), Quantoren wie „$\bigwedge x$“ (für alle x gilt), „$\bigvee x$“ (für mindestens ein x gilt), Folgerungssymbole wie „ ⊃ " (impliziert) usf. Mit deren Hilfe lassen sich „Kalküle" erstellen, d.h. symbolische Systeme zur Herstellung von Figuren aus Grundfiguren nach Ordnungsregeln.

Literatur

Bocheński, J. M.: Formale Logik, 4. Aufl. Freiburg und München 1978
ders./Menne, A.: Grundriß der Logistik, 4. Aufl. Paderborn 1973
Carnap, R.: Symbolische Logik, 3. Aufl. Wien 1968
Czayka, L.: Grundzüge der Aussagenlogik, 2. Aufl. München 1972
Essler, W. K.: Einführung in die Logik, 2. Aufl. Stuttgart 1968
Gerster, H. D.: Aussagenlogik, Mengen, Relationen, 3. Aufl. Freiburg 1972
Kamlah, W./Lorenzen, P.: Logische Propädeutik, Mannheim 1967
Kleinknecht-Wüst: Lehrbuch der elementaren Logik (2 Bde.), München 1976
Kutschera, F. v./Breitkopf, A.: Einführung in die moderne Logik, Freiburg 1971
Menne, A.: Einführung in die Logik, 2. Aufl. München 1972
Quine, W. v. O.: Grundzüge der Logik, Frankfurt (Main) 1969
Tarski, A.: Einführung in die mathematische Logik, München 1975

Metaphysik und Ontologie

Die Philosophie hat von Beginn an den Versuch gemacht, das Seiende aus einem Prinzip heraus zu erklären. Insofern ist sie mit mythischem Denken verflochten. Solch letztbegründendes Denken wurde als Grundbedürfnis des Menschen behauptet, doch im gleichen Zuge wurde die Unfähigkeit des Menschen festgestellt, seinem Bedürfnis gemäß wissenschaftlich haltbaren Maßstäben nachkommen zu können. Dieser Widersprüchlichkeit wegen ist Metaphysik die zwiespältigste und umstrittenste Disziplin der Philosophie.

Ihr Ziel ist, die ersten Gründe des Seienden zu erforschen, das Wesen der Dinge zu erhellen. Insofern es ihr um das Seiende, sofern es ist, geht, ist sie Ontologie. Ontologie ist Metaphysik des Seins.

Bei der Erforschung des Seins hat sich ein dualistisches Verfahren herausgeschält. So wird getrennt in Sein – Nichts, Geist – Sinnlichkeit, Jenseits – Diesseits, Wesen – Erscheinung, Einheit – Vielheit, Immanenz – Transzendenz usf. Entscheidend ist, daß die Metaphysik nicht die Einzeldinge erkennen will, sondern deren Sein als solches, ihr Wesen. Somit liegt Metaphysik jeder Erkenntnis immer schon voraus, sie ist „Erste Philosophie". Die hierzu erforderliche Erkenntnisleistung muß die dem Menschen durch seine Sinne gegebene Erfahrungswelt übersteigen. Damit stellt sich die Frage, welcher Maßstab für die Richtigkeit metaphysischer Behauptungen angesetzt werden kann. Da ein solcher nicht zu erlangen sei, wurde die Metaphysik (im Sinne eines Denkens, das Wirklichkeitsbehauptungen aufstellt, ohne dabei auf empirisch erfahrbare Daten zurückzugreifen) in einer Kritik der Vernunft abgelöst durch die „Transzendentalphilosophie" (Kant), ein Denken, das nicht länger versucht, metaphysische Behauptungen aufzustellen, sondern die Bedingungen der Möglichkeit von Erfahrung erörtert, die der Erfahrung logisch vorausgehenden Bedingungen. Transzendental ist eine Erkenntnis, die sich nicht mit Gegenständen, sondern mit den apriorischen Begriffen von Gegenständen überhaupt beschäftigt, die nicht aus der Erfahrung der Gegenstände gewonnen werden. Insofern bereitet die Transzendentalphilosophie der Metaphysik nur den Boden. Ein neuer Ansatz wurde damit gemacht, daß der tradierten Metaphysik der Vorwurf gemacht wurde, das Sein nur unter dem Gesichtspunkt des Seienden betrachtet zu haben, nicht aber an sich selbst. Deshalb müsse Fundamentalontologie betrieben werden.

All diesen metaphysischen Versuchen stehen zahlreiche radikale Verwerfungen jeglichen metaphysischen Denkens gegenüber, die sich seit der Renaissance durchgehalten haben. So meinten zum Beispiel die logischen Positivisten, daß metaphysische Probleme nur sprachliche Mißverständnisse seien, daß die Metaphysik durch logische Analyse der Sprache überwunden werden könne. Metaphysiker seien gar keine Philosophen, sondern Künstler, die in Begriffsdichtungen und Sprachträumen ihrem Lebensgefühl Ausdruck zu geben versuchten.

Literatur

Carnap, R.: Scheinprobleme in der Philosophie, Berlin 1928

Coreth, E.: Metaphysik. Eine methodisch-systematische Grundlegung, 2. Aufl. Innsbruck 1964

Dempf, A.: Metaphysik des Mittelalters, Nachdruck München 1971

Diemer, A.: Einführung in die Ontologie, Meisenheim 1959

Heidegger, M.: Was ist Metaphysik? 9. Aufl. Frankfurt (Main) 1965

ders.: Einführung in die Metaphysik, Tübingen 1953

Hessen, J.: Die Methode der Metaphysik, Berlin u. Bonn 1932

Jánoska, G. (Hg.): Metaphysik, Darmstadt 1977

Kant, I.: Kritik der reinen Vernunft. In: Werke in sechs Bänden, Bd. II. Hg. v. W. Weischedel, Nachdruck Darmstadt 1975

Kaulbach, E.: Einführung in die Metaphysik, 2. Aufl. Darmstadt 1979

Martin, G.: Einleitung in die allgemeine Metaphysik, Stuttgart 1974

Risse, W.: Metaphysik. Grundthemen und Probleme, München 1973

Stenzel, J.: Metaphysik des Altertums, Nachdruck München 1971

Topitsch, E.: Vom Ursprung und Ende der Metaphysik, Wien 1958

Wiplinger, F.: Metaphysik. Grundfragen ihres Ursprungs und ihrer Vollendung, Freiburg 1976

Naturphilosophie versteht sich als Deutung und Erklärung von Natur. Die Deutungen bewegen sich zwischen den Extremen, daß Natur chaotisch bzw. Ordnung sei. Schon bei der Bestimmung dessen, was Natur sei, herrscht jedoch Uneinigkeit. So wurde Natur verstanden als das, was einem Seienden von seinem Entstehen her wesentlich zukommt, dann als Insgesamt des Seienden und schließlich wurde Natur bestimmt in der Abgrenzung gegen unterschiedlichste Bereiche. So stellten die Sophisten „Physis" („göttliche" Natur) gegen „Nomos" (das menschliche Gesetz), „Thesis" (die menschliche Satzung) und „Techne" (die „Kunst" im Sinne des menschlichen Herstellungsvermögens). Natur wurde als Selbstanfängliches und Selbstzielhaftes abgegrenzt gegen „Poiesis" im Sinne des vom Menschen Machbaren, gedacht als Veränderung der vorgegebenen Natur, die in deren Rahmen bleibt. Das Mittelalter setzte Natur und Gott einander gegenüber, die natürliche der übernatürlichen (Gnaden-)Ordnung. Die Neuzeit brachte das Gegensatzpaar „res extensa" (das Ausgedehnte) und „res cogitans" (das Denkende) hervor, setzte mithin einen quantitativen Naturbegriff einem qualitativen Geistbegriff gegenüber, der im „deutschen Idealismus" als Gegensatz von Ding an sich und Erscheinung gedacht wurde und schließlich dergestalt überwunden ward, daß die Natur in den Entwicklungsgang des Geistes hineingenommen wurde, wobei die Natur zum Anderen des Geistes, seine Selbstentäußerung wurde. Solchem mehr spekulativen Denken steht die neuzeitliche Naturwissenschaft gegenüber, für die Natur zum Gegenstand einer zählenden und messenden, einer quantitativen Methode wird; Natur als Forschungsgegenstand, dessen Gesetzmäßigkeiten zu ergründen sind. An die Stelle der Spekulation treten Beobachtung und Experiment, Axiomensysteme und die Mathematisierung der Natur, an deren derzeitigem Ende Statistik und Wahrscheinlichkeitsrechnung stehen. Anders: das animistische Naturdenken, das schließlich Natur in eine wirkende („natura naturans") und eine bewirkte („natura naturata") schied (wobei die „natura naturans" das Ganze des Seienden begründet) und das Natur zielgerichtet („final", „teleologisch") begreifen konnte, wurde zunächst abgelöst durch ein mechanisch-kausales Denken, das schließlich dem statistischen Zugriff wich. Naturphilosophie wurde nur noch verstanden als Erweiterung und Zusammenfassung aller naturwissenschaftlichen Erkenntnisse.

Natur wurde aber auch abgegrenzt gegen den Menschen, der zwar Teil der Natur sei, doch kraft seines Geistes sie auch übersteige (philosophische Anthropologie; Scheler, Gehlen). Mensch und Außennatur wurden einerseits als Herrschaftsverhältnis gesehen, wobei der Mensch versuche, sich von der Herrschaft der Außennatur zu befreien (hierbei jedoch nur in eine neue Abhängigkeit gerät, nämlich in diejenige des Menschen über den Menschen; Horkheimer/Adorno), andererseits wurde der Mensch in seiner Ge- und Verbundenheit mit Außennatur gedacht, wobei in der Arbeit, verstanden als großer Stoffwechsel des Menschen mit der Außennatur, der Mensch sich naturalisiere und die Natur humanisiert werde (Marx). Dabei wurde indes gefordert, daß die Natur befreit werden müsse, was sich sowohl auf die Außennatur bezog (als Befreiung von der Zerstörung der Natur durch den Menschen) als auch auf die Innennatur (als Befreiung des Menschen zu sich selbst). Hierbei ward Natur im Gegensatz gesehen zu Kultur und Geschichte.

Literatur

Böhme, G. (Hg.): Protophysik, Frankfurt (Main) 1975

Büchel, W.: Philosophische Probleme der Physik, Freiburg, Basel u. Wien 1965

Carnap, R.: Einführung in die Philosophie der Naturwissenschaft, 2. Aufl. München 1974

Hartmann, N.: Philosophie der Natur. Abriß der speziellen Kategorienlehre, Berlin 1950

Heisenberg, W.: Physik und Philosophie, 3. Aufl. Stuttgart 1978

Hempel, C. G.: Philosophie der Naturwissenschaft, München 1974

Kanitscheider, B.: Philosophie und moderne Physik, Darmstadt 1980

May, E.: Kleiner Grundriß der Naturphilosophie, Meisenheim 1949

Mittelstaedt, P.: Philosophische Probleme der modernen Physik, 5. Aufl. Mannheim, Wien und Zürich 1975

Religionsphilosophie

Religion kann verstanden werden als eine Form von Weltverständnis. Solchem Weltverständnis ist eigentümlich, daß es die Natur, die Gesellschaft, das Individuum zurückführt auf übernatürliche Ursachen und Zwecke, daß es die Wirklichkeit auf eine Transzendenz hin übersteigt. Die Wirklichkeit wird gesehen im Zusammenhang mit einem Heiligen, das Heil und Heilung zugleich ist. Der Mensch wird gedeutet als auf das Heilige hingeordnet, in dem er das Lebensgefühl von Geborgenheit findet. Für das christliche Denken ist Leben und Sterben nur in und durch Gott. Entscheidend ist, daß Religion einen Anspruch enthält, der sich auf die letztliche Richtigkeit des Wirklichen, auf eine fundamentale Gutheit, auf letzte Ordnung und letzten Sinn des Ganzen bezieht, woraus sich sowohl Vertrauen als auch Heilserwartung ergeben. Solch letzter Sinn wird für das christliche Denken geoffenbart: indem Gott sich selbst bekundet, enthüllt er die unbedingte Wahrheit.

Die Religionsphilosophie überdenkt solche Vorstellungen des menschlichen Daseins und der Welt, sie sinnt über Ursprung und Ziel von Welt und Mensch. Dabei fragt die christlich orientierte Religionsphilosophie nach dem Verhältnis und dem Bezug von Glauben und Wissen, von Religion und Wissenschaft, sie stellt sich das Problem eines ersten Anfangs und gelangt hierbei zu den Gottesbeweisen. Sie sieht die Schwierigkeit, einen allmächtigen und allgütigen Gott angesichts des menschlichen Leidens und des Todes rechtfertigen zu können, die Realgeschichte als Heilsgeschehen deuten zu können.

Aus solchen Überlegungen entwickelte sich im christlichen Kulturkreis eine heftige Religionskritik, die das christlich transzendente Denken auf Anthropologie und Soziologie einschränkt, Gott begreift als eine menschliche Projektion. In Gott bete der Mensch sein eigenes Wesen an. Religion gerät insgesamt in Ideologieverdacht, ihre Funktion sei es, gesellschaftliche Herrschaft zu sichern. Weiter wird dem christlichen Denken Weltverneinung vorgeworfen, zugunsten des Jenseits das Diesseits, das Leben zu entwerten und damit den Nihilismus heraufzubeschwören.

Es ist aber nicht zu vergessen, daß das Christentum, ausgehend von einer unbedingt gültigen Wahrheit, sittliches Bewußtsein und Humanität förderte. Es entwickelte über Hunderte von Jahren geltende Normen, gab Lebens- und Handlungsorientierung und wirkte sinnstiftend. Deshalb wurde auch gefordert, daß – gleichwohl Gott nicht zu beweisen wäre – in praktischer Absicht so getan werden müsse, „als ob“ es Gott gäbe, daß, gäbe es Gott nicht, er erfunden werden müsse.

Literatur

Bocheński, J. M.: Die Logik der Religion, Köln 1968

Feuerbach, L.: Das Wesen des Christentums (1841). In: Werke in sechs Bdn., hg. v. E. Thies, Bd. 5, Frankfurt (Main) 1976

Gatzemeier, M.: Theologie als Wissenschaft? (2. Bde.), Stuttgart 1974/75

Hessen, J.: Religionsphilosophie (2 Bde.), 2. Aufl. München und Basel 1955

Luhmann, N.: Funktion der Religion, Frankfurt (Main) 1977

Mann, U.: Einführung in die Religionsphilosophie, Darmstadt 1970

Scholz, H.: Religionsphilosophie, 2. Aufl. Berlin 1922

Trillhaas, W.: Religionsphilosophie, Berlin und New York 1972

Nyrgen, A.: Sinn und Methode. Prolegomena zu einer wissenschaftlichen Religionsphilosophie und einer wissenschaftlichen Theologie, Göttingen 1979

Sprachphilosophie

Erst im zwanzigsten Jahrhundert geriet Sprache in den Mittelpunkt philosophischer Überlegungen. Sprache wurde als Grenze der Welt und des

Weltverständnisses gedeutet, und es sah eine Zeitlang so aus, als ob Metaphysik in der Sprachphilosophie wiederkehrte, als Quasi-Transzendentalismus. Auch meinte man, vor allem die Probleme, die in der traditionellen Metaphysik abgehandelt wurden, auf Sprachmißverständnisse zurückführen zu können. Die Philosophen seien von der Sprache nur „verhext" worden, und Sprachanalyse könne Abhilfe schaffen (Wittgenstein). Entdeckt wurde die enge Beziehung zwischen Sprache, Denken und Erkennen. Bühler erörterte die Funktionen der Sprache: Ausdruck (des Sprechenden), Mitteilung (an andere) und Darstellung (von Sachverhalten). Saussure schied zwischen „langue" (natürliche, konkrete Sprache), „langage" (Sprachfähigkeit, -vermögen) und „parole" (Rede). Sprache wurde verstanden als Zeichensystem, Wörter als Zeichen, die in der „Semiotik" analysiert werden (Morris). Drei Bereiche wurden ausgemacht: Syntax (der Bezug der Zeichen aufeinander), Semantik (der Bezug der Zeichen auf das Bezeichnete) und Pragmatik (die Zeichen in ihrem Anwendungsbereich). Zeichen wurden noch genauer gefaßt: als Icon, Index und Symbol (die Abstufung erfolgt gemäß der unmittelbaren Identifizierbarkeit des Zeichens mit dem, was es bezeichnet). Zeichen bezeichnen („denotieren") folglich etwas. Doch wurden auch Zeichen ohne Denotate angesetzt (z.B. in der Kunst). Schließlich wurde eine von der Verhaltensforschung („Behaviorismus") beeinflußte „Sprechakttheorie" erarbeitet, die Sprache als Verhalten auslegt (Austin, Searle). Jedem Sprechakt kommen drei Funktionen zu: Lokution (der Akt, daß man etwas sagt), Illokution (den Akt, den man vollzieht, indem man etwas sagt) und Perlokution (die Wirkung eines Sprechaktes).

Sprache tritt auf als „Objektsprache" und als „Metasprache". Die Objektsprache bestimmt („konstituiert") sprachunabhängige Wirklichkeit, die „Metasprache" spricht über die Objektsprache. Neu stellte sich auch das Problem der Bedeutung der Wörter. Geht die realistische Semantik davon aus, daß das Wort dadurch Bedeutung erlangt, daß dem Lautgebilde ein Gegenstand zugeordnet wird, ist die Behauptung jetzt, daß die Bedeutung des Wortes sein Gebrauch in der Sprache sei (Wittgenstein).

Die natürliche Sprache ist nicht immer ganz genau. Die Wissenschaft aber bedarf klarer Bestimmungen. Deshalb ging die Sprachphilosophie auch daran, eindeutige Sprachen aufzubauen. Dies geschah einmal mittels „Kalkülen", d.h. Kunstsprachen, die aus symbolischen Zeichen und Operationsregeln aufgebaut werden, die keinen semantischen Bezug haben. Um diesen Bezug aufrechtzuerhalten, wurde versucht, eine „Orthosprache" zu entwickeln, in der die Termini durch Rückführung auf pragmatische Handlungskontexte, die in der „Parasprache" dargestellt werden, eingeführt werden (Lorenzen).

Literatur

Apel, K.-O. (Hg.): Sprachpragmatik und Philosophie, Frankfurt (Main) 1976
Austin, J. L.: Zur Theorie der Sprechakte, Stuttgart 1974
Ayer, A. J.: Sprache, Wahrheit und Logik, Stuttgart 1976
Carnap, R.: Logische Syntax und Sprache, 2. Aufl. Berlin 1968
Chomsky, N.: Reflexionen über die Sprache, Frankfurt (Main) 1976
Grewendorf, G./Meggle, O. (Hg.): Linguistik und Philosophie, Frankfurt (Main) 1974
Grewendorf, G. (Hg.): Sprechakttheorie und Semantik, Frankfurt (Main) 1979
Hartig, M.: Einführung in die Sprachphilosophie, Stuttgart 1978
Heintel, E.: Einführung in die Sprachphilosophie, Darmstadt 1975
Katz, J.: Philosophie der Sprache, Frankfurt (Main) 1971
Kutschera, F. v.: Sprachphilosophie, 2. Aufl. München 1975
Patzig, G.: Sprache und Logik, Göttingen 1970
Putnam, H.: Die Bedeutung von ‚Bedeutung', Frankfurt (Main) 1979
Savigny, E. von: Die Philosophie der normalen Sprache, Frankfurt (Main) 1974
Searle, J. R.: Sprechakte, Frankfurt (Main) 1971
Tugendhat, E.: Vorlesungen zur Einführung in die sprachanalytische Philosophie, Frankfurt (Main) 1976
Wittgenstein, L.: Tractatus logico-philosophicus, Frankfurt (Main) 1966
ders.: Philosophische Untersuchungen, Frankfurt (Main) 1967

Wissenschaftstheorie

Wissenschaftliches Denken und Verhalten kennzeichnet die europäische Kulturgeschichte. Wissenschaft zeichnet sich dadurch aus, daß sie alle Behauptungen einer intersubjektiven bzw. transsubjektiven Nachforschung unterzieht und daraus allgemeinen Geltungsanspruch ableitet. Die Wissenschaftstheorie versucht, die tatsächlich geschehene Wissenschaft zu rekonstruieren. Dies besagt zum einen, daß die Grundsätze des wissenschaftlichen Denkens aufgedeckt und einer Prüfung unterzogen werden und zum anderen, daß die Geschichte der Wissenschaft in ihrer Abfolge dargestellt wird.

Zum Grundbestandteil der Wissenschaft gehört der Begriff, seine Bildung und Anwendung. Unterschieden wird in qualitative (wie Hitze und Kälte) und quantitative bzw. metrische Begriffe, mit denen gemessen, gezählt, geordnet werden kann (die Temperatur beträgt 20° Celsius). Begriffe müssen eindeutig sein, deshalb werden sie definiert; entweder in Nominaldefinitionen (als Begriffsabgrenzungen) oder Realdefinitionen (als Bezug der Worterläuterung auf das „Wesen" des Definierten). Die klassische Definition besteht aus „genus proximum" (nächsthöherer Gattungsbegriff) und „differentia specifica" (artbildender Unterschied). Begriffe werden in Satzsystemen zu Theorien geordnet, die bestimmten

Grundsätzen genügen müssen. Eine Theorie muß in sich stimmig sein („Konsistenz"), sie muß mit komplementären Theorien verträglich sein („Kohärenz"), sie muß „umfassend" sein, d.h. möglichst viele empirische Daten erklären können, schließlich muß sie richtige Voraussagen ermöglichen („Prognose"). Hier zeigt sich, wie stark Wissenschaft als Naturwissenschaft verstanden wird. Theorien müssen sich in Experimenten bewähren, sie haben nur so lange Geltung, wie sie nicht „falsifiziert", d.h. in einer Experimentiersituation nicht nicht bestätigt werden. Neben dem Merkmal der Voraussage steht das der Erklärung. Theorien erklären erfahrene Ereignisse. Eine (wissenschaftliche) Erklärung ist die Rückführung eines Einzelereignisses auf ein allgemeines Gesetz, dem das zu erklärende Ereignis untergeordnet wird. Dabei wird zwischen „deduktiv-nomologischen" und „induktiv-statistischen" Erklärungen unterschieden. Im ersten Fall gilt das Gesetz als gesichert, im zweiten als nur wahrscheinlich. Das Schema ist beidemal:

Explanans {	Gesetz: genereller Satz (universeller Konditionalsatz: „immer wenn A dann B") Antezedensbedingung: individueller Satz (Einzelereignis: „nun A")
log. Ableitung {	————————————————
	Explanandum: „folglich B"

Die I-S-Erklärung zeigt, wie die moderne Wissenschaft immer mehr mit Statistik und Wahrscheinlichkeit arbeitet. Das klassische Kausaldenken spielt zumindest in der Mikro- und Astrophysik keine entscheidende Rolle mehr. Das klassische Kausaldenken fragt nach dem „Warum" und sagt aus der Findung der Ursache in der Verbindung mit den „Rand-" oder „Anfangsbedingungen" die Wirkung voraus. Die moderne Naturwissenschaft fragt nach dem „Wie", und die neueste Entwicklung geht hin zu Relationsaussagen, Wahrscheinlichkeitsberechnungen und Statistik. Dabei stellt sich das Problem der „Induktion" von neuem: wie weit es nämlich statthaft ist, von beobachteten Einzelereignissen auf ein allgemeines Gesetz zu schließen. Die erwähnte Entwicklung befreit vom Problem der Letztbegründung, die im „Münchhausen-Trilemma" lande: Begründungen endeten entweder überhaupt nicht (unendlicher Regreß) oder aber in einem Zirkel. Wenn beides nicht, dann bleibe nur der Abbruch des (Begründungs-) Verfahrens.

Sofern Wissenschaftstheorie Wissenschaftsgeschichte betreibt, fragt sie nach den treibenden Kräften der wissenschaftlichen Entwicklung und nach ihrer „Fortschrittlichkeit". Genau diese ist in neuerer Zeit heftig in Frage gestellt worden. Wissenschaft entwickle sich nicht rational und schon gar nicht stetig-aufbauend, sondern sei ein nicht-wissenschaftlich gesteuerter Kampf um die Durchsetzung von unterschiedlichen wissenschaftlichen Grundmodellen („Paradigmata"), in deren Umkreis sich die „normale Wissenschaft" bewege. Welches Paradigma sich schließlich durchsetze, würde folglich nicht nach rationalen (wissenschaftlichen) Gesichtspunkten entschieden. Da so nicht gewährleistet sei, daß sich das Paradigma durchsetzt, das den größten Wahrheitsgehalt besitzt, wurde Pluralismus der wissenschaftlichen Paradigmata gefordert, ja, selbst die Geltung von nicht-wissenschaftlichen Zugangsweisen zur Wirklichkeit.

Literatur

Diemer, A. (Hg.): Konzeption und Begriff der Forschung in den Wissenschaften des 19. Jh., Königstein 1977

ders. (Hg.): Die Struktur wissenschaftlicher Revolutionen und die Geschichte der Wissenschaften, Meisenheim 1977

ders. (Hg.): Studien zur Wissenschaftstheorie (10 Bde.), Königstein 1968 ff.

Dobrow, G.: Wissenschaftswissenschaft, Berlin (Ost) 1969

Essler, W. K.: Wissenschaftstheorie (3 Bde.) Freiburg 1970 ff.

Feyerabend: Wider den Methodenzwang, Frankfurt (Main) 1977

ders.: Erkenntnis für freie Menschen, veränderte Ausgabe Frankfurt (Main) 1980

Hempel, C. G.: Aspekte wissenschaftlicher Erklärung, Berlin und New York 1977

Kutschera, F. v.: Wissenschaftstheorie (2 Bde.), München 1972

Kuhn, Th. S.: Die Struktur wissenschaftlicher Revolutionen, Frankfurt (Main) 1967

Lakatos, J./Musgrave, A.: Kritik und Erkenntnisfortschritt, Braunschweig 1974

Lay, R.: Grundzüge einer komplexen Wissenschaftstheorie (2 Bde), Frankfurt (Main) 1971 ff.

Lenk, H.: Neue Aspekte der Wissenschaftstheorie, Braunschweig 1972

Losee, J.: Wissenschaftstheorie, München 1977

Popper, K.: Logik der Forschung, 6. Aufl. Tübingen 1976

ders.: Objektive Erkenntnis, Hamburg 1974

Rombach, H. (Hg.): Studienführer Wissenschaftstheorie, Freiburg 1974

Seiffert, H.: Einführung in die Wissenschaftstheorie (2 Bde.), München 1975 ff.

Stegmüller, W.: Probleme und Resultate der Wissenschaftstheorie und analytischen Philosophie (4 Bde.), Berlin Bde. 1 u. 2: Verbesserter Nachdruck 1974; Bde 3 u. 4: 1973

ders.: Neue Wege der Wissenschaftsphilosophie, Berlin und New York 1980

Ströker, E.: Einführung in die Wissenschaftstheorie, Darmstadt 1973

Toulmin, St.: Einführung in die Theorie der Wissenschaft, Göttingen 1970

Weingartner, P.: Wissenschaftstheorie (bisher 2 Bde.) Stuttgart 1971/76

b) Methoden und Positionen der Philosophie

Der Student, der philosophieren lernen will, muß auch lernen, was schon alles philosophisch gedacht wurde. Die Art und Weise des philosophischen Denkens ist nicht zu trennen von den überkommenen und gegenwärtigen inhaltlichen Problemstellungen und -lösungen der Philosophie. Methoden ohne Inhalte sind leer, Inhalte ohne Methode blind. Da oben zu den Inhalten schon etwas gesagt wurde, bleibt zu den Methoden noch etwas zu sagen übrig.

Unter Methode ist ein planmäßiges (nicht zufälliges), gleichbleibendes (d.h. intersubjektiv wiederholbares) Verfahren zu verstehen, das, ausgehend von bestimmten Ausgangsbedingungen, ein angestrebtes Ziel erreichen soll. Methoden können mehr oder weniger gut durchdacht und bestätigt sein. Handelt es sich bei Methoden um Denkmethoden, so geht es um die Folgerichtigkeit von Behauptungen, um Formen der philosophischen Argumentation, etwa derjenigen zwischen Prämisse (Denkvoraussetzung) und Konklusion (Schlußfolgerung); die Folgerichtigkeit wird hierbei anhand von Regeln festgelegt; es gibt keine Methode ohne Regeln. Ein klassisches Verfahren hierbei ist die „Deduktion“, d.h. die ableitende Schlußfolgerung von einem als wahr vorausgesetzten Obersatz auf einen Folgesatz. Wichtig ist, daß die Methode das Ergebnis entscheidend beeinflußt. Deshalb können Inhalt und Methode nicht getrennt werden. Die Methode, so läßt sich sagen, konstituiert (bestimmt) erst ihren Gegenstand (in der Einheit mit Voraussetzungen, Forschungsziel und Medium). Aus diesem Grund ist verständlich, daß nicht alle Philosophen gemäß derselben Methode gedacht haben, Methode und Ergebnis sind so fest miteinander verbunden, daß die Methode nicht jedem Erkenntnisziel und -gegenstand beliebig zudiktiert werden könnte. Diese enge Verquickung ist auch der Grund, weshalb philosophische Positionen nicht nur als inhaltlich definierte auftreten (etwa „Existentialist“), sondern auch als methodisch festgelegte (etwa „Dialektiker“). Daneben gibt es aber auch Mischformen, bei denen die Denkvoraussetzungen die entscheidende Rolle spielen (etwa „Positivist“). Wenn es um „Methode“ im genannten Sinn geht, steht immer auch die mögliche Erkenntnis in Frage. Methodenprobleme sind deshalb immer auch Erkenntnisprobleme; philosophische Positionen, die methodisch charakterisiert werden, sind immer auch erkenntnistheoretische Positionen.

Ich werde im folgenden einige der philosophischen Positionen kennzeichnen, die sich in ihrem Methodenverständnis unterscheiden.

Die Frage, was Erkenntnis ist, wie sie zustandekommt und ausgewiesen werden kann, fand im sogenannten *Empirismus* die Antwort, daß jede Erkenntnis, die Geltung haben soll, sich zurückführen lassen müsse auf

Erfahrung, d.h. auf Beobachtungen, Messungen, Experimente, Sinneswahrnehmungen („Sensualismus"). Dies heißt, daß das „Gegebene" („Positive"), das Tatsächliche zum Ausgangspunkt der Erkenntnis wird, weil sie nur so gesichert sei. Solch „positives" Denken (das deshalb auch den Namen „Positivismus" erhielt) ist naturwissenschaftlich ausgerichtet, wendet sich strikt gegen jede Metaphysik, verstanden als ein Denken, das nicht in möglicher Erfahrung sein Korrektiv findet. Im Mittelpunkt steht ein mechanisch-kausales Denken, das induktiv von Einzelbeobachtungen auf allgemeine Gesetze schließt oder, wo dies als logisch für nicht haltbar erachtet wird, Gesetzeshypothesen und statistische Hochrechnungen mit kalkulierter Wahrscheinlichkeit aufstellt. Da jedoch die Daten der Erfahrung nicht unmitteilbar gegeben, sondern in Sprache ausgedrückt sind, wurde „Erfahrung" ersetzt durch „Beobachtungssätze", auch „Protokollsätze" und „Basissätze" genannt. Daraus erwuchs das „Basisproblem" erfahrungswissenschaftlicher Erkenntnis. Die Basissätze galten entweder als das Ausgangsmaterial für Induktion (Carnap) oder aber als Überprüfungsinstanz von Theorien, die allerdings niemals verifiziert, sondern nur falsifiziert werden könnten (Popper). Klar wurde indes die Ungesichertheit der Beziehung von Wirklichkeit und Theorie, des Verhältnisses von Axiomen und Natur, Zweifel kamen auf, ob Natur mathematisierbar sei. „Insofern sich die Sätze der Mathematik auf die Wirklichkeit beziehen, sind sie nicht sicher, und insofern sie sicher sind, beziehen sie sich nicht auf die Wirklichkeit" (Einstein 1972, S. 119). Die Zurückhaltung, die hier Ausdruck findet, ist die Wirkung der Kritik am Empirismus durch den *Rationalismus.* Hatte Locke verkündet, daß es nichts im Verstande gebe, was nicht vorher in den Sinnen gewesen sei, so fügte Leibniz listig hinzu: außer dem Verstand selbst. Diese Denkhaltung bekundet das, was „Rationalismus" genannt wird. Der Prüfstein der Erkenntnis ist nicht die Empirie, sondern die Ratio, das Denken selbst. Den Rationalismus kennzeichnet der Versuch, die Welt im ganzen aus obersten metaphysischen Prinzipien, d.h. aus solchen, die nicht erfahrungsmäßig nachweisbar sind, zu „deduzieren" (abzuleiten). Bei diesem Verfahren muß auf „ewige Wahrheit" zurückgegriffen werden, auf „eingeborene Ideen" (wie die Idee von Gott, der Pflicht und der Kausalität) und apriorische (d.h. erfahrungsunabhängige) Begriffe und Urteile. So konstruierte Leibniz eine Monadenwelt, die in einem Zustand „prästabilierter Harmonie" sich befinde. Descartes behauptete vier Fähigkeiten (Verstand, Einbildungskraft, Sinne und Gedächtnis), wobei er nur dem Verstand zutraute, die Wahrheit zu erfassen.

Die Kluft zwischen Empirismus und Rationalismus (von Kant auch „Skeptizismus" und „Dogmatismus" genannt) versuchte der *Kritizismus* Kants zu schließen. Erkenntnis kommt dadurch zustande, daß Wahrnehmungen gemäß allgemeinen Regeln synthetisiert werden, wobei Wahrnehmung und Regel notwendig und wechselseitig aufeinander bezogen sind. Das Allgemeine der Kategorien und das Besondere der Anschauung (der Gegenständlichkeit) sind korrelativ. „Ohne Sinnlichkeit würde uns kein Gegenstand gegeben, und ohne Verstand keiner gedacht werden. Gedanken ohne Inhalt sind leer, Anschauungen ohne Begriffe sind blind. Daher ist es ebenso notwendig, seine Begriffe sinnlich zu machen (d.i. ihnen den Gegenstand in der Anschauung beizufügen,) als seine Anschauungen sich verständlich zu machen (d.i. sie unter Begriffe zu bringen).“ (Kant 1956, B 75, S. 95). Dieser Kritizismus Kants führt zu einer *Transzendentalphilosophie,* der es nicht um direkte Gegenstandserkenntnis geht, sondern um den Ausweis der Bedingungen, unter denen Gegenstände überhaupt gedacht werden können. Vor aller Metaphysik (und dies geht gegen den Rationalismus, Dogmatismus) müssen die Bedingungen, Voraussetzungen, der Umfang und die Grenzen der Erkenntnis festgestellt werden. Dazu ist zu klären, wie synthetische Urteile a priori möglich sind, d.h. wie es möglich ist, Urteile zu fällen, die nicht auf Erfahrung beruhen und doch mehr sind als pure Tautologien. Aufgebaut werden soll ein System der Erkenntnisse, die a priori aus reiner Vernunft allein gewinnbar sind. Dabei zeigt sich, daß die Bedingung der Erfahrungserkenntnis zugleich die Bedingung der Gegenstände dieser Erkenntnis ist. Diese Bedingung wurzelt in der Gesetzlichkeit des Bewußtseins: es wird zum unüberholbaren Horizont der Erkenntnis. Theoretische Erkenntnis ist nur möglich im „mundus sensibilis“ (die erfahrbare, sinnliche Welt), die gegen den „mundus intelligibilis“ (die denkbare, nicht erfahrbare Welt) abgegrenzt wird. Das „Ding an sich“ ist Grenzbegriff, es kann nicht positiv bestimmt werden, es kann nur gedacht, nicht erkannt werden.

Transzendentalphilosophisches Denken geht auf die Bedingungen der Möglichkeit. In dieser Form tritt es heute in der Diskurstheorie von Apel und Habermas (wieder) auf. In seinem universalpragmatischen Ansatz untersucht Habermas die Bedingungen des (gelingenden) Dialogs („Die Universalpragmatik hat die Aufgabe, universale Bedingungen möglicher Verständigung zu identifizieren und nachzukonstruieren.“ Habermas 1976, S. 174), und der Transzendentalpragmatismus von Apel versucht zu zeigen, „daß die Analyse der Bedingungen und Konsequenzen von Sprechakten (...) tatsächlich für die Begründung ethischer Normen relevant ist; dies letztere gilt jedoch m.E. nur unter der Voraussetzung, daß sich die Sprechaktanalyse (...) als Reflexion auf *universale Regeln* (versteht, die, W. R.) den Charakter von *Handlungs-Normen* (haben, W. R.), *die immer schon a priori* – notwendigerweise – *akzeptiert sein müssen,* wenn (...) sprachliche Kommunikation möglich sein soll“ (Apel 1976 b, S. 55). Das kantische Apriori wird hier gedeutet als „immer schon“, was zeigt, daß die klassische transzendentale Fragestellung sich etwas von Denkbedingungen der Gegenstandskonstituierung auf faktische Bedingungen des Dialogs bzw. von Dialogregeln verschoben („transformiert") hat.

Das transzendentale Denken Kants geht aus von der Trennung des Dinges an sich von seiner Erscheinung. Das *dialektische Denken* Hegels versucht diese Trennung aufzuheben. Hegel beansprucht, das Absolute, Unbedingte auf dem Weg zur Wissenschaft, der selbst Wissenschaft sei, erfassen zu können. Das Wahre muß gedacht werden als Einheit von Objekt und leistender Subjektivität: „Es kommt nach meiner Einsicht (...) alles darauf an, das Wahre nicht als *Substanz,* sondern eben so sehr als *Subjekt* aufzufassen und auszudrücken" (Hegel 1952, S. 19). Das Wahre als Subjekt-Objekt-Vermittlung ist aber nicht schlichtes Resultat, das von seinem Entstehen abgespalten werden könnte, sondern das Wahre „ist das Werden seiner selbst, der Kreis, der sein Ende als seinen Zweck voraussetzt und zum Anfange hat und nur durch die Ausführung und sein Ende wirklich ist" (Hegel 1952, S. 20). Deshalb ist das Wahre das Ganze. „Das Ganze aber ist nur das durch seine Entwicklung sich vollendende Wesen. Es ist von dem Absoluten zu sagen, daß es wesentlich *Resultat,* daß es erst am *Ende* das ist, was es in Wahrheit ist; und hierin eben besteht seine Natur, Wirkliches, Subjekt, oder Sichselbstwerden zu sein" (Hegel 1952, S. 21). Das dialektische Denken muß deshalb die Bewegung aufzeigen, die vom Allgemeinen, Abstrakten des Anfangs zum Konkreten des Ergebnisses führt, das nichts prinzipiell anderes ist, sondern die Konkretion des Anfangs. Diese Bewegung ist die „dialektische Vermittlung", die nichts anderes ist als „die sich bewegende Sichselbstgleichheit" (Hegel 1952, S. 21). Entscheidend hierbei ist, daß diese Bewegung aus sich selbst dadurch entsteht, daß eine Bewußtseinsform die nächste, höhere, die sie umgreift, aus sich heraustreibt. Die jeweils übergriffene Bewußtseinsform ist in der übergreifenden Bewußtseinsform negiert (ist ihr Negatives), in ihr verschwunden. Dies Verschwinden jedoch ist als wesentlich zu betrachten. Deshalb sind Erscheinung und Wesen nicht zu trennen. „Die Erscheinung ist das Entstehen und Vergehen, das selbst nicht entsteht und vergeht, sondern an sich ist und die Wirklichkeit und Bewegung des Lebens der Wahrheit ausmacht. Das Wahre ist so der bacchantische Taumel, an dem kein Glied nicht trunken ist, und weil jedes, indem es sich absondert, ebenso unmittelbar sich auflöst – ist er ebenso die durchsichtige und einfache Ruhe. (...) In dem *Ganzen* der Bewegung, es als Ruhe aufgefaßt, ist dasjenige, was sich in ihr unterscheidet und besonderes Dasein gibt, als ein solches, das sich *erinnert,* aufbewahrt, dessen Dasein das Wissen von sich selbst ist, wie dieses ebenso unmittelbar Dasein ist" (Hegel 1952, S. 39). Die „Phänomenologie des Geistes" rekonstruiert diese dialektische Selbstbewegung unter der Voraussetzung, daß Hegel sich auf einer höheren Stufe der Bewußtseinsbildung befindet als die Stufen und Gestalten des Bewußtseins, das er beschreibt. „In dem Geiste, der höher steht als ein anderer, ist das niedrigere konkrete Dasein zu einem unscheinbaren Moment herabgesunken. (...) Diese Vergangenheit durchläuft das Individuum, dessen Substanz der höherstehende Geist ist (...)" (Hegel 1952, S. 26 f.). Die „Phänomenologie des Geistes" ist deshalb die wissenschaftliche Rekonstruktion der Bewußtseinsformen, die sich dialektisch auseinander entwickeln. Dabei ist eingeschlossen, daß diese Bewußtseinsformen ihre Entsprechung in der konkreten, historischen Wirklichkeit hätten. Deshalb ist die Rekonstruktion des Bewußtseins zugleich eine Rekonstruktion des konkreten geschichtlichen Verlaufes. Auf den Punkt gebracht: „Das Geistige allein ist das *Wirkliche*" (Hegel 1952, S. 24). Dies heißt selbstverständlich nicht, daß es keine Materie gäbe, wohl aber, daß die reale Geschichte die Erscheinungsform einer Bewußtseinsbewegung sei. Und dies wurde Anlaß der Kritik von Marx, der umgekehrt die Bewußtseinsbewegung als Widerspiegelung der konkreten geschichtlichen Entwicklung (vor allem von Produktivkräften, Produktionsmitteln, Gesellschafts- und Eigentumsverhältnissen) interpretierte. Aus der Bewußtseinsdialektik wird die Realdialektik des *historischen* und *dialektischen Materialismus'*, der die tatsächliche Entwicklung als Selbstbewegung begreift, einen Umschlag von Quantität in Qualität annimmt und die Negation der Negation als Höherentwicklung beibehält. Der andere Kritikpunkt an der hegelschen Dialektik war, daß Hegel die Entzweiung ins Absolute, das Endliche ins Unendliche gesetzt habe. Diese erkenntnistheoretische Position, derzufolge das Besondere nicht in seiner Eigenständigkeit, sondern nur als Moment eines übergreifenden Allgemeinen gedacht ist, stelle eine nicht haltbare Identität zwischen Besonderem und Allgemeinem her, die von Adorno als „erpreßte Versöhnung" bezeichnet wurde. Diese erkenntnistheoretische Position entspreche der Unterwerfung des Individuums in der Gesellschaft. Deshalb müsse die Synthesis (da sie in Wahrheit die Unterwerfung des Besonderen unter das Allgemeine sei) aus der Dialektik gestrichen werden; Resultat ist die *negative Dialektik,* die auf die Unterwerfung des Besonderen unter das Allgemeine verzichtet.

Das Denken von Kant und Hegel wurde dem (deutschen) Idealismus zugeordnet. Wie unscharf solche Zuweisungen auch sind, sofern sie nicht nur zeitlich gemeint sind, so sind sie doch wirkungskräftig. So versteht vor allem die marxistische Philosophie die gesamte Philosophiegeschichte als eine Auseinandersetzung zwischen „Idealismus" und „Materialismus". Als *Idealismus* wird dabei ein Denken verstanden, für welches das Gegenstandsbewußtsein eine Weise des Selbstbewußtseins ist. Die Wirklichkeit wird getrennt in Erscheinung und Wesen (Geist, Idee), wobei der Erscheinung als dem Wandelbaren und Vergänglichen keine Wahrheit zukommt. Um zur Wahrheit zu gelangen, muß die Erscheinung durchstoßen werden auf das, worin sie gründet. Das „Seiende“ wird zurückgeführt auf ein ewiges, gleichbleibendes Sein, eine Idee, ein Prinzip, das dem Seienden selbst jenseitig ist, es aber gleichwohl bestimmt. Demgegenüber gründet der *Materialismus* alles, was ist, in diesem selbst, in seiner Stofflichkeit und nicht in einem transzendenten Urgrund. Die Materie wird nicht zurückgeführt auf immaterielle Ursachen bzw. Wesen: die Materie bewegt sich aus sich selbst. Dementsprechend wird Gegenstandsbewußtsein als ein Bewußtsein begriffen, das die Gegenstände außerhalb des Bewußtseins als von diesem Bewußtsein unabhängige voraussetzt. Das Bewußtsein wird somit zur Spiegelung der realen Außenwelt im Gehirn des Menschen; den subjektiven Empfindungen werden objektive Sachverhalte zugeordnet.

Die entscheidende Grenze zwischen „Idealismus“ und „Materialismus“ wird durch die Fragen markiert, ob und, wenn ja, wie weit im Sich-Wissen des Subjekts das Wissen von etwas bereits eingeschlossen ist oder ob das Wissen von etwas durch Bedingungen außerhalb des Wissens mitbedingt oder sogar völlig bedingt ist. Diese Fragestellung wird auch unter dem Stichwort *Realismus* erörtert. In der Anlehnung vor allem an Popper haben sich in jüngster Zeit Naturwissenschaftler aus Medizin und Biologie einen „hypothetischen Realismus“ zu eigen gemacht. So unterscheidet Vollmer (1980, S. 35) vier Arten von „Realismus“: „Naiver Realismus“ (Es gibt eine reale Welt; sie ist so beschaffen, wie wir sie wahrnehmen.). „Kritischer Realismus“ (Es gibt eine reale Welt; sie ist aber nicht in allen Zügen so beschaffen, wie sie uns erscheint.). „Streng kritischer Realismus“ (Es gibt eine reale Welt; aber keine ihrer Strukturen ist so, wie sie uns erscheint.). „Hypothetischer Realismus“ (Wir nehmen an, daß es eine reale Welt gibt, daß sie gewisse Strukturen hat und daß diese Strukturen teilweise erkennbar sind, und prüfen, wie weit wir mit diesen Hypothesen kommen.).

Diesem naturwissenschaftlich ausgerichteten „Realismus“ steht ein sich ausdrücklich als geisteswissenschaftlich verstehendes Denken gegenüber: die *Hermeneutik*. Entwickelt wurde sie vom Protestantismus, der sich gegen das katholische Verständnis des Christentums auf die Bibel beruft. Die „Päpstlichen“ und „Sophisten“ „haben die Heilige Schrift nämlich sehr selten gelesen, und auch wenn sie sie gelesen haben, so haben sie nur Sinngehalte nach ihrem Gutdünken herausgepflückt und diese außerdem nach ihrem Belieben miteinander in Verbindung gebracht. (...) So haben auch jene es also nach ihrem Belieben dahin gebracht, indem sie mit der Heiligen Schrift ihr Spiel trieben, daß sie, wenn auch mit den puren Worten der Schrift, doch ihre eigenen, nicht die Sinngehalte der Schrift, zu einem Flickwerk machten. (...) Um so mehr ist jene gewissenhafte Sorgfalt anzuwenden, damit der Sinn der Stellen sowohl aus dem Gesichtspunkt der Schrift oder des Textes als auch aus dem ganzen Kontext aufgesucht werde" (Illyricus 1567. Zitiert nach Gadamer 1976, S. 52). In diesem Sinne war Hermeneutik zunächst eine Technik der richtigen Auslegung der Heiligen Schrift gegen Willkürinterpretationen. Schon zu Anfang wurde deutlich, was später dann „hermeneutischer Zirkel" genannt wurde. Die einzelne Textstelle bedarf zu ihrem Verständnis der gesamten Schrift, doch deren Verständnis setzt die verstandene Einzelstelle schon voraus. Dieser Zirkel wurde nicht als logischer (und insofern unaufhebbarer) gesehen, sondern als ein Aufsteigen des Verständnisses mittels der wechselseitigen Erhellung von Teil und Ganzem, was möglich ist, weil der Teil das Ganze schon in sich birgt. Der andere hermeneutische Zirkel ergibt sich aus der historischen Differenz von Schrift und Interpret. Um diese zu überwinden, muß die Vergangenheit als konstituierendes und nicht überspringbares Moment von Gegenwart gesetzt werden. Verstehen wird deshalb bei Heidegger und Gadamer nicht zu einem methodischen, subjektiven Verhalten, sondern ist wirkungsgeschichtliches Geschehen. „Der Sinn meiner Untersuchungen ist (...), das allen Verstehensweisen Gemeinsame aufzusuchen und zu zeigen, daß Verstehen niemals ein subjektives Verhalten zu einem gegebenen ‚Gegenstande' ist, sondern zur Wirkungsgeschichte, und das heißt: zum Sein dessen gehört, was verstanden wird" (Gadamer 1975, S. XIX). Verstehen ist Selbstverstehen des Menschen in seiner Geschichtlichkeit. Damit hat sich die Hermeneutik aus bloßer Technik der Textinterpretation gelöst und ist zur Wissenschaft des Sinnverstehens des Menschen selbst geworden. Der hermeneutische Zirkel wird zum ontologischen. „Die These meines Buches ist nun, daß das wirkungsgeschichtliche Moment in allem Verstehen von Überlieferung wirksam ist und wirksam bleibt" (Gadamer 1975, S. XXI). Und: „Das Ganze von Sinn, das es in der Geschichte oder der Überlieferung zu verstehen gilt, meint niemals den Sinn des Ganzen der Geschichte. Die Gefahr des Doketismus scheint mir dort gebannt, wo die geschichtliche Überlieferung nicht als Gegenstand eines historischen Wissens oder philosophischen Begreifens, sondern als ein Wirkungsmoment des eigenen Seins gedacht ist" (Gadamer 1975, S. XXIII). Und schließlich: „Richtig bleibt doch, daß *alles solches Verstehen am Ende ein Sichverstehen ist. (...)* Insofern gilt in allen Fällen, daß, wer versteht, sich versteht, sich auf Möglichkeiten seiner selbst hin entwirft" (Gadamer 1975, S. 246). Verstehen besagt, daß das zu Verstehende nicht als dem Verstehenden gegenüber fixiertes Objekt zu betrachten ist, sondern vom Verstehenden in dessen Gegenwart aufgenommen wird. „‚Gleichzeitigkeit' dagegen will hier sagen, daß ein

Einziges, das sich uns darstellt, so fernen Ursprungs es auch sei, in seiner Darstellung volle Gegenwart gewinnt. Gleichzeitigkeit ist also nicht eine Gegebenheitsweise im Bewußtsein, sondern eine Aufgabe für das Bewußtsein und eine Leistung, die von ihm verlangt wird" (Gadamer 1975, S. 121). Verstehen ist deshalb „der Vorgang der Verschmelzung (...) vermeintlich für sich seiender Horizonte" (Gadamer 1975, S. 289).

Literatur

Adorno, Th. W. u.a.: Der Positivismusstreit in der deutschen Soziologie, Neuwied und Berlin 1969

Apel, K. O. u.a.: Hermeneutik und Ideologiekritik, Frankfurt (Main) 1971

ders.: Die Erklären: Verstehen-Kontroverse in transzendentalpragmatischer Sicht, Frankfurt (Main) 1979

ders./Manninen, J./Tuomela, R. (Hg.): Neue Versuche über Erklären und Verstehen, Frankfurt (Main) 1978

Ayer, A. J. (Hg.): Logical Positivism, New York 1966

Bocheński, J. M.: Die zeitgenössischen Denkmethoden, München 1954

ders.: Der sowjetische dialektische Materialismus, 5. Aufl. Bern und München 1967

Gadamer, H.-G.: Wahrheit und Methode, 4. Aufl. Tübingen 1975

ders./Boehm, G. (Hg.): Seminar: Philosophische Hermeneutik, Frankfurt (Main) 1976

dies. (Hg.): Die Hermeneutik und die Wissenschaften, Frankfurt (Main) 1978

Grundlagen des Marxismus-Leninismus, 2. Aufl. Berlin (Ost) 1963

Habermas, J.: Zur Logik der Sozialwissenschaften. Materialien, Frankfurt (Main) 1971

Kern, J.: Idee und Methode der Philosophie, Berlin und New York 1975

Kraft, V.: Der Wiener Kreis. Der Ursprung des Neopositivismus, 2. Aufl. Wien 1968

Kulenkampff, A. (Hg.): Methodologie der Philosophie, Darmstadt 1979

Lorenzen, P.: Methodisches Denken, Frankfurt (Main) 1974

Maren-Grisebach, M.: Methoden der Literaturwissenschaft, München 1970

Menne, A.: Einführung in die Methodologie, Darmstadt 1980

Topitsch, E. (Hg.): Logik der Sozialwissenschaften, Köln 1972

Wetter, G. A.: Der dialektische Materialismus, 8. Aufl. Freiburg 1957

Wuchterl, K.: Methoden der Gegenwartsphilosophie, Bern und Stuttgart 1977

c) Didaktik der Philosophie

Unter „Didaktik" ist ein sprachlicher „Interdependenzzusammenhang von Erziehungszielen, Inhalten, Methoden und Lernvorgängen" zu verstehen, „der in einem Kontrollverfahren überprüft werden kann". (Rehfus 1980, S. 151). Didaktik versucht zu erweisen, wie für Unterricht relevante Inhalte zu ermitteln sind, in welchem Bezug sie zu Zielvorstellungen der Erziehung stehen, wie diese ausgewiesen werden können, welche Methoden der Lernorganisation in Frage kommen, um diese Ziele anhand der zu vermittelnden Inhalte erreichen zu können und wie schließlich überprüfbar ist, daß die Ziele erreicht sind.

Die Didaktik der Philosophie steckt zumindest in Deutschland noch in ihren Anfängen. Sie ist keine philosophische Disziplin, obgleich Anstrengungen gemacht werden, sie als solche zu etablieren. Dies ist angemessen, sofern sich Philosophiedidaktik nicht nur als Technik der Lehrbarkeit von fachwissenschaftlichen Erkenntnissen versteht, sondern in der Auseinandersetzung mit der laufenden philosophischen Diskussion entwickelt wird und deshalb auf diese zurückwirkt. So verstanden, ist Philosophiedidaktik ein konstitutives Moment der Philosophie selbst, reflektiert den Diskurs, den Philosophie immer schon darstellt, in seinen Zielen, Inhalten und Methoden. Die für den Schulunterricht entscheidende Frage ist: was ist das erzieherische Ziel der Philosophie? Erst wenn diese Frage zufriedenstellend beantwortet ist, läßt sich ausweisen, welche Inhalte gelernt werden sollen und mit welchen Methoden (Lernorganisation, Textinterpretation usf.) und Medien (Texte, Bilder usf.) dies möglich ist.

Diesen Fragen haben sich in neuerer Zeit ernsthaft nur zwei Ansätze gestellt, die kurz angedeutet werden sollen.

Der eine Ansatz stammt von Ekkehard Martens, der eine „dialogisch-pragmatische“ Philosophiedidaktik entwickelt.

Martens geht davon aus, daß Philosophie didaktisch, daß Didaktik konstitutives Moment der Philosophie selbst sei. D.h., daß sich Philosophie als Gespräch ereignet, daß Vermittlung notwendig zu ihr gehört. Deshalb heißt philosophieren: in einem gemeinsamen Lehr-Lern-Prozeß stehen, dessen Ziel „überprüfbare Handlungsorientierung“ ist. Den Lehr-Lern-Prozeß kennzeichnet der Dialog, der – im Anschluß an Sokrates –, was die verhandelte Sache betrifft, ergebnislos endet. Viel wichtiger als ein solches Ergebnis ist das gemeinsame, vernünftige Argumentieren. Die Art und Weise des sokratischen Argumentierens rekonstruiert Martens mit Hilfe der modernen Diskurstheorien, die Regeln für den unterrichtlich zu führenden Dialog angeben.

Das Problem dieser Position ist, daß Regeln der Argumentation nicht für die Richtigkeit der mittels ihr gefundenen „überprüfbaren Handlungsorientierungen“ einstehen können und daß Sokrates in seinen Dialogen nicht mit Schülern sprach, sondern mit solchen, die, was die verhandelte Sache betrifft, Experten waren. Damit ist der sokratische Dialog nicht unmittelbar auf Unterricht übertragbar.

Rehfus setzt ganz anders an. Er bestimmt zunächst die gesellschaftlich-historische Situation, innerhalb der Philosophie pädagogisch wirksam sein soll. Er behauptet einen Identitätsverlust der Gegenwart, der dadurch zustande gekommen sei, daß die gegenwärtige Gesellschaft keine von allen akzeptierten obersten Prinzipien des Denkens und Handelns zur Verfügung hat. Um Identität herzustellen, bedarf es deshalb des Selbstdenkens. Und dieses wird von der Philosophie doppelt geschult: sowohl methodisch als auch inhaltlich. Der Philosophieunterricht muß deshalb, um den Schüler in die Lage zu versetzen, sich selbst als Identität herzustellen, ihn mit den überkommenen Problemstellungen und -lösungen der Philosophie vertraut machen. Damit ist Didaktik nicht wie bei Martens konstitutives Moment der Philosophie, sondern Philosophie ist konstitutives Moment des Philosophieunterrichts und konstitutives Moment der Erstellung von Identität.

Im Anschluß seien nun die Überschneidungen, Übereinstimmungen und Unterschiede beider Ansätze kurz verdeutlicht.

Sowohl Martens als auch Rehfus entwickeln ihren Standort in der Auseinandersetzung mit der Bezugsdisziplin. Für beide steht der Schüler im Mittelpunkt der Überlegungen. Für Martens heißt dies mehr lebenspraktische Handlungsorientierung, für Rehfus mehr Bildung zu sich selbst. Beider Ziel ist die Selbständigkeit des Schülers, was bei Martens „Selbstbestimmung" heißt und bei Rehfus „autonome, selbstbewußte Ich-Identität". Um dies Ziel zu erreichen, werden unterschiedliche Wege eingeschlagen. Beide sind sich darüber einig, daß Gegenstandserkenntnis Selbsterkenntnis ist. Während aber Martens ein nicht-fachspezifisches Vorgehen (nämlich den Dialog) entwickelt, wobei die Inhalte des Dialogs sich situativ ergeben sollen, versucht Rehfus eine fachspezifische Methode zu entwickeln, die davon ausgeht, daß „autonome, selbstbewußte Ich-Identität" nur Hand in Hand gehen kann mit der Aufarbeitung der überkommenen und gegenwärtigen philosophischen Problemstellungen und -lösungen. Während deshalb Martens (da der Dialog keine erlernbare und anwendbare Methode ist) konkrete Vorschläge, wie Unterricht aufzubauen ist, nur beispielhaft vorbringt, legt Rehfus das Modell einer möglichen Strukturierung von Philosophieunterricht vor, in dem Inhalte, Medien, Lernorganisation, Textanalyse und fachspezifische Methode systematisch auseinander entwickelt sind.

Während Martens auf eine gesellschaftliche und erkenntnistheoretische Legitimierung des Philosophieunterrichts verzichtet (was nicht heißt, daß er die Interessen der Schüler und der Gesellschaft bei der Entwicklung der Zielvorstellungen des Philosophieunterrichts nicht berücksichtigte), versucht Rehfus, bevor seine eigentliche Didaktik beginnt, die gesellschaftlich-kulturelle Notwendigkeit von Philosophie zu erweisen und die Begrifflichkeit erkenntnistheoretisch zu klären, mit der umgegangen wird und die unterrichtspraktisch wirksam werden soll.

Literatur

Martens, E.: Dialogisch-pragmatische Philosophiedidaktik, Hannover 1979
Rehfus, W. D.: Didaktik der Philosophie. Grundlage und Praxis, Düsseldorf 1980

Zweiter Teil: Beruf und Philosophiestudium

Vorbemerkung: Theoretische Neugier und Universität

Die Ansprüche, die an das Studium der Philosophie gestellt werden, betreffen vornehmlich zwei Bereiche. Zum einen soll das Studium zweckgebunden auf den künftigen Beruf vorbereiten, zum andern soll es einen Zweck in sich selbst haben, gewissermaßen „geistige Befriedigung“ dadurch gewähren, daß es den Studenten in die Lage versetzt, sich Welt denkend anzueignen. Wunschbild ist der Zusammenfall beider. Das philosophische Lernen wäre dann keines, das dem Lernenden äußerlich bleibt, sondern eines, das den Lernenden im klassischen Sinne „bildet“. Mit einem derartigen doppelten Anspruch wird der Student sein Studium beginnen, vielleicht wird sogar sein wissenschaftlicher Eros, seine theoretische Neugier noch größer sein als sein Interesse an einem gesicherten Arbeitsplatz (die Umkehrung wäre bedenklich).

Aber noch bevor der Student die Universität betritt, wird er schon von ihrer Bürokratie erfaßt. Die zentrale Vergabe von Studienplätzen entscheidet, ob der Studienplatzwunsch erfüllt werden kann oder nicht und ob vielleicht eine Wartezeit notwendig ist. In Philosophie ist dies bislang nur mittelbar spürbar. Zwar gibt es noch keinen „NC“ in Philosophie, doch dient Philosophie öfter als „Parkstudium“, das nicht mit vollem Ernst betrieben wird, oft auch als Lückenbüßer für andere Studienwünsche, die am „NC“ scheiterten. Dies hat Auswirkungen auf die Lehrveranstaltungen, ihre Organisation und das Arbeitsklima. Die allgemeine Stimmung ist insgesamt dem wissenschaftlichen Eros nicht gerade förderlich.

Betritt der Philosophiestudent dann doch ein Universitätsgebäude, muß er sich zuerst einmal „einschreiben“ („immatrikulieren“, „inscribieren“); um überhaupt „ordentlicher Student“ zu sein, muß er sich in verschiedene, lange Schlangen einreihen, Studentenausweis abholen und gültig stempeln lassen, sein Studienbuch in Empfang nehmen und seinen Belegbogen ausfüllen, darüber hinaus noch einige Kreuze für die Statistik in Computerbögen machen. Nicht zu vergessen sind die Anträge für die billigere Nutzung der städtischen Verkehrsmittel und die Einholung der Befugnis, die Universitätsbibliothek betreten und benutzen zu dürfen. Nach getaner Arbeit (die Unikanzleien pflegen nur bis Mittag zu öffnen) erholt sich der Student in der nächsten Schlange: in der Mensa. Nach ein bis zwei Fehlversuchen wird er dann auch die Schlange gefunden haben, die für das Essen ansteht, für das er bezahlt hat (sofern er herausgefunden hat, wie und wo dies möglich ist). Hier wird er nun Zielscheibe der Propaganda unterschiedlichster Interessengruppen. Von den Jesus-People bis zum

Spartakus, von Solidaritätskomitees bis zu den studentischen Verbindungen; angeboten werden AStA-Reisen und selbstgestrickte Pullover, Schallplatten und alternativer Tee.

Am Nachmittag dann wird er sich (sofern er sich nicht noch beim AStA Adressen für ein bezahlbares Zimmer erkämpfen muß) vielleicht in einer Buchhandlung das Vorlesungsverzeichnis kaufen. Wenn er bemerkt hat, daß „N. N." heißt, daß noch nichts sicher ist („nomen nominandum" – es ist noch nicht klar, wer die genannte Veranstaltung abhalten wird), daß darüber hinaus häufig auf die Aushänge im Seminar (Eintritt nur mit gültigem Studentenausweis) verwiesen wird, wird er sich dorthin begeben. Wenn er nun groß genug ist, um über die Köpfe der Kommilitonen sehen zu können, kann er sich hier endlich unterrichten, wieweit er seinen Anspruch auf Bildung und Ausbildung im kommenden Semester verwirklichen kann.

Aus dem Vorlesungsverzeichnis ist ersichtlich, ob die Hochschule, an der man sich immatrikuliert hat, noch die klassischen *Fakultäten* unterscheidet (philosophische, medizinische, juristische, theologische) und die neueren Wissenschaftsgebiete integriert hat (mathematisch-naturwissenschaftliche und wirtschafts- und sozialwissenschaftliche Fakultät) oder aber in *Fachbereiche* aufgeteilt ist. An der FU (Freien Universität) Berlin zum Beispiel ist Philosophie mit Sozialwissenschaften im Fachbereich 11 zusammengeschlossen und bildet die „wissenschaftliche Einrichtung" („WE") 5 als „Institut für Philosophie".

Das Studium selbst ist in drei Phasen gegliedert: Grundstudium, Hauptstudium und Aufbaustudium. Bei den Lehrveranstaltungen wird zwischen Vorlesungen, Seminaren und Colloquien unterschieden. Die Vorlesungen sind grundsätzlich an keine Studienphase gebunden, doch werden in manchen Vorlesungsverzeichnissen Hinweise auf das Anspruchsniveau gegeben. Die Vorlesungen sind dazu da, die Forschungsergebnisse des Professors den Studenten darzulegen. Zwar zwingt dies zu einer gewissen Vereinfachung, doch hat dies nicht zur Folge, daß der Student in den Vorlesungen so etwas wie eine Grundausbildung in Philosophie bekäme. Vorlesungen sind Darstellungen des neuesten Forschungsstandes des jeweiligen Professors in seinem Spezialgebiet. Gleichwohl gibt es Versuche, Vorlesungen auch so anzulegen, daß sie Einführungen in und Überblicke über ein Gebiet ermöglichen (dann meist für Hörer mit niedriger Semesterzahl angeboten). Eine Unterscheidung in den Vorlesungsverzeichnissen, die inzwischen fast überall getroffen wird, ist die zwischen historischen und systematischen Vorlesungen in Philosophie, d.h. solchen, die mehr chronologisch, epochal und autorgebunden und solchen, die mehr problemorientiert vorgehen.

Zu den Vorlesungen werden inzwischen immer häufiger „Kolloquien" angeboten. Dies hat seinen Grund darin, daß in den Vorlesungen selbst der Professor doziert und der Student mitschreibt, ohne die Möglichkeit zu haben, Verstehensfragen zu stellen oder das Vorgetragene zu problematisieren. Dem wird in den Kolloquien Rechnung getragen; hier können alle Fragen, die während der Vorlesung offen geblieben sind, gestellt und erörtert werden.

Parallel zu den Vorlesungen werden auch „Übungen" angeboten. Dies liegt daran, daß weder in den Vorlesungen noch in den Colloquien gemeinsame Textarbeit geleistet wird. In den Übungen zu den Vorlesungen werden Texte der Autoren bearbeitet, die in der Vorlesung behandelt werden, bzw. Texte zur Problemstellung der Vorlesung. Die Gefahr hierbei ist, daß in der philologisch genauen Erarbeitung der Texte Philosophieren und Interpretieren gleichgesetzt wird, Philosophie gar mit Textkritik zusammenfällt.

Von den Vorlesungen grundsätzlich zu trennen sind die Seminare. Ist der Sinn der Vorlesung hauptsächlich die Lehre, so ist Ziel des Seminars die textgebundene, gemeinsame Erarbeitung eines Autors, einer Ganzschrift oder eines Problems unter Anleitung des Dozenten. Es dient sowohl dem genaueren Kennenlernen einer Schrift, eines Autors oder eines Problems als auch der Einübung von fachspezifischen Arbeitsweisen und dem Umgehenlernen mit wissenschaftlichem Handwerkszeug. Während für die Vorlesungen keine Erfolgsüberprüfungen vorgesehen sind, kann man in Seminaren sogenannte „Scheine" erwerben, die entweder eine bestandene Klausur oder ein angenommenes Referat voraussetzen. Während die Vorlesungen erst in neuerer Zeit gemäß den Lernvoraussetzungen gestuft werden, unterscheiden sich die Seminare schon länger als Pro-, Haupt- und Oberseminare; teilweise werden auch spezielle Examensseminare und Doktorandenkolloquien angeboten. Eine der jüngsten Entwicklungen ist das Projektseminar. Sein Ziel ist die stärkere Einbeziehung der Studenten in die Forschung selbst. Dozent und Studenten arbeiten gemeinsam an einem Problem und überlegen sich gemeinsam die Arbeitsschritte. Das Projektseminar fördert die Einsicht in die Einheit von methodischem Vorgehen und inhaltlichem Ergebnis, in den bedingenden Zusammenhang von Forschungsziel, eingeschlagenem Weg, verwendetem Material und Ergebnis.

Bevor nun weiter Angaben zum Studium der Philosophie gemacht werden, zu Prüfungsbedingungen und philosophischer Text- bzw. Problemerarbeitung, soll im folgenden Kapitel dargelegt werden, welche Berufsaussichten sich aus dem Philosophiestudium ergeben und welche Anforderungen die einzelnen Berufe stellen.

1. Beruf. Möglichkeiten und Erwartungen

a) Schule. Die Unterrichtsbestimmungen

Bevor die administrativ vorgegebenen Richtlinien Deutschlands und Österreichs vorgestellt werden, wird der Versuch gemacht aufzuzeigen, welche Anforderungen auf den zukommen, der Philosophie als Lehrerberuf ausüben will. Der Kulturhoheit der Länder wegen sehen die Bestimmungen sehr unterschiedlich aus. Deshalb werden zuförderst allgemeine Fähigkeiten und Kenntnisse aufgezählt, die der erwerben muß, der Philosophie als Unterrichtsfach erteilen will.

Allgemeine Kenntnisse und Fähigkeiten

Der Übergang vom Studium zur Referendarzeit an der Schule ist einer von Eigenkontrolle an der Hochschule zur Fremdkontrolle am Ausbildungsseminar und schließlich zur Eigenverantwortlichkeit als Lehrer.

Die Orte der Fremdkontrolle sind:
- Studien-/Gesamtseminar (Seminarleiter im Allgemeinpädagogischen Seminar, Fachleiter im Fachseminar)
- Schule (Ausbildungslehrer, Schüler, Eltern, Schulleiter, Kollegen)
- Schulaufsichtsbehörde (Kultusministerium, Schulkollegium, Gesamtseminar, Richtlinien, Verwaltungsvorschriften)
- Mitreferendare (an Seminar und Schule)

Zu dieser Fremdkontrolle gesellen sich noch weitere Umstellungsschwierigkeiten. Da ist zunächst der Zwang, daß die von der Hochschule bescheinigte wissenschaftliche Fachkompetenz auf längere Zeit und in jeder Stunde ununterbrochen neu bewiesen werden muß (auch in Gebieten, die man sich während des Studiums nicht erarbeitet hat). Dann kommt die Erschwernis, den „Stoff" nicht nur fachwissenschaftlich zu kennen, sondern ihn auch unterrichtsmethodisch so aufzubereiten, daß Schüler ihn erlernen können. Schließlich muß im Bereich der Pädagogik und Fachdidaktik auch noch eine theoretische Kompetenz erworben werden.

Drei Bereiche sind es vor allem, die der Lehrer beherrschen muß (vgl. dazu Schreckenberg 1980, S. 184 ff):

(1) Erziehen, Lehren und Beurteilen
Dazu gehört zunächst das *Lehrerselbstverständnis,* das sich entwickelt in der Auseinandersetzung mit dem Beruf des Lehrers als Wissensvermittler, Erzieher und Beurteiler im Spannungsfeld Beamtentum, Rolle, Individualität, Institution Schule, Gesellschaft, Staat, Schüler, El-

tern, Kollegen und Aufsichtsbehörde. Dazu gehört die Einsicht in das Verhältnis des Faches Philosophie zu anderen Fächern des Gymnasiums und seine Funktion innerhalb der reformierten Oberstufe des Gymnasiums (in Auseinandersetzung auch mit der Sekundarstufe II, der Kollegschule, Gesamtschule und dem Abendgymnasium). Eingeschlossen ist die Einsicht in die Funktion des Faches Philosophie für den Sozialisationsprozeß von Schülern, für die Erziehungsaufgabe des Faches Philosophie.

Das daraus entspringende *Lehrerverhalten* ist gekennzeichnet durch:

- Echtheit: es muß gelingen, die institutionelle Rollenanforderung mit der individuellen Persönlichkeit so zu verbinden, daß sich daraus ein glaubhafter (d.h. von den Schülern akzeptierter) eigener Unterrichtsstil entwickelt.
- Fachwissenschaftliche und fachdidaktische Sachkompetenz: der Unterrichtsgegenstand muß in Inhalt und Methode so souverän beherrscht werden, daß keine sachliche Engführung im Unterricht erfolgt; zudem muß dem Lehrer ein breites Spektrum an Methoden der Lernorganisation, der Text- und Problemerarbeitung zur Verfügung stehen, so daß auch im engeren didaktischen Bereich keine Engführung erfolgt.
- Flexibilität: wenn Echtheit und Sachkompetenz gegeben sind, resultiert daraus die Möglichkeit, Schülerreaktionen nicht abzublocken oder leerlaufen zu lassen, sondern sie produktiv in den Lehr-/Lernprozeß einzubeziehen.

(2) Unterrichtsarrangement

Die obersten unterrichtspraktischen Ziele sind selbstverständlich die *Effizienz des Unterrichts* (die Frage, ob Schüler philosophisch Relevantes gelernt haben[1]) und die *Motivation der Schüler* (die Frage, ob Schüler Freude am intelligenten Diskurs gewonnen haben – was ein-

---

[1] Die „philosophische Relevanz“ von Problemstellungen und Texten ergibt sich aus der Doppelbeziehung zweier Kriterien:

- inhaltlich: alles, was von solchen überdacht wurde, die als Philosophen gelten,
- formal-methodisch: der philosophische Text zeichnet sich dadurch aus, daß er argumentativ in sich ist. Er kann zwar ausgehen von Empirie, überprüft seine zentralen Aussagen aber nicht empirisch. Empirie kann zwar in Form von Beispielen/Belegen für Einzelbehauptungen auftreten, dient aber nicht zum Nachweis der Grundthesen. Vielmehr wird selbst dann, wenn Wirklichkeit philosophisch konstruiert wird, die Erscheinung auf ihr „Wesen“ durchstoßen, das selbst nicht mehr unmittelbar empirisch ist.

schließt, daß sie bereit sind, momentane Unlust bei der Problemerarbeitung zu überwinden und in Lernprozesse umzusetzen).

Es geht hier mithin um die Interaktionsprozesse, die zum Erreichen der Unterrichtsziele zweckmäßig sind. Drei Punkte verdienen hier besondere Beachtung:

- Lehr-/Lernschritte: es muß gelingen, ihre Abfolge gemäß vier Momenten zu koordinieren:
  (a) Sachlogik, d.h. die dem verhandelten Problem innewohnende Systematik und Diskursivität. Sie sind entweder (bei systematischen Denkern und Ganzschriften) vom jeweiligen Autor bzw. dem behandelten Text vorgegeben oder aber werden sie (bei weniger systematischen Denkern und thematischen Reihen) vom Lehrer konstruiert.
  (b) Lernlogik, d.h. die dem Fortschritt der Schüler entsprechende Abfolge der Lerneinheiten, gemessen am Sachwissen und den methodischen Fähigkeiten der Schüler.
  (c) Motivationslogik, d.h. die Abfolge der Lernschritte gemäß dem Bedürfnis der Schüler, intellektuelle Abenteuer zu bestehen.
  (d) Medienlogik, d.h. die Zuordnung von Texten und anderen Unterrichtsmaterialien zu den entsprechenden Lernphasen.
- Lernkontrolle: Auch wenn in der Geschichte der Philosophie nicht in allen Bereichen eindeutige Fortschritte und Entwicklungen ausmachbar sind, die philosophische Positionen als überholte auszeichnen, so ist doch im Erlernen der Philosophie eine Abfolge notwendig; Lernschritte bauen aufeinander auf, und bevor ein aufbauender Lernschritt vollzogen werden soll, muß der Lehrer darauf achten, daß möglichst alle Schüler den dazu erforderlichen vorausgehenden mitgemacht haben.
- Unterrichtsökonomie: es muß gelingen, mit dem geringsten Aufwand an Zeit (Länge der Lernphasen), Methoden (Verteilung von Textarbeit und freier Problementwicklung, Lernphasen, Referate usf.) und Material (Einsatz von Medien: Schulbücher, Matrizen usf.) den größten lernpraktischen Nutzen zu erzielen.

(3) Wissenschaftspropädeutik

Der Oberstufenunterricht soll dem Schüler die allgemeine Studierfähigkeit vermitteln, d.h. ihn in eine wissenschaftliche Grundeinstellung einüben, ihm fachwissenschaftliche Grundkenntnisse vermitteln und ihn in wissenschaftlich methodisches Arbeiten einführen.

Entscheidend ist hierbei das *Anspruchsniveau;* es kann unter zwei Gesichtspunkten gesehen werden:

- Lehrerbezug. In Frage steht die Angemessenheit der fachwissenschaftlichen Aufbereitung des Textes (die Textkürzungen dürfen

Argumentationen nicht verstümmeln und müssen dem Autor gerecht werden), der Textinterpretation (sie darf einer möglichen Gesamtinterpretation des Autors nicht widersprechen) und des Problemstandes (der fachwissenschaftliche Forschungsstand muß berücksichtigt werden). Die „Angemessenheit" bemißt sich dabei am gegenwärtigen Diskussionsstand der universitären Philosophie und an dem Ziel „Studierfähigkeit".

- Schülerbezug. Der Schüler muß sowohl inhaltlich als auch methodisch geschult werden. Er muß die Fähigkeit und Bereitschaft zum *selbständigen Arbeiten* (d.h. eine sachangemessene Darstellungs- und Kommunikationskompetenz, die Fähigkeit und Bereitschaft zum selbstgeplanten und steten Arbeiten an einem Problem bzw. Text, die Einsicht in den Zusammenhang von Erkenntnisziel, Prämisse, Methode, Medium, Inhalt und Ergebnis) und *philosophische Wissensstände* (als geordnetes und sicheres Wissen, was die Interpretation einzelner Denker betrifft und überkommene und gegenwärtige Problemstellungen und -lösungen) erwerben.

Um diese drei Bereiche beherrschen zu können, sind breites und gründliches Fachwissen ebenso die Voraussetzung wie fachdidaktische Kenntnisse, die sich in der *Planungsfähigkeit* niederschlagen.

Dazu gehören:
- Selbständigkeit der fachwissenschaftlichen, pädagogisch-didaktischen und unterrichtspraktischen Bearbeitung des Unterrichtsgegenstandes,
- Vollständigkeit der Planungselemente,
- Interdependenz der methodischen und inhaltlichen Planungsentscheidungen in sich und zu den Planungselementen (besonders den Ausgangsbedingungen und dem Zielfeld),
- Logik der Kurs-, Sequenz- und Stundenplanung (fachwissenschaftliche Sachlogik, Motivationslogik, Lernorganisationslogik),
- Blick für das wissenschaftlich Mögliche und unterrichtspraktisch Sinnvolle, was die Problem- und Textauswahl betrifft,
- Plausibilität der Legitimierung der Unterrichtsziele und Begründung der unterrichtlichen Planungsentscheidungen,
- Alternativkompetenz.

Diese Fähigkeiten werden während der Referendarzeit geschult und ständig überprüft. Dabei besteht ein sehr enger institutioneller Kontrollkontakt zwischen Referendar, Fachleiter, Ausbildungslehrer und Schülern. Die Besonderheit dieser institutionellen Kontrollsituation ist, daß kein von der Person des Referendars getrenntes inhaltliches und methodisches Wissen beurteilt wird, sondern die Einheit von Wissen und konkretem Verhalten.

Literatur

Meyer, H.: Leitfaden zur Unterrichtsvorbereitung, Königstein 1980

Die in der Praxis am häufigsten auftretenden Schwierigkeiten resultieren zum einen aus der genannten ständigen Kontrollsituation und zum andern (als Verstärkung) aus dem Unterschied zwischen dem, was an der Hochschule gelernt wurde und dem, was im Schulalltag gefordert wird. Deshalb ist es wichtig, das Studium *auch* (beileibe aber nicht ausschließlich) an dem auszurichten, was der Beruf später einmal fordern wird. Während oben mehr allgemeine Fähigkeiten aufgezählt wurden, sollen nun die konkreten Bedingungen und Anforderungen gemäß den schulischen Richtlinien der Länder der Bundesrepublik und Österreichs vorgestellt werden.

Deutschland

Baden-Württemberg

Das Fach Philosophie wird auf den Jahrgangsstufen 12 und 13 im Wahlbereich mit je zwei Wochenstunden angeboten; es ist kein Teil der schriftlichen oder mündlichen Abiturprüfung.
Folgende oberste Ziele werden angegeben:

2 Ziele des Faches Philosophie

2.1 Fähigkeit zur philosophischen Reflexion dessen, was im alltäglichen Denken unbefragt hingenommen wird.

2.2 Fähigkeit, die den Einzelwissenschaften zumeist unausgesprochen zugrundeliegenden Voraussetzungen zu hinterfragen.

2.3 Fähigkeit zur differenzierenden Zusammenschau der verschiedenen – vor allem in den Unterrichtsfächern repräsentierten – Wissenschaften hinsichtlich ihrer Methoden und Grenzen.

2.4 Fähigkeit, Grundfragen der menschlichen Existenz und der Stellung des Menschen in Natur, Geschichte und Gesellschaft zu reflektieren.

2.5 Fähigkeit, gesellschaftliche Erscheinungsformen und Institutionen (z.B. Staat, Recht, Moral, Religion, Kunst) auf ihre Grundlagen hin zu befragen.

2.6 Kenntnis philosophischer Grundprobleme und geschichtlicher sowie gegenwärtiger Lösungsversuche; Fähigkeit, zu ihnen Stellung zu nehmen.

2.7 Kenntnis der zu einem jeweiligen philosophischen Problemzusammenhang (geschichtlich bzw. systematisch) gehörenden Terminologie.

2.8 Fähigkeit, einen philosophischen Text angemessen zu interpretieren, auf Voraussetzungen und Schlüssigkeit zu prüfen und/oder aus seinem geschichtlichen und systematischen Problemzusammenhang zu verstehen und in diesen einzuordnen.

2.9 Fähigkeit zur kritischen Auseinandersetzung mit Weltanschauungen und Ideologien und zum Erkennen der in ihnen enthaltenen unausgesprochenen Implikationen; Entwicklung der Fähigkeit, einen nichtphilosophischen Text auf seinen unausgesprochenen philosophischen, weltanschaulichen, ideologischen Hintergrund hin zu untersuchen und von da her zu beurteilen.

2.10 Kenntnis wichtiger Argumentationstechniken und deren Einübung; Entwicklung der Fähigkeit zu logisch korrektem Argumentieren; Entwicklung der Fähigkeit, Verstöße gegen die Logik im geschriebenen wie im gesprochenen Wort zu erkennen.

2.11 Einübung in philosophisches Gespräch, Dialog, Diskussion und Disputation als Formen der Wahrheitssuche. (Auszeichnendes Merkmal philosophischer Argumentationsweise: Der Philosophierende legt seinem Gesprächspartner oder Gegner die eigenen Prämissen und Positionen offen dar.)

2.12 Einübung in die Haltung, sich stets für weiteres Fragen offen zu halten – ohne Indifferenz gegenüber der Wahrheitsfrage.

2.13 Nicht vereinbar mit den Zielen des Philosophieunterrichts ist es, eine bestimmte philosophische, weltanschauliche oder politische Richtung zu insinuieren oder zu indoktrinieren.

Angeboten werden folgende Kurse:

(1) Einführung in die Philosophie – Einführung in das Philosophieren
(2) Logik
(3) Wissenschaftstheorie (einschließlich Hermeneutik)
(4) Sprachphilosophie
(5) Philosophische Anthropologie
(6) Staatsphilosophie und Gesellschaftstheorie
(7) Metaphysik
(8) Ethik
(9) Philosophische Ästhetik

Die *Inhalte* dieser Kurse sind aufgelistet nach *Pflichtteilen,* die behandelt werden müssen, nach *Wahlpflichtteilen,* deren Zahl je nach Kurs unterschiedlich ist und schließlich nach *Wahlteilen,* die frei zur Wahl stehen.

Der Kurs „Logik“ macht zum Beispiel folgende Inhalte zu *Pflichtteilen:*

– Wichtige Junktoren und die zugehörigen Wahrheitsfunktionen (Ad-, Kon-, Sub-, Bijunktion),
– Implikation (als allgemeingültige Subjunktion; logische Folgerung) und Äquivalenz (als allgemeingültige Bijunktion),
– All- und Existenzoperator.

Wahlpflichtteile, aus denen zwei verpflichtend sind, sind:

– Einfache junktorenlogische und quantorenlogische Gesetze
– Wichtige Schlußschemata und deren Nachprüfung durch Wertetafeln
– Fehlschlüsse und die logische Relevanz argumentativer Kunstgriffe (Beweis- und Widerlegungsstrategien; Eristik)

– Logik als Kanon, als Organon, als Propädeutik.

Wahlteile sind:

– Einfache Übersetzungen umgangssprachlicher Sätze
– Themen der klassischen Logik
  a) Grundprinzipien der Logik (Satz von der Identität, vom Widerspruch, vom ausgeschlossenen Dritten, das Problem der Mehrwertigkeit)
  b) Urteilsarten (z.B. das logische Quadrat)
  c) Traditionelle Syllogistik (Aristoteles)
  d) Begriffs- und Definitionstheorie (z.B. Suppositionslehre der Scholastik)
– Verschiedene Auffassungen über formale Logik und deren Stellung innerhalb der Philosophie
  a) Ontologische, psychologische und konstruktivistische Deutungen der Logik (Aristoteles, Scholz, Bocheński, Mill, Lorenzen)
  b) Das Verhältnis logischer Kunstsprachen (Kalküle) zu den natürlichen Sprachen (Carnap, Montague)
– Ausblicke
  a) Erweiterungen der elementaren Logik (Klassenlogik, Modallogik, deontische Logik)
  b) Dialogische Logik (Lorenzen)
  c) Intensionale Betrachtungsweisen (z.B. dialektische Logik)
  d) Transzendentale Logik (Kant)

Für alle Kurse ist auch ein Zeitplan vorgesehen, der für den Logik-Kurs folgendermaßen aussieht:
Pflichtteil: 8 Unterrichtsstunden
Wahlpflichtteil: 14 Unterrichtsstunden
Wahlteil: 8 Unterrichtsstunden

Bayern

Das Fach Philosophie ist in der Kollegstufe als zweistündiger Grundkurs zulässig. Die Arbeiten an einem curricularen Lehrplan sind noch nicht abgeschlossen. Als Themenbereiche sind für die einzelnen Kurshalbjahre vorgesehen:

1. Kurshalbjahr: Erkenntnistheorie
2. Kurshalbjahr: Wissenschaftstheorie
3. Kurshalbjahr: Philosophische Anthropologie
4. Kurshalbjahr: Sprachphilosophie

Berlin

Ein Unterrichtsfach Philosophie gibt es zur Zeit noch nicht an der Berliner Schule, es ist jedoch vorgesehen.

Bremen

Das Fach Philosophie wird als dreistündiger Grund- und als sechsstündiger Leistungskurs angeboten. Folgende Kursbeispiele liegen vor:
12/I (Grundkurs): Erkenntnistheoretische Grundbegriffe
12/I (Leistungskurs): Sprache und Denken
12/II (Leistungskurs): Wissenschaft und Wahrheit. Zum Wissenschaftsbegriff des Kritischen Rationalismus und der Kritischen Theorie
13/I (Grundkurs): Der Begriff der Entfremdung. Einführung in die Philosophie des jungen Marx (bis ca. 1844)
Die Inhalte des Leistungskurses „Wissenschaft und Wahrheit" sehen wie folgt aus:
0. Einleitung: Sentenzen und Thesen zur Frage, was Wissenschaft ist
1. Das Verhältnis von Theorie und Gegenstand
1.1 Die Bedeutung des Wortes „Theoria" (Gadamer, Habermas)
1.1.1 Zum Theoriebegriff des Kritischen Rationalismus (Popper)
1.1.2 Zum Theoriebegriff der Kritischen Theorie (Habermas, Gadamer)
2. Das Verhältnis von Theorie und Erfahrung
Einleitung: Kurzer Exkurs über den Positivismus
2.1 Einige Grundbegriffe Poppers zur Logik der Forschung (Popper)
2.1.1 Das Induktionsproblem (Popper, Seiffert)
2.1.2 Verifikation und Falsifikation (Popper)
2.1.3 Das Abgrenzungsproblem (Popper)
2.1.4 Die Basissätze (Popper)
2.1.5 Randbedingungen (Popper)
2.2 Die Logik der Forschung aus der Sicht von Habermas (Habermas)
3. Das Verhältnis von Theorie und Geschichte
3.1 Die Strukturidentität von Erklärung und Prognose in der Geschichtswissenschaft (Popper, Albert, Marx)
3.2 Die dialektische Betrachtungsweise der Geschichte (Habermas)
4. Das Problem der „Wertfreiheit" wissenschaftlicher Erkenntnis
4.1 Die „Objektivität" sozialwissenschaftlicher und sozialpolitischer Erkenntnis (Weber)
4.2 Wertfreiheit als methodisches Prinzip (Albert)
5. Das Problem der Geltung wissenschaftlicher Aussagen
5.1 Theoretischer Pluralismus (Albert)
5.2 Objektivität und Wahrheit (Habermas)

Hamburg

Philosophie gehört mit Religion zum Bereich II des gesellschaftswissenschaftlichen Aufgabenfeldes. Sie kann als zweistündiger Grund- und prinzipiell auch als sechsstündiger Leistungskurs eingerichtet werden. Unterschieden wird zwischen dem Vorsemester und der Studienstufe. Die Ziele sind folgende:

2.1 Aufgaben und Ziele im Vorsemester

2.1.1 Der Schüler soll mit Fragestellungen der Philosophie vertraut gemacht werden.

2.1.1.1 Dabei soll die Form des offenen Gesprächs geübt werden, bei dem das mögliche Vorverständnis der Schüler zu formulieren und in Frage zu stellen ist, und

2.1.1.2 es soll die strenge interpretatorische Arbeit an einem zur Einführung geeigneten philosophischen Text im Unterricht geübt werden.
(Weniger geeignet erscheinen Texte, in denen über Philosophen oder Philosophie geschrieben wird, soweit nicht die persönliche Intention des Autors im Text selbst schon klar umrissen ist; ist dies im Text nicht geschehen, ist die Trennung von besprochenem Philosoph und referierendem Autor für den Schüler im Eingangskurs eine zu schwierige Aufgabe.)

2.1.2 Es soll beim Schüler Problembewußtsein geweckt und ihm die „Fragwürdigkeit“ der ihm bisher geläufigen und scheinbar selbstverständlichen Darstellungsformen, Begriffe und Aussagen vor Augen geführt werden.

2.1.3 Dem Schüler soll deutlich werden, daß
zum Verstehen eines philosophischen Textes,
zur verständlichen Wiedergabe der Argumentation des gelesenen Autors und
zur kritischen Auseinandersetzung mit ihm
Begriffsklärung, Definition und Disziplinierung des eigenen Denkens und Redens erforderlich sind. (Dies sind auch Voraussetzungen für den ersten Semesterkus der Studienstufe.)

2.2 *Aufgaben und Ziele in der Studienstufe*

2.2.1 Die Bemerkungen über Aufgaben und Ziele des Philosophieunterrichts im Vorsemester sind in diesem Zusammenhang zu beachten.

2.2.2 In einem Kurs, der die wichtigsten Gegenstände der Logik behandelt, soll der Schüler im Verlauf der Studienstufe u.a. kennen und anwenden lernen

2.2.2.1 die Probleme elementarer Prädikation,

2.2.2.2 die Erschließung der Welt durch Sprache und Rede,

2.2.2.3 die Probleme der Vieldeutigkeit sprachlicher Ausdrücke,

2.2.2.4 die Probleme des exemplarischen Aufbaus einer eindeutigen Terminologie,

2.2.2.5 die Grundsymbole des logischen Verfahrens.

2.2.3 Der Schüler soll in diesem Unterricht befähigt werden, einen ihm vorgelegten philosophischen Text inhaltlich zu gliedern und verständig wiederzugeben.

2.2.4 Er soll lernen, die im Text vorkommenden Begriffe und Termini zu klären, zu analysieren und den Gesamtaufbau in seiner logischen Stringenz zu überprüfen.

2.2.5 Er soll die in der Darstellung angewandte (oder: angewandten) Methode(n) bestimmen können.

2.2.6 Er soll, soweit möglich, auch den historischen und problemgeschichtlichen Standort der Aussagen des Autors bestimmen können.

2.2.7 Er soll lernen, eine eigene begründete Stellungnahme zu formulieren.

Als mögliche Inhalte werden vorgeschlagen:

1 Vorsemester

Um die Aufgaben und Ziele des Philosophieunterrichts im Vorsemester erreichen zu können, empfiehlt es sich,

1.1 Texte zweier stark voneinander abweichender Denker zu konfrontieren, zum Beispiel

1.2 die Referate von Popper und Adorno im Positivismusstreit und Alberts Beiträge im gleichen Band (Soziologische Texte Bd. 58);

1.3 Die Kallikles-Diskussion um das Naturrecht in Platons Gorgias;

1.4 einen Text heranzuziehen, der dem zuvor ermittelten Vorverständnis des Schülers widerspricht;

1.5 einen Text heranzuziehen, der dem Vorverständnis der Schüler stark entgegenkommt und dessen Klärung dann die eigenen Denkvoraussetzungen des Schülers aufdeckt und in Frage stellt.

2 *Studienstufe – Grundkurse*

2.1 Ein Kurs, der von allen Schülern, die Philosophie als Prüfungsfach wählen, zu belegen ist, behandelt *die wichtigsten Gegenstände der Logik.* Dabei geht es nicht allein um Formen des logischen Schließens, sondern auch um die Problematik des Definierens, Begriffbildens und die Aussageformulierung von Sachverhalten, d.h. um die Auseinandersetzung mit der immer schon vorweg gegebenen Umgangssprache und deren Wörter. Es ist dabei nicht in erster Linie das Ziel, die Fähigkeit zu erlangen, sprachliche Information in ein mathematisches Kalkül zu bringen, sondern eher die Bedingungen und die Bedingtheit einer solchen Möglichkeit kritisch zu betrachten. (Vgl. von Weizsäcker: Sprache als Information, in: Die Einheit der Natur.)

2.2 Um die unter Ziffern A 2.2.2 genannten Ziele zu erreichen, erscheint es besonders geeignet, die „Logische Propädeutik" von Kamlah – Lorenzen, BI-Hochschultaschenbücher, heranzuziehen. Es sind aber auch weitere Texte zur Logik möglich.

2.3 Für die Aufeinanderfolge der anderen Kurse bleibt ein gewisser Spielraum. Die Trennung, die nachstehend zwischen theoretischen und praktischen Bereichen der Philosophie vorgenommen wird, darf nicht überbetont werden, da beide Bereiche sich in vielen Punkten bedingen und überschneiden. Die Aufteilung stellt eher eine Akzentuierung der Behandlung (und damit verbunden der ausgewählten Literatur) dar. Im folgenden wird ein – nicht verbindliches – Beispiel für eine mögliche Reihenfolge und thematische Ausrichtung der Kurse gegeben.

2.4 Dort, wo ein genügend starkes Interesse an *theoretischen Fragen der Philosophie* besteht, kann nach dem Kurs 1 (Logik) ein Kurs 2a in theoretischer Philosophie mit dem Schwerpunkt Erkenntnistheorie oder Sprachphilosophie folgen.

2.5 Für Schüler, die sich nach der mehr theoretisch ausgerichteten Einführung in Fragen zum Verhältnis von Logik und Sprache, *Fragen der praktischen Philosophie* zuwenden möchten, wird ein Kurs 2b aus dem Bereich Ethik, Sozial- und Geschichtsphilosophie, Rechtsphilosophie empfohlen.

2.6 Kurs 3 kann der *Einführung in Fragen der Wissenschaftskritik, der Ideologiekritik der Wissenschaftstheorie und der Methodologie* dienen.

2.7 Kurs 4 könnte sich dann mit *Fragen der philosophischen Anthropologie* auseinandersetzen.

Hessen

Das Fach Philosophie kann in der gymnasialen Oberstufe als Ergänzungsfach zur Gemeinschaftskunde und zur Erfüllung der Wochenstundenzahl im gesellschaftswissenschaftlichen Aufgabenfeld betrieben und mit höchstens drei Grundkursen zu jeweils zwei Wochenstunden in die Gesamtqualifikation eingebracht werden. Es ist deshalb nicht möglich, Philosophie als drittes oder viertes Abiturfach zu wählen. Inhaltliche Bestimmungen liegen (noch) nicht vor.

Niedersachsen

Rahmenrichtlinien für Philosophie liegen noch nicht vor, werden jedoch im Moment erarbeitet. Allerdings gibt es schon jetzt ein Fach „Werte und Normen", das sowohl in der Orientierungsstufe als auch in der Sekundarstufe I und II unterrichtet wird.

Nordrhein-Westfalen

Philosophie kann als gleichberechtigtes Unterrichtsfach der Oberstufe des Gymnasiums im zweiten Aufgabenfeld (dem gesellschaftswissenschaftlichen) gewählt werden und als Fach im mathematischen Profil an der Kollegschule. Während die Richtlinien für die Kollegschule noch nicht endgültig verabschiedet sind, liegen die für das Gymnasium vor.

Die Ziele gliedern sich gemäß zwei Schwerpunkten:

(1) Wissenschaftspropädeutische Ausbildung

- in dem Bereich alltäglicher Erfahrungen und wissenschaftlicher Erkenntnisse den Ausgangspunkt philosophischer Fragestellungen erkennen
- verschiedene Antworten und Theorien aus Geschichte und Gegenwart kennen und verstehen, um in grundlegenden Fragen von Theorie und Praxis differenziert zu denken
- philosophische und nichtphilosophische Argumentationszusammenhänge methodisch erschließen sowie auf ihre Folgerichtigkeit überprüfen
- verschiedene philosophische Methoden kennen
- methodisch und methodenkritisch denken
- wissenschaftliche und nichtwissenschaftliche Zugangsversuche zum Verstehen von Wirklichkeit kennen und unterscheiden
- wissenschaftliche und nichtwissenschaftliche Deutungsversuche auf ihre Prämissen, Konsequenzen und erkenntnisleitenden Interessen befragen
- Einsicht in Voraussetzungen, Möglichkeiten und Grenzen wissenschaftlicher Forschung und Erkenntnis gewinnen
- einsehen, daß Erkenntnisse von den die Untersuchung leitenden Fragestellungen und den angewandten Verfahrensweisen abhängig sind
- den Geltungsanspruch und den Gültigkeitsbereich wissenschaftlicher Aussagen untersuchen
- mit wissenschaftlichen Hilfsmitteln (Lexika, Literatur) umgehen
- sich der philosophischen Sachsprache bedienen
- sich begrifflich exakt, sprachlich korrekt und konsistent in der Argumentation ausdrücken
- sich mit einem Gesprächspartner in rationaler, argumentativer Form auseinandersetzen

(2) Selbstverwirklichung in sozialer Verantwortung

- erkennen, daß es eine Vielfalt begründeter Deutungsmöglichkeiten von Wirklichkeit gibt, und daher Bereitschaft zur Toleranz in zwischenmenschlichen und gesellschaftlichen Auseinandersetzungen entwickeln
- Funktion und Leistung von Sprache für Denken und Handeln reflektieren
- implizierte Prämissen des Denkens und Redens sich bewußt machen, sich ein begründetes Urteil bilden und die eigene Meinung aufgrund von Information und Einsicht korrigieren
- die eigenen Möglichkeiten und Grenzen selbständigen und kreativen Denkens und Handelns wahrnehmen
- Bedingungs- und Begründungszusammenhänge von Normen für menschliches Handeln erkennen
- Ziele von Wissenschaft, Technik, Politik und Gesellschaft erkennen, beurteilen und gegebenenfalls alternative, rational legitimierbare Zielvorstellungen entwickeln

- sich selbst als frei und abhängig erkennen und annehmen sowie in diesem Wissen Perspektiven für ein vernünftiges und verantwortliches Handeln gewinnen
- durch Reflexion auf Geschichte Kategorien des Selbstverständnisses und Perspektiven für die Gestaltung des eigenen und mitmenschlichen Lebens gewinnen
- die Frage nach Möglichkeiten humaner Lebensformen stellen und einen reflektierten, verantworteten Standpunkt gewinnen

Diese beiden obersten Ziele müssen in vier „Lernbereichen"erreicht werden, d.h. mittels spezifischer Zugangsweisen, Fragerichtungen, Aspektierungen, Schwerpunkte. Diese sind:

Lernbereich I: Die erkenntnistheoretisch-wissenschaftstheoretische Dimension des Philosophieunterrichts

Die Schüler werden in und außerhalb der Schule mit Deutungen der Wirklichkeit unterschiedlichster Art und Herkunft konfrontiert, die mit dem Anspruch auf Wahrheit auftreten und sich in vielfältiger wissenschaftlicher und nichtwissenschaftlicher Weise zu legitimieren suchen. Diese Vielfalt erschwert die Suche der Heranwachsenden nach Orientierung.

Der Philosophieunterricht soll in seiner erkenntnistheoretisch-wissenschaftstheoretischen Dimension den Schülern Möglichkeiten und Grenzen wissenschaftlicher und nichtwissenschaftlicher Deutungen von Wirklichkeit erschließen, die Fragen nach der Gewißheit von Erkenntnissen untersuchen, den Sinn für logische Richtigkeit und argumentative Kohärenz schärfen und die Formen und Möglichkeiten menschlicher Kommunikation reflektieren. Damit hilft er dem Schüler, sich in dem Komplex divergierender Theorien und Meinungen zu orientieren und eine begründete Position zu finden.

Lernbereich II: Die sittlich-praktische Dimension des Philosophieunterrichts

Auf die Schüler kommt eine Fülle persönlicher, beruflicher, gesellschaftlicher und politischer Entscheidungen zu, die sie verantwortlich und begründet treffen müssen. Die Komplexität der modernen Gesellschaft sowie das Fehlen unbestrittener Normen und Handlungsziele machen dem Heranwachsenden diese Entscheidungen nicht leicht.

Der Philosophieunterricht untersucht in seiner sittlich-praktischen Dimension das komplexe Feld lebens- und handlungsorientierender Normen und Bedingungen, die auf das menschliche Handeln Einfluß haben. Er stellt die Frage nach der Gültigkeit vorgegebener Normen im individuellen und sozialen Bereich, bedenkt Grundsätze menschlichen Zusammenlebens und fragt, wie diese zu begründen und zu rechtfertigen sind. Der Philosophieunterricht kann somit dazu beitragen, daß die persönlichen Entscheidungen bewußt und verantwortlich vollzogen werden.

Lernbereich III: Die geschichtlich-gesellschaftliche Dimension des Philosophieunterrichts

Die Schüler erfahren in und außerhalb der Schule, daß in jeweils anderen Gesellschaften und zu jeweils anderen Zeiten unterschiedliche Wert- und Normensysteme und Weltdeutungen Gültigkeit haben; sie erfahren Skepsis, Relativismus und Dogmatismus und fragen nach deren Ursachen.

Der Philosophieunterricht untersucht in seiner gesellschaftlich-geschichtlichen Dimension, in welcher Weise Normen und Weltdeutungen vermittelt werden. Die menschliche Wirklichkeit und ihre Interpretationen sollen in ihrer historischen Bedingtheit, in ihren zeitlichen und überzeitlichen Aspekten deutlich werden. Der Philosophieunterricht kann in diesem Rahmen dazu beitragen, daß die Schüler die jeweiligen geschichtlich-gesellschaftlichen Bedingungen der eigenen und fremden Lebensformen und Denkweisen besser verstehen.

Lernbereich IV: Die metaphysische Dimension des Philosophieunterrichts

Die Erfahrung des Philosophieunterrichts zeigt, daß Schüler ein Interesse haben an Fragen, die den Bereich des empirisch Verifizierbaren überschreiten, weil solche Fragen für die eigene Lebensorientierung und das eigene Lebens- und Weltverständnis wichtig sind. Diese Fragen gehören traditionell zu dem Bereich der metaphysischen Fragen. Es gibt ein theoretisches und praktisches Interesse an der Frage nach Wesen und Sinn der Welt und des menschlichen Lebens. Die Philosophie hat in ihrer Geschichte eine Vielfalt von Antworten gegeben, die das in der Erfahrungswelt zu Beobachtende übersteigen.

In seiner metaphysischen Dimension bringt der Philosophieunterricht Deutungen menschlicher Existenz, der Welt und ihres Ursprungs, die empirisch nicht verifizierbar, aber argumentativ begründet sind. Er diskutiert, was diese Deutungen leisten und welche Fragen offenbleiben. Die Schüler lernen hierdurch, daß es auch jenseits des empirisch Verifizierbaren sinnvolle Fragen und Argumente gibt und daß diese zum Weltverstehen und zur Veränderung menschlicher Verhältnisse beitragen können. Sie werden dadurch angeregt, selbst nach Antworten zu suchen und Sinn zu finden.

Diese vier „Dimensionen“ müssen bei der Behandlung des Unterrichtsgegenstandes eines jeden Kurshalbjahres alle berücksichtigt werden.

Vorgesehen sind folgende Kurse, in denen die darunter stehenden „sachlichen Schwerpunkte“ behandelt werden müssen:

11/I Einführung in die Philosophie

- Intentionen und Dimensionen philosophischen Fragens
- Methodische Grundlagen des philosophischen Denkens
- Hinweise auf die Thematik der Folgekurse
- Berücksichtigung der Vorstellungen, Neigungen, Erwartungen der Schüler

- Anleitung der Schüler zu exaktem Denken und präziser Argumentation, Schulung des begrifflichen Unterscheidungsvermögens
- Verschiedene Arbeitsformen des Philosophieunterrichts

11/II Probleme der Bestimmung des Menschen

- Der Mensch als Naturwesen
- Der Mensch als kulturbestimmtes und kulturbestimmendes Wesen
- Der Mensch als nach Sinn fragendes, zur Utopie fähiges und zur Transzendenz offenes Wesen

12/I Probleme menschlichen Handelns

- Oberste Zwecke, Normen und Werte des Handelns
- Begründungsversuche sittlich-praktischen Handelns
- Freiheit und Determination
- Die Struktur ethischer Sätze

12/II Probleme der Politik, des Rechts, des Staats, der Gesellschaft

- Begründungs- und Kritikinstanzen dessen, was Recht ist
- Rechtfertigung und Kritik politischer Ordnungen
- Verhältnis von Staat und Gesellschaft

oder *Probleme der Geschichte*

- Bedeutung der Geschichte und ihrer Deutungen für Leben und Identität der Einzelnen, sozialer Gruppen und Völker
- Verschiedene Geschichtskonzeptionen und ihre Methoden
- Bedingtheit von Geschichtskonzeptionen und Geschichtsideologien

13 Probleme des Erkennens und Denkens

- Das Verhältnis von Subjekt und Objekt
- Die Bestimmung der Wirklichkeit
- Das Problem der Wahrheit
- Das Instrumentarium des Denkens

oder *Probleme der Wissenschaft*

- Wissenschaftliche Verfahrensweisen
- Die Idee der Gesetzmäßigkeit in den Natur-, Geschichts- und Sozialwissenschaften
- Die Objektivität der Wissenschaften
- Wissenschaft und Weltbild
- Ethische Probleme in Wissenschaft und Technik

oder *Probleme der Sprache*

- Sprache und Erkennen
- Sprache und Gesellschaft
- Metasprachliche Grundbegriffe

oder *Probleme der Kunst*

- Wahrheit, Schönheit und Schein
- Verstehbarkeit und Interpretation von Kunst und Kunstwerken
- Funktionen der Kunst
- Das Verhältnis von Kunst und Gesellschaft

oder *Probleme der Religion*

- Religion als Wirklichkeitserklärung
- Religion als Sinnsystem für Lebens- und Handlungsorientierungen
- Die Leistungen der Religion für die Ausbildung und Sicherung der personalen und sozialen Identität

oder *Probleme von Metaphysik und Ontologie*

- Der Gegenstand von Metaphysik und Ontologie
- Methoden verschiedener Konzeptionen von Metaphysik und Ontologie
- Metaphysik und Metaphysikkritik

oder *Probleme der Naturdeutung*

- Wandlungen und Mehrdeutigkeit des Naturbegriffs
- Methoden der Naturbetrachtung
- Der Umgang des Menschen mit der Natur
- Grenzfragen von Naturwissenschaft und Philosophie

Rheinland-Pfalz

Hier kann Philosophie innerhalb der „Studienstufe" in den Jahrgangsstufen 11/I bis 13/II im Moment als dreistündiger Grundkurs und später auch als Leistungskurs gewählt werden. Drei Leitlinien steuern den Philosophieunterricht:

1) Kritische Betrachtung der Grundlagen der Sprache und des Denkens (Logische Propädeutik)
2) Kritische Betrachtung der Grundlagen für Studium und Ausbildung (Wissenschaftliche Verfahrensweisen und Wissenschaftskritik als Grundprinzipien)
3) Kritische Betrachtung der Grundlagen für Leben und Beruf (Anthropologische Grundfrage)

Hier geht es um die Grundlagen für das bewußte, reflektierende Leben des Menschen als Einzelner und als Glied der Gesellschaft.

Alle drei Leitlinien finden inhaltlich ihren Niederschlag in den drei Teilbereichen für die Kurse der Stufe 11; aber sie sind dort nicht abgeschlossen und auch nicht abschließbar. Sie durchdringen alle Stufen bis zur Stufe 13: dort als Kritik der Philosophie an sich selbst und ihrer eigenen Entwicklung.

1.2 Die Aufgaben des Grundkurses

Der Elementarstoff für den Grundkurs wurde aus den grundlegenden Bereichen Logik, Wissenschaftstheorie (mit Erkenntnistheorie und Grundlagen der Ontologie) und Praktische Philosophie (Ethik und Rechtsphilosophie, dazu Geschichts- und Staatsphilosophie) gewonnen. Der in Stufe 13/I vorgeschlagene Kurs „Ideologie und Ideologiekritik“ soll bis zur Diskussion von Fragen der Philosophie im 20. Jahrhundert führen.

Der Stufe 11 kommt eine besondere Bedeutung zu: Diese Stufe besitzt Gelenkstellenfunktion (vgl. auch KMK Richtlinien I 2b Schluß); bei nach bisheriger Erfahrung guter Motivation auf seiten der Schüler kann in diesen Kursen ein philosophisches Fundament gelegt werden, wenn es gelingt, diese Motivation zu erhalten. Deshalb dient diese Stufe als „Grundstufe“ und soll als Einheit behandelt werden; aber nicht als Kurs „Einführung in die Philosophie“. Eine solche Einführung unterstellt leicht, daß es „die Philosophie“ gäbe. Es geht aber im Philosophieunterricht am Gymnasium darum, vom Schüler und seinen Fragen her über das „Philosophieren“ zur Philosophie zu gelangen. Daher sollte man mit „den Sachen selbst“ beginnen.

So wurden vom Stoff her folgende Teilbereiche für die Grundlegung ausgewählt: Anthropologische Grundfragen, logische Propädeutik und einführende wissenschaftstheoretische Fragen. Zur zeitlichen Verteilung auf das Jahr vgl. die Graphik 1.3. Alle drei Bereiche sollten in der Arbeit an Texten miteinander verzahnt werden.

Hauptziel in der Stufe 11 ist, die Schüler anhand ausgesuchter, von ihren Interessen ausgehender Einzelprobleme zur philosophischen Reflexion zu führen und sie dabei gleichzeitig mit grundlegenden Teilbereichen der Philosophie vertraut zu machen. In dieser Stufe soll zugleich die notwendige sprach- und begriffskritische Vorarbeit geleistet werden für die weiteren Kurse der Stufen 12 und 13 und eventuelle spätere Leistungskurse und Arbeitsgemeinschaften.

Probleme der Logik, Wissenschaftstheorie und praktischen Philosophie sind aber nicht auf Stufe 11 zu beschränken, sondern werden in den folgenden Kursen immer wieder relevant und müssen daher ausgebaut werden (Terrassen-Prinzip).

Dies gilt in gleichem Sinn für die Grundfragen der *Ontologie*. Beim Übergang von der Grund- zur Aufbaustufe sollte die *ontologische* Problematik aufgeworfen und in den folgenden Kursen immer wieder thematisiert werden. Dem Ansatz des LOLP entsprechend wurde der *Ontologie* zwar kein eigener Kurs eingeräumt; aber diese philosophischen Kernfragen müssen bei der folgenden Behandlung der Kurse 12/I bis 13/I immer im Auge behalten werden (vgl. Graphik 1.3 und Basiswissen 3.1.4).

Für die Kurse aller Stufen gilt selbstverständlich, daß die genannten Teilbereiche (Disziplinen) nur zur Orientierung dienen und keineswegs versucht werden soll, Vollständigkeit und Abgeschlossenheit in systematischer Hinsicht zu erreichen. Die Namen dieser Teilbereiche stehen allenfalls für eine „Abgrenzung eines beschränkten Problembereiches"! Ausgesprochen systematische Gesichtspunkte gehören, wenn überhaupt, in die Leistungskurse und Arbeitsgemeinschaften. So wurde darauf verzichtet, der Philosophiegeschichte als eigener Disziplin einen größeren Platz einzuräumen: Nicht etwa, weil historischen Gesichtspunkten keine Bedeutung zukäme. Im Gegenteil: Die historische Dimension wird bei philosophischen Fragen immer zu berücksichtigen sein; aber Philosophiegeschichte als starres Ordnungsschema, ohne Bezug auf Fragende und Fragen, hat im Philosophieunterricht keinen Platz.

1.3 Graphischer Gesamtüberblick über den Grundkurs Philosophie

Halbjahr		1.	2.	3.
11/1	Grundstufe	Anthropol. Grundfragen Logische Propädeutik		
11/2	Grundstufe	Wissenschaftl. Verfahrensweisen		Prinzipien der Ontologie
12/1	Aufbaustufe	*Geschichtsphilosophie* (ggf. Schwerpunkt Staatsphilos.)		
12/2	Aufbaustufe	*Ethik und Rechtsphilosophie*		
13/1, 2	Aufbaustufe	*Ideologie und Ideologiekritik*		Geschichte der Philosophie (exemplarisch)

Anm.:

1. Jedes Kästchen entspricht 15 Std. Gesamtstundensoll von ca. 45 Std/Halbjahr (Schätzwert).
2. Die Graphik besagt, daß die Kurse der Grundstufe, 11/1 und 11/2 mit den drei Bereichen nicht starr voneinander getrennt werden sollen. Es geht hierin in erster Linie um eine Übersicht über die zeitliche Verteilung.
   In den Kursen der Stufe 11 bietet sich eine verzahnte Behandlung von Fragen der Anthropologie, der Logischen Propädeutik und der Wissenschaftstheorie an.
3. In Stufe 12/1 sind für später noch alternativ vorgesehen Aesthetik und Religionsphilosophie.
4. Da die Staatsphilosophie im LOLP Sozialkunde gut abgedeckt ist, soll hier das Gewicht mehr auf die Geschichtsphilosophie gelegt werden.

2. *Lernziele*

2.1 Fachspezifisch allgemeine Lernziele

2.1.1 *Zugang* zu philosophischer Fragehaltung und -stellung

Der Schüler soll lernen unkritisch übernommene Verhaltensweisen des „Alltags" zu problematisieren und zu reflektieren

insbesondere

- die Grundlagen der menschlichen Existenz und die Stellung des Menschen in Gesellschaft und Geschichte
- die gesellschaftlichen Institutionen und Erscheinungsformen
- offen zu sein für Problemsituationen und bereit für die Schärfung des Problembewußtseins
- bereit zu sein, das Denken zu ordnen und zu konzentrieren und unvoreingenommen auf taktisch-persuasives Sprachverhalten zu verzichten

2.1.2 *Orientierung* durch Erarbeiten philosophischer Sachverhalte

Der Schüler soll fähig werden, Denkansätze und Methoden philosophischer Arbeit zu prüfen

insbesondere

- im Überblick über einige philosophische Grundprobleme wie Sprache und Logik
  Werturteilsproblematik
  Wissenschaften und historische Dimension –
  frühere und gegenwärtige Lösungsversuche und Stellungnahme dazu
- die Voraussetzungen, Grundlagen und die Tragweite von Einzelwissenschaften
- in kritischer Auseinandersetzung mit Weltanschauungen und Ideologien

durch angemessene Interpretation philosophischer Texte

2.1.3 *Praktische Anwendung*

Der Schüler soll fähig sein:

- aus der Kenntnis philosophischer Methoden und Lösungsansätze solche auf Lebens- und Alltagssituationen anzuwenden
- selbstverantwortlich und kritisch

aus einer Mannigfaltigkeit vorgegebener Erkenntnis- und Handlungsmodelle und Problemlösungsvorschläge auszuwählen

innerhalb dieser Mannigfaltigkeit zu beurteilen, zu werten und Stellung zu beziehen

eigene begründete Einsicht in Handeln umzusetzen.

Saarland

Philosophie kann sowohl als das Schulfach „Allgemeine Ethik“ (Ersatzfach für Religion) in den Jahrgangsstufen 11 – 13 unterrichtet werden als auch als eigenständiges (Zusatz-) Fach. Dessen endgültiger Lehrplan liegt noch nicht vor, veröffentlicht ist bisher nur der Stoffplan für die Klassenstufe 11.

Philosophie (Zusatzfach)

Klassenstufe 11

Stoffplan

Die unten angegebenen Gegenstände sollen an Texten erarbeitet werden. Daher ist für den Kurs eine Textsammlung einzuführen.

Wenn ein Unterrichtsgegenstand durch das eingeführte Buch nicht abgedeckt ist, so ist er im textfreien Unterrichtsgespräch zu behandeln.

1. Grundpositionen im Selbstverständnis von Philosophie (etwa 20 Stunden)

An je einem Text ist zu erarbeiten, daß sich Philosophie verstehen kann
- vorwiegend als systematische Erklärung der Welt,
- vorwiegend als individuelle Lebenshilfe und Deutung menschlicher Existenz,
- vorwiegend als Aufklärung und Kritik bestehender Vorurteile,
- vorwiegend als theoretische Vorbereitung der Veränderung von Gesellschaft,
- vorwiegend als exakte Wissenschaft vom Denken und Reden.

Durch mindestens je einen Text sollen zugleich geschichtliche Positionen abgedeckt sein:

- Das Selbstverständnis von Philosophie in ihrer klassisch-griechischen oder lateinisch-mittelalterlichen Periode,
- das Selbstverständnis von Philosophie in der Aufklärung bis Kant,
- das Selbstverständnis von Philosophie in drei wichtigen Stömungen des 19. und 20. Jahrhunderts.

2. Disziplinen von Philosophie (etwa 20 Stunden)

An mindestens je einem Text sollen Gegenstände, Grundprobleme und Intentionen folgender Disziplinen vorgestellt werden:

- Aus der theoretischen Philosophie die Logik *und* die Erkenntnistheorie,
- aus der praktischen Philosophie die Ethik *und* die Staatsphilosophie
- die Anthropologie,
- die Metaphysik.

3. Bedeutsamkeit von Philosophie (etwa 5 Stunden)

An mindestens einem Text soll die Bedeutung reflektierter oder unreflektierter philosophischer Vorentscheidungen für die Wissenschaft, die Gesellschaft und die individuelle Lebensgestaltung aufgewiesen werden.

4. Formale Anforderungen an philosophische Reden (etwa 15 Stunden)

An Texten soll analytisch aufgewiesen *und* in *mündlichen* wie *schriftlichen* Darstellungen eingeübt werden:

4.1 Die reflektierte Verwendung von Sprache:

- Klärung der Bedeutung verwendeter ein- und mehrstelliger Prädikatoren,
- konsistenter Gebrauch von Prädikatoren,
- Trennung von metasprachlichen und objektsprachlichen Aussagen.

4.2 Das reflektierte Erfassen von Fragestellungen:

- Klärung des Sachbereichs der Frage,
- Klärung der Implikationen und Voraussetzungen der Frage,
- Klärung der Intention der Frage.

4.3 Die reflektierte Argumentation:

- Nachprüfen von Aussagen durch Abwägen der Gründe und Gegengründe,
- Ableiten von Folgerungen aus bereits akzeptierten Prämissen.

4.4 Das beharrliche Weiterfragen nach tragfähigen Gründen des Erkennens und Handelns:

- Hinterfragen alltäglicher, scheinbarer Gewißheit
- Fragen nach den Kriterien sinnvollen Redens.

4.5 Das dialogische Denken:

- Die Auseinandersetzung mit andersgearteten vergangenen und gegenwärtigen philosophischen Positionen,
- der Dialog mit den Einzelwissenschaften.

5. Einübung in methodisches Arbeiten:

- Die methodische Interpretation philosophischer Texte,
- der sachgemäße Gebrauch von Lexika.

Der vorläufige Lehrplan für den Grundkursbereich „Allgemeine Ethik“ sieht vor:

11 Einführung
12/I Aspekte des Menschseins

12/II Sittliche Normen
13/I Legitimität politischer Herrschaft
13/II Was heißt Glück?

1.4. Eingangsvoraussetzungen der Schüler, die am Unterricht in Allgemeiner Ethik teilnehmen.

1.4.1. Im Unterschied zu dem Ethikunterricht der Klassen 9 und 10 versteht sich der Unterricht in Allgemeiner Ethik der Sekundarstufe II als wissenschaftspropädeutischer. Daraus ergibt sich:

- Die Erwartungen, die die Schüler dem Fach entgegenbringen, sind unterschiedlich und unbestimmt.
- Die Schüler verfügen nicht über philosophische Termini. Zwar kennen sie einen erheblichen Teil der Wörter, die die Philosophie als Termini verwendet, aber sie gebrauchen sie in umgangssprachlichem Sinn.
- Die Schüler betrachten Texte, die im Unterricht Verwendung finden, in der Regel nicht als Aussagen kompetenter Partner in einem problembezogenen Dialog, sondern entweder als Lehraussagen, denen Wahrheit zuerkannt werden muß, und die daher gelernt werden sollen, oder als Dokumente, die nur als historische zu interpretieren sind.

1.4.2. Die Schüler haben mit den Gegenständen, die der philosophisch verstandene Unterricht in Allgemeiner Ethik befragt, bereits unmittelbare oder schulisch vermittelte Erfahrungen. Bezüglich dieser Gegenstände haben die Schüler Meinungen, die teils schulisch oder außerschulisch, teils aus der personalen Geschichte der Schüler entstanden sind. Die Meinungen

- sind in der Regel nicht durch kritische Reflexion, sondern durch Autoritäten abgesichert,
- haben oft die Funktion, die Lebensgeschichte des Schülers, sein gegenwärtiges Verhalten oder das Verhalten ihm personal nahestehender Gruppen zu rechtfertigen,
- weisen von Schüler zu Schüler erhebliche inhaltliche Unterschiede auf,
- stellen auch bezüglich eines Schülers kein kohärentes System dar.

1.4.3. Schüler befassen sich in der Adoleszenzphase mit Fragen, die für sie existentielle Bedeutung haben. Man kann davon ausgehen,

- daß vielen die mangelnde inhaltliche Kohärenz von Aussagen unterschiedlicher Unterrichtsfächer – insbesondere über den Menschen – zum Problem geworden ist;
- daß sich viele mit den ihnen außerschulisch und schulisch vorgegebenen theoretischen, kommunikativen und praktischen Verhaltensschemata auseinandersetzen;
- daß viele nach der Notwendigkeit und dem Sinn vorhandener gesellschaftlicher Institutionen und Strukturen fragen;
- daß viele nach ihrer eigenen Identität suchen, vor allem nach einem Zukunftsentwurf, auf den hin sie ihr Leben mit der Hoffnung auf Glück orientieren können.

1.4.4 Unterricht in Allgemeiner Ethik, der den Eingangsvoraussetzungen der Schüler gerecht werden will,
- muß den Schülern zunächst eine vorläufige Kenntnis über Gegenstand, Methoden und Intentionen philosophischen Denkens vermitteln,
- muß die Schüler zur Einsicht in die Notwendigkeit disziplinierten und normierten Sprachgebrauchs führen und sie beharrlich zu diszipliniertem Sprachgebrauch anhalten,
- muß die Schüler in den sinnvollen Umgang mit philosophischen Texten einführen und diesen einüben.

2. *Lernziele*

2.1. *Gesamtintention*

2.1.1. Im rationalen, an den philosophischen Grundproblemen (siehe 1.2.1.), an den gesellschaftlichen Bedingungen (siehe 1.3.1.) und an den Schülerinteressen (siehe 1.4.3.) orientierten Dialog mit dem Lehrenden und mit philosophischen Autoren soll der Schüler Wissen erwerben, Einsichten gewinnen, zu Einstellungen gelangen und Fertigkeiten entwickeln, die dazu beitragen,
- daß er sich selbst und soziale Systeme – insbesondere Sprache, Wissenschaft, Gesellschaft, politische Herrschaft, Recht – verstehen kann;
- daß er an seinen Meinungen, Einstellungen und Verhaltensweisen sowie an sozialen Systemen begründet Kritik üben kann;
- daß er sich zu sich selbst, zu Mitmenschen, zu Gruppen, zur Gesellschaft, zur natürlichen und kulturellen Umwelt verantwortlich verhalten kann.

2.1.2. Der Unterricht in Allgemeiner Ethik soll nicht primär auf das wissenschaftliche Studium der Philosophie vorbereiten; er soll nicht
- die Geschichte der Philosophie, auch nicht der Praktischen Philosophie, vermitteln,
- die philosophischen Reflexionen ausgewählter Philosophien darstellen,
- in ein bestimmtes System der Praktischen Philosophie einführen.

2.2 *Kursübergreifende Lernziele*

2.2.1 Bezüglich des *Philosophierens* soll der Schüler
- über einen angemessenen Begriff von „Philosophie“, insbesondere von „Praktischer Philosophie“, verfügen,
- philosophische Fragen methodisch stellen können,
- sprachlich einfache philosophische Texte interpretieren, exemplifizierend kommentieren und die Ausdifferenzierung und Lösung philosophischer Probleme auswerten können,
- philosophische Argumente sprachlich klar vermitteln und exemplifizieren können,
- Aussage- und Frageformen sowie eingeführte Termini richtig anwenden können,
- logische Fehler erkennen können.

2.2.2. Bezüglich des *Wissens* soll der Schüler
- über einen kritisch reflektierten Begriff von „Wahrheit" verfügen,
- Kenntnisse haben über das Wissen von Sprache, Praxis, Interessen und Erkennen,
- Wissen haben über wissenschaftliche Methoden, ihre spezifischen Leistungsfähigkeiten und ihre Leistungsgrenzen,
- die Notwendigkeit des rationalen, sprachlich normierten Dialogs für die Wahrheitsfindung einsehen,
- die Notwendigkeit der Wissenschaften, sowie ihrer Spezialisierung und ihrer Kooperation einsehen.

2.2.3. Bezüglich des *Menschen* soll der Schüler
- Wissen haben über das Verhältnis des Menschen zu sich und zur Welt sowie über dessen Gründe,
- Wissen haben über das wechselseitige Bedingungsverhältnis von Individuum, Gesellschaft, Kultur,
- Wissen haben über personale, interpersonale und soziale Bedingungen der Möglichkeit personalen Selbstseins,
- sich selbst und jeden Menschen nicht nur als Objekt, sondern auch als mitverantwortliches Subjekt interpersonaler und gesellschaftlicher Prozesse begreifen,
- Bestimmung und Verwirklichung seiner selbst als die ihn und jeden Menschen auszeichnende Möglichkeit begreifen,
- sein Wissen bezüglich des Menschen auf die Gestaltung seiner Beziehungen zu sich, zu Mitmenschen, zu Gruppen und Gesellschaft anwenden können.

2.2.4 Bezüglich des *Handelns* soll der Schüler
- über einen kritisch reflektierten Begriff von „sittlicher Norm" verfügen,
- Wissen haben über die Notwendigkeit von sittlichen Normen für das private, das interpersonale und das öffentliche Handeln sowie für die Beurteilung und Steuerung gesellschaftlicher Prozesse, insbesondere der politischen, ökonomischen, technischen und wissenschaftlichen,
- erkennen, daß der Geltungsanspruch von allgemein verpflichtenden Normen aus Vernunftgründen gerechtfertigt sein muß,
- den Zusammenhang zwischen Anerkennung von sittlichen Normen, Selbstbestimmung, Verantwortung und Schuld erkennen,
- aus Vernunftgründen gerechtfertigte, allgemein verpflichtende sittliche Fundamentalnormen für sein Handeln – einschließlich seines wissenschaftlichen, ökonomischen, technischen und politischen – anerkennen,
- die ethischen Erkenntnisse auf konkrete Handlungssituationen anwenden können.

2.2.5. Bezüglich *politischer Herrschaft* soll der Schüler
- über kritisch reflektierte Begriffe von „Gesellschaft" und von „politischer Herrschaft" verfügen,
- Wissen haben über philosophische Theorien bezüglich politischer Herrschaft,
- über aus Vernunftgründen gerechtfertigte Kriterien verfügen, die ihm begrün-

dete Urteile über die Legitimität politischer Herrschaft und politischer Herrschaftsakte ermöglichen,
- einsehen, daß gerade freiheitlich organisierte Gesellschaften eines von jedem anerkannten Konsenses darüber bedürfen, wie die für alle bindenden Entscheidungen zustandekommen sollen, und darüber, auf welche Ziele hin und nach welchen Normen die gesellschaftlichen Prozesse – einschließlich der wissenschaftlichen, ökonomischen und technischen Entwicklungen – gelenkt werden sollen,
- einsehen, daß in hochkomplexen und hochinterdependenten Gesellschaften der an konkreten Zukunftsentwürfen orientierte, beharrliche und konkrete Reformwille vieler Verbesserungen für alle bewirken kann,
- einsehen, daß eine humane Zielsetzung für gesellschaftliche Veränderungen die Anerkennung und Verwirklichung des Lebens- und Selbstbestimmungsrechtes aller Menschen sowohl in der gegenwärtigen als auch der zukünftigen Gesellschaft impliziert,
- seine Erkenntnisse über Gesellschaft und politische Herrschaft auf konkrete gesellschaftliche und politische Situationen anwenden können.

2.2.6. Bezüglich des *Glücks* soll der Schüler
- Wissen haben über philosophische und religiöse Lehren von den Wegen glücklichen Lebens,
- Wissen haben über notwendige Bedingungen für die Möglichkeit, überhaupt glücklich leben zu können,
- die Verantwortung erkennen, die er für sein Glück und für die Bedingungen der Möglichkeit des Glücks anderer trägt,
- Entwürfe für sein Leben entwickeln können, in die er begründete Hoffnung auf Glück setzen darf.

Schleswig-Holstein

Evangelische Schüler können im Wahlpflichtbereich wählen zwischen evangelischem Religionsunterricht und Philosophischer Propädeutik. Katholische Schüler, die sich vom katholischen Religionsunterricht abgemeldet haben, erhalten Unterricht in Philosophischer Propädeutik. Nichtkonfessionelle Schüler erhalten Unterricht in Philosophischer Propädeutik, können aber statt dessen Unterricht in evangelischer oder katholischer Religion wählen. Ein Lehrplan für die Oberstufe ist noch in Arbeit.

Österreich

Für Österreich liegt zur Zeit der Lehrplan Philosophie für die achte Klasse der Allgemeinbildenden Höheren Schulen (AHS) vor. Philosophie wird in Kombination mit Psychologie und Erziehungslehre unterrichtet. Danach gilt:

Philosophischer Einführungsunterricht

(Psychologie, Erziehungslehre, Philosophie)

Bildungs- und Lehraufgabe:

Die Schüler sind unter dem Gesichtspunkt einer philosophischen Anthropologie in Psychologie, Erziehungslehre und Philosophie einzuführen.

In der *Psychologie* ist die besondere Eigenart des Psychischen deutlich zu machen und dabei sowohl der Unterschied zum Körpergeschehen als auch der Zusammenhang damit herauszuarbeiten. Ein Überblick über die grundlegenden Bewußtseinsphänomene und Verhaltensweisen soll zu einem Gesamtbild der Persönlichkeit führen. Darüber hinaus ist zu zeigen, daß die Menschen verschieden sind, in Wechselbeziehungen zu Mitmenschen und Gemeinschaften stehen und eine Entwicklung durchmachen.

In der *Erziehungslehre* sind die Zusammenhänge zwischen den theoretischen Erkenntnissen der Psychologie und der Soziologie und ihren vielfältigen Auswertungsmöglichkeiten für Kinder- und Jugenderziehung, Berufswahl und Lebensgestaltung, Menschenbildung und Menschenführung im Sinne einer Lebenshilfe herauszustellen.

In der *Philosophie* sind die Schüler mit wesentlichen Problemen und Lösungsversuchen bekanntzumachen, zu selbständigem und kritischem Denken zu führen und mit tragenden Werten des abendländischen Denkens zu konfrontieren, aber auch darauf hinzuweisen, daß in anderen Kulturen vielfach andere Wertvorstellungen, Geisteshaltungen und Denkweisen bestehen.

Der gesamte Unterricht in diesem Gegenstand soll zur Achtung vor der geistigen Leistung und den Ansichten Andersdenkender erziehen. Darüber hinaus soll er dem jungen Menschen helfen, ein eigenes Welt- und Menschenbild zu finden, nach dem Sinn seines Lebens zu fragen und verantwortungsbewußt zu handeln.

Der Unterricht in *Philosophie* hat die Aufgabe, soweit wie möglich an das Philosophieren heranzuführen. Dabei sind die Schüler zu Redlichkeit, Genauigkeit, Klarheit, Sachlichkeit und Wissenschaftlichkeit, auch in der Diskussion, zu erziehen. In der Logik und Wissenschaftslehre geht es nicht um bloße Übernahme von Denkschemata, sondern um die Entwicklung einer kritisch prüfenden Denkhaltung. Da in den einzelnen Lehrgegenständen facheigene Methoden und Prinzipien jahrelang geübt wurden, verbleibt diesem Teilbereich der Philosophie die wichtige Aufgabe der Ergänzung und Zusammenfassung sowie des Vergleiches und der Würdigung.

Es soll ein Ziel des Unterrichtes sein, philosophische Fragen, die sich aus einzelnen Unterrichtsfächern ergeben, zu erörtern. Querverbindungen ergeben sich auch zur Sozialkunde und zur Wirtschaftskunde. Auf Philosophiegeschichte, selbst nur im Überblick, muß verzichtet werden. Es kann aber gelegentlich ein philosophisches Problem in seiner historischen Entfaltung dargestellt werden. Besonders empfehlenswert ist es, bei der Behandlung einzelner Probleme und ihrer Lösungsversuche auf bedeutende Denker und philosophische Schulen des Abendlandes hinzuweisen und dabei von Texten klassisch gewordener, gelegentlich auch moderner Philosophen auszugehen.

Der Philosophieunterricht soll danach streben, neben dem fruchtbaren Zweifel das Staunen zu wecken, echte Wertergriffenheit entstehen und die Philosophie auch zum Erlebnis werden zu lassen.

8. Klasse: Philosophie AHS

Vorbemerkungen, Lernziele

Aus der Fülle der historisch gewordenen und der von der Gegenwart aufgetragenen Anliegen greift der Philosophieunterricht der 8. Klasse zwei heraus:

I Das Problem von Erkenntnis und Wirklichkeit und
II das des reflektierten Handelns.

Es erscheint zweckmäßig, die Frage, worin Erkenntnis bestehe, und die andere, wie das beschaffen sei, worüber sie etwas mitteile, möglichst in wechselseitiger Durchdringung beider Ansätze ablaufen zu lassen. Allderdings ist hierbei dem Lehrer die Wahl der Methode freigestellt. Jedenfalls soll der Schüler (1.Lernziel) an die Quellen und den Ursprung des Erkennens herangeführt werden. Verquickt damit, wird zu erörtern sein, ob sich bei diesem Vorgang eine Abbildung der Wirklichkeit ergibt, und auf welche Art und inwieweit Wirklichkeit überhaupt erfaßbar ist.

Weil nur ausdrückbare Erkenntnis den Anspruch erheben kann, eine solche zu sein, muß – als ein zweites Lernziel zu verstehen – dem Schüler das Problem der Semantik, das Besondere des Formalen und seiner Regelung verständlich gemacht werden. Auch dieses Teilziel bleibt dem Gesamtziel der kritischen Prüfung des Erkennens untergeordnet. Da nicht allein in den Naturwissenschaften, sondern auch in anderen Bereichen häufig mit der Mitteilungsfähigkeit der natürlichen Sprachen nicht mehr das Auslangen gefunden, vielmehr eine mathematisierte Darstellungsweise benötigt wird, muß auch die Schullogik dieser Tatsache Rechnung tragen. In welchem Umfang Begriffliches erfaßt und die praktische Handhabung von Regeln, Symbolen usw. angestrebt werden soll, kann derzeit mangels ausreichender Erfahrung noch nicht entschieden werden.

Als drittes Lernziel des Abschnittes I wird aufgetragen, dem Schüler einiges Grundsätzliche aus der Methodologie der Wissenschaften näherzubringen.

Über den Erkenntnisvorgang selber in seinen verschiedenen Aspekten nachdenken zu müssen, – dieser Grundsatz gilt für den ganzen Abschnitt „Der erkennende Mensch und die Wirklichkeit".

Der Abschnitt II sieht vor, dem jungen Menschen die „Richtschnur" seines eigenen Handelns und des Tuns der anderen bewußt zu machen und sie in Hinblick auf Verantwortlichkeit überprüfen zu lassen.

Daß sich der mündige Mensch in seinen Entscheidungen nicht allein Beispielen, der Überlieferung, der Bequemlichkeit, der Ökonomie, dem Nutzen oder dem mittelbaren oder unmittelbaren Druck der Macht ausliefern darf, sondern selbständig zu werten und sich zu entschließen hat, muß als eigentliches Ziel alle Erörterungen leiten.

Zu Abschnitt III: Neben den in I und II vorgeschriebenen Lehrinhalten soll Gelegenheit geboten werden, aus den in III angeführten Bereichen zwei Themen exemplarisch zu erörtern. Dabei soll das Interesse der Schüler nach Möglichkeit berücksichtigt werden. Es wird empfohlen, ein Thema an Hand einer in sich geschlossenen Originalstelle zu erarbeiten. (Für den Abschnitt I können 20 bis 25 Stunden verwendet werden. Für II werden 10 bis 15 Stunden, für III 10 Stunden vorgeschlagen.)

I. Einführung

Lernziel: Verstehen der Eigenart philosophischer Fragestellung
Lehrstoff: Ursprung und Aufgabe der Philosophie in gegenwärtiger und historischer Sicht (exemplarisch); Weisheit, Philosophie, Wissenschaft; Verhältnis der Philosophie zu den anderen Phänomenen der Kultur, z.B. Religion, Kunst, Wirtschaft, Politik; Orientierung über die Disziplinen der Philosophie

II. Der erkennende Mensch und die Wirklichkeit

1. Lernziel: Einsicht in das Problem der Wirklichkeit und ihrer Erkenntnis
Lehrstoff: Die Wirklichkeit und Zugänge zu ihrem Verständnis; Wahrnehmung, Intuition, Rationalität; Problem der Wahrheit (Wahrheitstheorien); Problem der Transzendentalität und der Transzendenz
2. Lernziel: Erfassen des Problems der symbolischen Darstellung der wissenschaftlichen Erkenntnis
Lehrstoff: Funktionen des Sprachzeichens (semantische, syntaktische und pragmatische). Objekt- und Metasprache. Individuum und Name, Prädikate (Begriffe); Aussagefunktionen und Aussagen (Urteile); Wahrheitsfunktionen. Deduktionen (Schlüsse), Axiom. Einige Regeln des Definierens. Das Problem der Induktion
3. Lernziel: Einsicht in die Probleme wissenschaftlicher Erfassung, Begründung und Erklärung
Lehrstoff: Bestandsaufnahme und Ordnung des Gegebenen: Beobachtung, Beschreibung, Qualität und Möglichkeiten der Quanitifizierung; Hypothesen- und Theorienbildung: Experiment und Protokoll, Bewährung und Bestätigung, Modell; Wahrscheinlichkeit; Gesetzmäßigkeiten; Rekonstruktion des Historisch-Gewesenen: Erklären und Verstehen, hermeneutischer Zirkel, Sinndeutung und das Problem historischer Gesetzmäßigkeiten. Prognosefunktion von Theorien; Fragen der Theorienevolution, der Wissenschaftsgeschichte und Wissenschaftssoziologie
4. Lernziel: Einsicht in das Normenproblem der Wissenschaft
Lehrstoff: Postulat der Wertfreiheit und die normativen Voraussetzungen der Wissenschaft

III. Der handelnde Mensch in der Welt seiner Institutionen

1. Lernziel: Einsicht in den Zusammenhang von Handeln, Wert, Norm und Lebensform
Lehrstoff: Das Verhalten und Handeln; die verschiedenen Intentionen und Normen. Das Problem des Guten

2.Lernziel: Einsicht in die Struktur moralischen Handelns und die Problematik seiner informellen und institutionellen Verwirklichung
Lehrstoff: Spezifisch moralische Intention (Motivation), Pflicht und Neigung; Entscheidung und Verantwortung, Gewissen und Schuld; Problematik der Willensfreiheit. Brauch, Sitte, Konvention, moralisches Gebot; Bedeutung von Moral, Recht und Gesetz für Gemeinschaftsbildungen (Moralität und Legalität); Problematik des Rechts auf Widerstand und der politischen Freiheit.
3. Lernziel: Einsicht in die Bedeutung moralischen Handelns.
Lehrstoff: Verantwortung gegenüber Individuum, Mitwelt, Umwelt; Krieg und Frieden, Mitverantwortung für die Zukunft der Menschheit; Menschenrechte.
4.Lernziel: Erfassen der Problematik des Erkennens und Begründens von Werten und Normen (im besonderen moralischer Normen)
Lehrstoff: Sein und Sollen; faktische Geltung (Autorität) und begründete Gültigkeit (Rechtfertigung).

Ausgewählte Themen,

höchstens zwei, vor allem aus folgenden Bereichen: Geschichts-, Kunst-, Natur-, Religions-, Rechts- und Staats-, Sprachphilosophie, der philosophischen Anthropologie, sowie aus dem Bereich der Philosophie und Pädagogik:

Geschichtsphilosophie

1. Lernziel: Erfassen der Eigenart der Geschichte als Gegenstand der Erkenntnis
Lehrstoff: Geschichtliches Geschehen; Geschichtswissenschaft und Geschichtsphilosophie; Das historische Faktum; Die Frage nach dem Sinn der Geschichte
2. Lernziel: Erfassen bedeutsamer Modelle der Deutung von Geschichte
Lehrstoff: Die idealistische und materialistische Deutung; Kräfte, Verlaufsstrukturen und Ziele der Geschichte; Die analytische Geschichtstheorie
(I.: Geschichte und Sozialkunde)

Ästhetik und Kunstphilosophie

1. Lernziel: Einsicht in die Besonderheit der Künste und des Ästhetischen
Lehrstoff: Künstlerisches Schaffen und ästhetisches Erleben; Raum-, Zeit-, Wort-, Gesamtkunstwerk; Ästhetische Kategorien und Bereiche (inhaltlicher und formaler Aspekt; Erlebniswerte des Ästhetischen in Natur, Menschenleben, in den Künsten, Problematik des Schönen; Psychologische Aspekte: Wunscherfüllung, Sublimierung von Eros und Destruktion, Abreagieren von Versagung und Affekten aller Art; Identifikation: Genuß der Einfühlung und des Nachvollziehens)
2.Lernziel: Verständnis für die verschiedenen Wurzeln künstlerischen Schaffens und ästhetischen Erlebens
Lehrstoff: Kult, mythisch-magische Gebilde (z.B. paläolithische Höhlenmalereien, ägyptische Kunst); Spiel (Mimus, Happening, Feuerwerk u.a.); Homo ludens – Homo faber (kindliches Spiel, Spiel des Erwachsenen, Handwerk, Kunstwerk)
3. Lernziel: Erfassen einiger kulturphilosophischer und kulturpolitischer Aspekte
Lehrstoff: „L'art pour l'art“ und „engagierte Kunst“; Beispiele für den Zusammenhang zwischen gesellschaftlichen Zuständen und Stilepochen; Beispiele für Wandel in Produktion und Rezeption im Zusammenhang mit wissenschaftlicher,

technischer und sozialer Entwicklung (Entstehen neuer Gattungen, wie Buchdruck und Graphik, Photographie und Film, Radio – Fernsehen, elektronische Tonerzeugung; Formen des Mäzenatentums)
(I.: Musische Fächer, Deutsch, Sprachen, Geschichte und Sozialkunde, Politische Bildung)

Naturphilosophie

1. Lernziel: Verständnis für die Problematik von Raum und Zeit
Lehrstoff: Der Raum in der Sicht von Psychologie, Biologie, Physik und Mathematik; Zeit, Zeiterleben und Zeitmessung
2. Lernziel: Verständnis für die Problematik im anorganischen Bereich
Lehrstoff: Quanten – Elementarteilchen, Atome – Molküle; Frage durchgängiger Strukturen der Materie
3. Lernziel: Verständnis für die Problematik im biologischen Bereich
Lehrstoff: Molekulare Evolution, organisches Molekül, lebendes System; Probleme der Biogenesis; Artbegriff und Evolution; Der Mensch im Kosmos; Beiträge der Biologie zur Philosophischen Anthropologie
(I.: Psychologie, Biologie, Physik, Mathematik)

Religionsphilosophie

1. Lernziel: Erfassen des Wesens von Religion
Lehrstoff: Philosophie und Theologie; Religion als Verhältnis zum Absoluten; Das Heilige und das Profane; Magie, Ritual; Religion und Ideologie
2. Lernziel: Erfassen der Bedeutung von „Grund", „Ziel" und „Sinn" als wichtige Kategorien zur Interpretation der Entwicklung von Welt und Mensch
Lehrstoff: Gottesbeweise; Theodizee; Kausalität und Teleologie
3. Lernziel: Erfassen der Bedeutung des Religiösen für Individuum, Gesellschaft und Staat
Lehrstoff: Verhältnis von Hochreligionen, z.B. Christentum, Islam, Buddhismus, zu Gesellschaft, Wissenschaft und Technik in Vergangenheit und Gegenwart; Säkularisierung und neue Religiosität
(I.: Religion, Geschichte und Sozialkunde, Biologie)

Rechts- und Staatsphilosophie

1. Lernziel: Einsicht in das Wesen des Rechts
Lehrstoff: Recht, Rechtswissenschaft und Rechtsphilosophie; Eigenschaften des Rechts (z.B. Unbedingtheit, Objektivität, Formalität, Publizität, Sanktionsfähigkeit, Gerichtsfähigkeit); Gerechtigkeit und Billigkeit; Sinn der Strafe
2. Lernziel: Einsicht in Wesen und Funktion des Staates
Lehrstoff: Individuum und Institutionen; Individuelles und allgemeines Wohl; Rechtsstaat und Wohlfahrtsstaat; Ordnung und Freiheit (Demokratie, Diktatur, Anarchie); Das Recht auf Widerstand, Recht und Revolution
3. Lernziel: Einsicht in den Ursprung und die Begründung von Recht und Staat
Lehrstoff: Gewalt, Willkür, Macht und Machtbeschränkung, Rechtsordnung; Theorien über Ursprung und Rechtfertigung der Rechts- und Staatsordnung; Naturrecht, positives Recht, Reine Rechtslehre

Sprachphilosophie

1. Lernziel: Erfassen einiger wesentlicher Probleme der Reflexion über Sprache
Lehrstoff: Sprachtheorie und Sprachphilosophie; Sprache als Zeichen- und Kommunikationssystem (Universalität, Redundanz, Produktivität); Natürliche Sprachen und Kunstsprachen (z.B. Esperanto, „Computersprachen")
2. Lernziel: Einsicht in die Problematik des Zusammenhanges zwischen Sprache und Wirklichkeit
Lehrstoff: Sprache als Abbildung oder Gestaltung der Wirklichkeit; Problem struktureller Isomorphie; Semantische, morphologische, syntaktische, pragmatische Dimension der Sprachbetrachtung; Zusammenhang von Sprache und Weltsicht (z.B. „innere Sprachform", „linguistisches Relativitätsprinzip")
3. Lernziel: Erfassen der kulturellen und soziologischen Bedeutung der Sprache
Lehrstoff: Bedeutung des Sprechens und der Sprache für den Menschen; Funktion der Sprache in Religion, Kunst, Recht, Wissenschaft und Technik; Soziologische und politische Rolle der Sprache (z.B. regionale und soziale Differenzierung und Integration)
(I.: Deutsch, Fremdsprachen)

Philosophische Anthropologie

1. Lernziel: Bekanntschaft mit dem Bild des Menschen in den Wissenschaften
Lehrstoff: Aufrechter Gang, Sprache, Denken, Kulturfähigkeit, die humanen Eigenschaften und ihr Werden, in phylogenetischer und ontogenetischer Hinsicht; Interpretationsweisen der menschlichen Stammesgeschichte. Das Menschenbild der Tiefenpsychologie und seine Anwendungsmöglichkeiten in Erziehungsfragen
2. Lernziel: Verständnis für die Verschiedenheit des Menschenbildes in Religionen und Ideologien
Lehrstoff: Vergleich mindestens zweier Hochreligionen hinsichtlich ihres Menschenbildes (Beispiele nach Wahl des Lehrers); Vergleich mindestens zweier Ideologien hinsichtlich ihres Menschenbildes (Beispiele nach Wahl des Lehrers)
3. Lernziel: Einsichten in Konzepte der philosophischen Interpretation des Menschen
Lehrstoff: Erläuterung verschiedener anthropologischer Konzepte von ihrem jeweiligen Zentralbegriff her, z.B. Weltoffenheit, Mängelwesen u.a.

Philosophie und Pädagogik

1. Lernziel: Erfassen von „Sinn" und „Ziel" für die menschliche Existenz
Lehrstoff: Anthropologische Strukturmodelle (der Mensch als Triebwesen, als Lernwesen usw.); Menschliche Existenz in ihrer Auseinandersetzung mit vorgefundenen Lebensformen (Bewährung und Veränderung; Bedeutung der Ich-Du-Beziehung (Frage des Lebenssinnes)
2. Lernziel: Erkennen der Erziehbarkeit und der Erziehungsbedürftigkeit des Menschen
Lehrstoff: Erziehung und Menschenbild, Erziehungsmächte und Erziehungshilfen (Bedeutung des Vorbildes und sachlicher Aufgaben), Sozialisationsvorgänge und Selbstverwirklichung, Berufswahl und Beruf; Privatperson, Staatsbürger, Weltbürger (Erziehung zur Verantwortung)

Angebote für den Wahlpflichtgegenstand „Logik und Philosophie"

I Aus der Logik und Wissenschaftstheorie:
Mehrwertige Logiken
Wahrscheinlichkeitslogik
Modallogik
Deontische Logik
Anwendung der Logik in der Informatik, z.B. Schaltalgebra
Geschichte der Logik
Methoden wissenschaftlicher Untersuchungen
Wahrheit und Gültigkeit in den Wissenschaften
Kriterien der Wissenschaftlichkeit
Struktur und Aufbau wissenschaftlicher Theorien
Ideologische Voraussetzungen der wissenschaftlichen Arbeit
Wissenschaftstheoretische Probleme der Schulfächer
Geschichte der Wissenschaften

II Aus der Philosophie:
Erweiterung und Vertiefung der im Fundamentum behandelten Probleme
Besprechung und Vertiefung der im Abschnitt III aufgezählten Bereiche
Überblick über die Geschichte der Philosophie
Gegenwartsströmungen der Philosophie
Einzelne bedeutende Philosophen, z.B. Kant
Problemgeschichtliche Darstellung eines philosophischen Themas
Lektüre und Interpretation einer philosophischen Schrift oder
größerer Abschnitte aus philosophischen Texten
Spezifische philosophische Probleme der einzelnen Schulfächer
Ästhetik
Kulturphilosophie
Philosophie der Technik
Rechtsphilosophie
Weltanschauungen außereuropäischer Völker
Erkenntnistheoretische Grundlagen der Relativitätstheorie und der Quantenmechanik

b) Hochschule. Der universitätsinterne Ausbildungsgang

Als „wissenschaftliche Hochschule" bezeichnete man früher nur die Universitäten und Technischen Hochschulen. Inzwischen umschließt dieser Begriff auch Gesamthochschulen, Pädagogische Hochschulen, Hochschulen für Bildende Künste usf. An all diesen Hochschulen gibt es auch Stellen für Philosophen. Der normale Gang war früher der vom Hilfsassistenten zum Assistenten, Privatdozenten, außerplanmäßigen Professor (Dozent mit Professorentitel) zum planmäßigen Professor (Ordinarius). Daneben gibt es noch (nebenberuflich tätige) Honorarprofessoren, wissenschaftliche Räte und Professoren, Studienräte im Hochschuldienst und (nebenamtliche) Lehrbeauftragte. In Berlin und Bremen gibt es außerdem noch Assistenzprofessoren.

Die neuen Amtsbezeichnungen lassen sich wie folgt aufschlüsseln (aus: blätter zur berufskunde, band 3, professor an wissenschaftlichen hochschulen, 6. Aufl. Bielefeld 1977, S. 9):

Amtsbezeichnung und Besoldungsgruppe neuer Art	Dienstrechtliche Stellung	Korporationsrechtliche Stellung	Amtsbezeichnung alter Art
Professor C 4	Beamter auf Lebenszeit	ordentlicher Professor außerordentlicher Professor wissenschaftlicher Abteilungsvorsteher und Professor	
–	nebenberuflich tätig	Honorarprofessor	–
Professor C 3	Beamter auf Lebenszeit	Wissenschaftlicher Rat und Professor	
		außerplanmäßiger Professor	Dozent leitender Oberarzt
Professor C 2	Beamter auf Lebenszeit	Dozent – Hochschuldozent – Universitätsdozent	
		außerplanmäßiger Professor Privatdozent	Oberassistent Oberingenieur Oberarzt wissenschaftlicher Assistent Akademischer Oberrat Akademischer Rat
–	nebenberuflich tätig		–
Hochschulassistent C 1	Beamter auf Zeit	wissenschaftlicher Assistent Assistenzprofessor	

Das Tätigkeitsfeld ist zunächst die philosophische Forschung, dann die Lehre (d.h. Ausbildung von Studenten), dann die Examensabnahme, schließlich die Verwaltung (d.h. universitäre Selbstverwaltung) und endlich Nebentätigkeiten (wie Publikationen, Editionen, Funk- und Fernsehbeschäftigung).

Der Ausbildungsgang ist nicht normiert. Die Einstellungsvoraussetzungen gemäß § 44 der Hochschulrahmengesetze sind:

„(1) Einstellungsvoraussetzungen für Professoren sind neben den allgemeinen dienstrechtlichen Voraussetzungen mindestens
1. ein abgeschlossenes Hochschulstudium,
2. pädagogische Eignung, die in der Regel durch Erfahrungen in der Lehre oder Ausbildung nachgewiesen wird,
3. besondere Befähigung zu wissenschaftlicher Arbeit, die in der Regel durch die Qualität einer Promotion nachgewiesen wird, oder besondere Befähigung zu künstlerischer Arbeit und
4. darüber hinaus je nach Anforderungen der Stelle
   a) zusätzliche wissenschaftliche Leistungen, die durch eine Habilitation oder durch gleichwertige wissenschaftliche Leistungen, auch in einer Tätigkeit außerhalb des Hochschulbereichs, nachgewiesen worden sind, oder zusätzliche künstlerische Leistungen oder
   b) besondere Leistungen bei der Anwendung oder Entwicklung wissenschaftlicher Erkenntnisse und Methoden in einer mindestens fünfjährigen beruflichen Praxis, von der mindestens drei Jahre außerhalb des Hochschulbereichs ausgeübt worden sein müssen.

(2) Soweit es der Eigenart des Faches und den Anforderungen der Stelle entspricht, kann abweichend von Absatz 1 Nr. 1 – 4 als Professor auch eingestellt werden, wer hervorragende fachbezogene Leistungen in der Praxis und pädagogische Eignung nachweist."

c) Freie Wirtschaft. Aussichten

Ausschließlich „philosophische Tätigkeit" ist außerhalb der Hochschulen nur in Form des Privatgelehrten möglich. Doch gibt es interessante Kombinationen von Philosophie mit anderen Tätigkeiten.

– Wissenschaftlicher Mitarbeiter in einem Forschungsinstitut oder einem Archiv
  Forschungsinstitute und Archive sind teilweise Universitäten angegliedert und haben teilweise nicht-universitäre Träger. Das Tätigkeitsfeld ist bestimmt durch den jeweiligen Auftrag des Instituts bzw. Archivs. So kann es sich um Werk-Editionen von Philosophen handeln, aber auch um spezielle Forschungsaufgaben zu Einzelproblemen eines Philosophen.
– Dozent in der Erwachsenenbildung
  Die meisten Volkshochschulen haben einen Arbeitsbereich „Philoso-

phie". Hier kann man entweder beamteter Bereichsleiter werden oder nebenamtlicher Dozent (wobei nur die gehaltenen Seminarstunden bezahlt werden).

- Redakteur, Journalist in Zeitung, Verlag, Hörfunk oder Fernsehen
  Es gibt kaum Verlage, die ausschließlich philosophische Literatur verlegen, doch kann man sich in größeren Häusern auf philosophische Literatur sowohl im Schulbuchbereich als auch im wissenschaftlichen Bereich spezialisieren. In Zeitungen und Fachzeitschriften sind Möglichkeiten in der kulturpolitischen Redaktion, als Leiter des Feuilletons und als qualifizierter Fachredakteur; im Rundfunk und Fernsehen bieten sich die Sonderredaktionen an wie Studienprogramm und Telekolleg.

Philosophische Forschungen und Editionen philosophischer Autoren werden gefördert von der Deutschen Forschungsgemeinschaft sowie dem Fonds des Verbandes der Wissenschaftlichen Gesellschaften Österreichs (früher „Notring") und betreut von den *Akademien:*

Akademie der Wissenschaften in Göttingen, gegründet 1751.
Bayerische Akademie der Wissenschaften in München, gegründet 1759.
Österreichische Akademie der Wissenschaften in Wien, gegründet 1847.
Heidelberger Akademie der Wissenschaften, gegründet 1909.
Akademie der Wissenschaften und der Literatur in Mainz, gegründet 1949.
Rheinisch-Westfälische Akademie der Wissenschaften in Düsseldorf, gegründet 1969.

Philosophische Arbeitskreise haben eingerichtet: die Fritz-Thyssen-Stiftung, die Werner-Reimers-Stiftung und der Stifterverband für die Deutsche Wissenschaft.
Spezielle Forschungsarbeiten zu einzelnen Editionen werden durchgeführt von folgenden *Archiven* und Instituten:

Albertus Magnus-Institut (Köln)
Grabmann-Institut (München)
Hegel-Archiv (Bochum)
Husserl-Archiv (Zweigstellen in Freiburg, Köln u. Aachen)
Thomas-Institut (Köln)
Leibniz-Archiv (Hannover)
Leibniz-Forschungsinstitut (Münster/Berlin)

Zum gegenwärtigen Zeitpunkt werden folgende Editionen im Gebiet der Bundesrepublik Deutschland betreut (fortgeführt bzw. begonnen):
Albertus Magnus-Ausgabe, Bonn/Münster
Anselm von Canterbury-Ausgabe, Stuttgart
Bolzano-Ausgabe, München
Cusanus-Ausgabe, Heidelberg

Dilthey-Ausgabe, Stuttgart/Göttingen
Eckhart-Ausgabe, Stuttgart
Fichte-Ausgabe, München
von Freiberg-Ausgabe, Bochum
Hegel-Ausgabe, Bochum
Heidegger-Ausgabe, Frankfurt
von Hildebrand-Ausgabe, Stuttgart/Regensburg
Husserl-Ausgabe, Löwen (Zweigstellen in Freiburg, Köln und Aachen)
Jacobi-Briefe-Ausgabe, München
Kant-Ausgabe, Göttingen (ehemals Berlin)
Kepler-Ausgabe, München
Kopernikus-Ausgabe, München/Berlin
Leibniz-Ausgabe, Münster/Hannover/Berlin
Nietzsche-Ausgabe, Berlin
Paracelsus-Ausgabe, Marburg
Scheler-Ausgabe, Bern/München
Schelling-Ausgabe, München
Friedr. Schlegel-Ausgabe, Paderborn/Zürich
Schopenhauer-Ausgabe, Darmstadt
Deutsche Thomas-Ausgabe, Salzburg/Walberberg

Nachdem nun die Berufsmöglichkeiten eines abgeschlossenen Philosophiestudiums dargelegt sind, soll gezeigt werden, in welchem Verhältnis zu den Anforderungen im Beruf die vorgeschriebenen Studienordnungen der Universitäten stehen. Der Autonomie der Universitäten und der Kulturhoheit der Länder wegen gibt es keine einheitliche Regelung des Ausbildungsganges in der Bundesrepublik. Es ist fast aussichtslos, aus den unterschiedlichen Regelungen gewisse Gemeinsamkeiten herauszufinden. Deshalb muß im nächsten Abschnitt vornehmlich exemplarisch verfahren werden.

2. Studienordnungen. Formalien und Inhalte

Im folgenden wird zunächst der Versuch einer vergleichenden Übersicht über die Studienordnungen und -pläne der philosophischen Institute an den Hochschulen der Bundesrepublik Deutschland in seinen entscheidenden Passagen zitiert. Im Anschluß daran wird der Entwurf einer einheitlichen Regelung für das Land NRW wiedergegeben, und schließlich werden aus drei deutschsprachigen Ländern Studienordnungen beispielhaft abgedruckt.

a) Vergleichende Übersicht

Wolfgang Detel, Ekkehard Martens und Herbert Schnädelbach haben eine Synopse der Studienordnungen der philosophischen Seminare in der Bundesrepublik versucht. Sie wurde abgedruckt in der „Zeitschrift für Didaktik der Philosophie", Heft 3 (1980), S. 176–178.

„Wir haben das vorliegende Material nach folgenden Fragen hin untersucht: 1. Werden *Lernziele* definiert? II. *Modelle:* Wie werden die Studiengänge gegliedert (Phasen, Sequenzen)? III. *Quantität:* Welche Anforderungen werden gestellt (Scheine, Semesterwochenstunden, Wahl- und Pflichtbereich)? IV. Gibt es einen *Kanon* (Disziplinen, historische Epochen, Themengebiete, Autoren)? VI. Welche *Sprachanforderungen* bestehen? VII. Welche Auswirkungen haben die verschiedenen Studienabschlüsse auf die *Einheitlichkeit* des Philosophiestudiums?
Zu I. *Lernziele:* Lern- oder Studienziele werden in den meisten Fällen definiert. Diese drücken zugleich das Selbstverständnis des Faches aus, das – wohl wegen der Einigungsschwierigkeiten – nur gelegentlich explizit formuliert wird. Implizit wie explizit herrscht ein pluralistisches Philosophieverständnis vor, das keine bestimmte Richtung bevorzugt und der Philosophie in keinem Gebiet eine abschließende Lösungskompetenz zutraut. Die meisten Unterlagen enthalten übereinstimmend folgende Studienziele:

- Fähigkeiten: Textinterpretation, rationales Argumentieren, Kritikfähigkeit und selbständiges Denken;
- Kenntnisse: historischer und systematischer Überblick, Bekanntheit mit wissenschaftlichen Grundlagenproblemen, ‚Belesenheit'.

Dagegen werden nur gelegentlich genannt: rhetorische und dialogische Fähigkeiten, Kritikfähigkeit weltanschaulich-ideologischer Absolutheitsansprüche, Gegenwarts- und Alltagsprobleme sowie wissenschaftliche Grundkonzepte philosophisch aufgreifen können; vor allem in Nordrhein-Westfalen (NRW) werden für Philosophie als Schulfach genannt: Bezüge zum zweiten Studienfach und zu den drei Aufgabenfeldern der gymnasialen Oberstufe herstellen und Philosophie *unterrichten* können.

Wo die durchgesehenen Studienordnungen didaktische Prioritäten setzen, lassen sich zwei Hauptrichtungen unterscheiden: historisch-hermeneutische Orientierung oder Orientierung an Problemen, Themen, Methoden. Von dieser unterschiedlichen didaktischen Prioritätensetzung relativ unberührt bleiben gemeinsame Lernziele wie Reflexion, Selbstdenken, Bewußtseinsbildung. Nicht ausgeführt wird, ob und wie sich beide Grundorientierungen zu diesen Lernzielen jeweils in einem Mittel-Zweck-Verhältnis verstehen lassen oder ob z.B. Philosophen lesen oder Philosophiegeschichte kennen bei guter Durchführung per se Philosophieren ist und kein Ziel außer sich hat.

Zu II. *Modelle:* Eine Unterscheidung von Grund- und Hauptstudium liegt durchweg vor; seltener finden sich Bemerkungen zum Aufbaustudium. Für die Zwischenprüfung kann man zwei Modelle unterscheiden: das kumulative und das Einzelprüfungs-Modell. In Einzelfällen wird die Zwischenprüfung durch eine obligatorische Studienberatung ersetzt. Für das Verhältnis von Grund- und Hauptstudium werden sehr verschiedene Vorschläge gemacht; das Hauptstudium kann als Vertiefung, Erweiterung oder Spezialisierung des Grundstudiums aufgefaßt werden.

Zu III. *Quantität:* Die Anforderungen (Promotion, Magister, Höheres Lehramt) schwanken zwischen 40–60 Semester-Wochenstunden (mit den beiden Extremwerten von 22 bzw. 96 SWS) und zwischen 4–12 Scheinen, wobei die Scheinzahl niedriger ist, wenn die Zwischenprüfung als Einzelprüfung abgelegt wird. Die meisten Studienordnungen gehen von ca. 50 SWS und 8 Scheinen aus. Der Pflicht- und Wahlbereich entfällt in der Regel auf gleiche Teile.

Zu IV. *Kanon:* Eine Grobeinteilung nach Logik, theoretischer und praktischer Philosophie ist fast durchgängig zu finden, weniger häufig eine Einteilung nach speziellen und dann meistens nach den traditionellen philosophischen Einzeldisziplinen und nach philosophiegeschichtlichen Epochen; selten dagegen eine Ausrichtung an Themenkreisen (etwa: Wissenschaft – Gesellschaft – Individuum). In wenigen Fällen sind Autoren- und sogar Werklisten zusammengestellt.

Zu V. *Philosophie-Didaktik:* Die Anforderungen in Philosophie-Didaktik variieren je nach den Möglichkeiten in den einzelnen Bundesländern, Philosophie als Staatsexamensfach (Höheres Lehramt) zu wählen. Diese Möglichkeit besteht außer in Bayern, Berlin und Bremen in NRW, Hamburg, Niedersachsen, Baden-Württemberg, Rheinland-Pfalz, Schleswig-Holstein und im Saarland als erstes oder zweites Fach (z.T. in bestimmter Fächerkombination), in Hessen als drittes Fach bzw. zusätzliche Fakultas. In NRW gehört Philosophie-Didaktik in den meisten Fällen zum (Wahl-)Pflichtbereich mit Scheinanforderungen und 4–6 SWS zuzüglich Schulpraktika (beides in Einzelfällen auch für Erziehungswissenschaften anrechenbar). In Hamburg wird die Philosophie-Didaktik wie alle anderen Didaktiken vom Fachbereich Erziehungswissenschaft abgedeckt (zwei 4-stündige fachdidaktische Seminare und ein 4-wöchiges Schulpraktikum; Aufteilung auf die beiden Fächer freigestellt, faktisch etwa zur Hälfte pro Fach); in Niedersachsen finden sich nur in Osnabrück nähere Bestimmungen (einphasige Lehrerausbildung, läuft aus), in Hannover – ähnlich in Mainz – gibt es nur vereinzelte Hinweise genereller Art, in Kiel und in Baden-Württemberg gibt es überhaupt keine Hinweise (natürlich auch in den Ländern nicht, wo Philosophie nicht Staatsexamensfach ist). In Hessen hat außer Kassel intern nur Frankfurt nähere Bestimmungen (6 SWS, 2 Scheine). In Saarbrücken sind 2 SWS vorgeschrieben.

Zu VI. *Sprachanforderungen:* Zur Promotion werden in der Regel Lateinkenntnisse vorausgesetzt, weniger Griechischkenntnisse. Für das Staatsexamen und den Magister gibt es zwei generelle, etwa gleich stark realisierte Möglichkeiten: Pflichtvoraussetzung oder starke Empfehlung bzw. Bindung der Sprachanforderungen (auch der modernen Sprachen) an die jeweiligen Themenschwerpunkte der Prüfungen.

Zu VII. *Einheitlichkeit:* Vergleichbar sind hier nur Staatsexamen, Promotion und Magister. In der Regel gelten hier etwa gleiche inhaltliche und quantitative Anforderungen, mit Ausnahme natürlich der Fachdidaktik. Die Einheitlichkeit des Faches wird nicht zugunsten einer ‚leichten' und ‚schweren', ‚propädeutischen' und ‚eigentlichen' Philosophie aufgegeben. Andererseits findet man, außer oft in NRW, kaum eine Ausrichtung der Studienordnungen und -pläne auf die verschiedenen Zielgruppen und ihre zukünftigen Berufsfelder, besonders des Lehrerstudiums."

b) Einheitliche Regelungen und Fachdidaktik

In der Zusammenarbeit von Hochschullehrern und Fachleitern für Philosophie ist ein Entwurf „inhaltliche Anforderungen der Ordnung der Ersten Staatsprüfung für Lehrämter an Schulen" für das Fach Philosophie in NRW erarbeitet worden, der mit größter Wahrscheinlichkeit in dieser Form verbindlich werden wird. Er wird im folgenden zitiert:

„Vorbemerkung:
Das Studium der Philosophie hat nicht nur gegenwärtige Problemstellungen zum Inhalt, sondern schließt unverzichtbar Kenntnisse in den verschiedenen historischen Dimensionen (Antike-Mittelalter, Neuzeit, Gegenwart) ein, welche anhand grundlegender Texte erworben werden. Es sind Sprachkenntnisse erforderlich, in erster Linie und variierend nach den Studienschwerpunkten Griechisch, Latein, Englisch und Französisch.
Die Aufgliederung (A) und alle weiteren Bestimmungen (B bis D) sind nur für den Pflicht- und Wahlpflichtbereich verbindlich.

A Bereiche – Teilbereiche

Bereich	Teilgebiet
I	1. praktische Philosophie/Theorie des Handelns 2. Ethik 3. Rechts-, Staats-, Sozialphilosophie 4. philosophische Anthropologie
II	1. Erkenntnistheorie 2. Logik

	3. Wissenschaftstheorie 4. Philosophie der Sprache
III	1. Ontologie/Metaphysik 2. Philosophie der Geschichte 3. Philosophie der Natur 4. Philosophie der Kunst/Ästhetik 5. Philosophie der Religion 6. Philosophie der Technik 7. Philosophie der Mathematik
IV.	Fachdidaktik

Eine Lehrveranstaltung kann bei sachlich übergreifender oder primär historisch orientierter Thematik für mehrere Teilgebiete angeboten werden. Hierbei kann der Student über die Zuordnung zu einem Teilgebiet entscheiden. Eine einzelne Lehrveranstaltung kann aber nur einmal angerechnet werden.

B Studiennachweis bei der Meldung zur Prüfung

Im Bereich I ist ein Studium von 12 SWS (= Semesterwochenstunden), in den Bereichen II und III ein Studium von je 10 SWS nachzuweisen. Aus diesen 3 Bereichen sind jeweils zwei Teilgebiete mit mindestens je 4 SWS zu wählen (Wahlpflichtbereich). Hinzu kommt (gemäß gemeinsamem Erlaß von Kultus- und Wissenschaftsminister I A 4–8161 vom 31.5.1976) ein Studium von 8 SWS Fachdidaktik (Pflichtbereich).

C Leistungsnachweise

Die beiden Leistungsnachweise für das Fachstudium (§ 4.4.1 der Ordnung der Ersten Staatsprüfung für das Lehramt) müssen aus verschiedenen Bereichen erbracht werden.

D Teilgebiete für die Prüfung

Ein Teilgebiet umfaßt in der Regel 4 SWS. Von den Teilgebieten der Prüfung (gemäß § 4 der Ordnung der Ersten Staatsprüfung für das Lehramt) muß ein Teilgebiet aus Bereich I gewählt werden. Aus einem Bereich können höchstens zwei Teilgebiete entnommen werden. Die Fachdidaktik kann nur Teilgebiet der mündlichen Prüfung sein und in der Themenstellung der zweiten Klausur berücksichtigt werden.

Im oben zitierten Papier ist auch Fachdidaktik vorgeschrieben. Dazu sei der Entwurf eines Ausschusses für NRW zitiert, der am 14. Mai 1980 (Aktenzeichen III C 3.40 – 21/5 Nr. 1258/1980) vom Kultusminister grundsätzlich akzeptiert wurde:

Fachdidaktik innerhalb des Fachstudiums Philosophie an den wissenschaftlichen Hochschulen des Landes NRW

Das Lehrerausbildungsgesetz für das Lehramt in der Sekundarstufe II in Nordrhein-Westfalen schreibt ein Studium von acht Semesterwochenstunden Fachdidaktik vor.

Die folgenden Überlegungen versuchen hierfür ein Rahmenkonzept zu entwickeln.

Die institutionellen Vorgaben sind:

- die Prüfungsordnung für das Fach Philosophie in der Sekundarstufe II (Teil B)
- die Richtlinien für den Philosophieunterricht in der Oberstufe des Gymnasiums

Um von vornherein Mißverständnisse zu vermeiden, ist folgendes zu sagen:

- Fachdidaktische Lehrveranstaltungen können das Fachstudium nicht ersetzen, sondern setzen es voraus. Sie sind daher nur im Hauptstudium sinnvoll.
- Fachdidaktische Lehrveranstaltungen können die zweite Phase der Lehrerausbildung nicht ersetzen.
- Didaktik im Fach Philosophie kann hiernach nicht verstanden werden als eine Konkretisierung eines allgemeinen pädagogischen Curriculumkonzepts. Sie hat vielmehr auszugehen von den spezifischen Fragen und Problemen der Philosophie selbst.
- Fachdidaktische Lehrveranstaltungen haben eine Orientierungsfunktion. Sie sollen einerseits einen ersten Einblick vermitteln in das, was die spätere Berufspraxis von den Studenten verlangt. Sie sollen aber andererseits zugleich Anregungen für berufsbezogene Studienschwerpunkte schon innerhalb der ersten Phase der Lehrerausbildung geben.

Von daher scheint es nicht sinnvoll

- ausschließlich fachdidaktische Ansätze (z.B. Bücher und Aufsätze zur allgemeinen Didaktik und Fachdidaktik oder auch zur Geschichte des Philosophieunterrichts) zum Thema und Gegenstand von Lehrveranstaltungen zu machen,
- ausschließlich solche Inhalte und Themen zu behandeln, die momentan für die Schule aktuell sind.

Eine fachdidaktische Ausbildung der Studierenden des Faches Philosophie kann sinnvollerweise nur im Anschluß und in bezug auf die Inhalte des Fachstudiums geschehen. Möglich sind verschiedene Wege.

1. Da die Teilbereiche des Studiums im wesentlichen den Rahmenthemen der Richtlinien und der Praxis des Philosophieunterrichts in der Sekundarstufe II entsprechen, kann ein fachdidaktisches Seminar in verschiedener Weise inhaltliche Fragen aus Geschichte und Gegenwart der Philosophie bzw. eines Teilbereichs der Prüfungsanforderungen aufgreifen und daran fachdidaktische Probleme behandeln. Da Philosophie in der Sekundarstufe II als selbständiges Fach zum Gesellschaftswissenschaftlichen Aufgabenfeld gehört, sollte *ein* zweistündiges Seminar fachdidaktische Fragen behandeln, die dem Bereich I (Teilgebiete: 1. praktische Philosophie/Theorie des Handelns, 2. Ethik, 3. Rechts-, Staats-, Sozialphilosophie, 4. Philosophische Anthropologie) zugeordnet sind. Die didaktischen Fragen werden so nicht abstrakt, sondern in ihrer Bindung an philosophische Gegenstände behandelt. Solche Fragen sind etwa:
   - inhaltliche Planung eines Kurses nach sachlichen Gesichtspunkten
   - Probleme der Textauswahl (Textabschnitte, Kürzung, Ganzschrift)

- Ziele des Philosophieunterrichts bei einem Grund- oder Leistungskurs
- Planung und Strukturierung einer (begrenzten) Unterrichtseinheit
- Beschränkung auf bestimmte Aspekte bei Texten oder Sachverhalten
- Fragen der Konkretisierung (z.B. Heranziehen von aktuellen Diskussionen in verschiedenen Medien, von Alltagserfahrung) und Veranschaulichung
- verschiedene Verfahren der Analyse von Texten unter verschiedenen Aspekten: z.B. logisch-methodologischen, erkenntnistheoretischen-wissenschaftstheoretischen, sittlich-praktischen, gesellschaftlich-geschichtlichen, metaphysischen Aspekten
- Möglichkeiten des Aufzeigens von Argumentationsformen (z.B. Dialog, Abhandlung)
- ...

2. Sinnvoll erscheint eine zweite Möglichkeit fachdidaktischer Seminare. In ihnen wird nicht ein inhaltlicher Teilbereich fachdidaktisch für die spätere Berufspraxis aufgearbeitet. Die Studenten sollen hier dazu gebracht werden, das bewußt zu reflektieren, was sie in ihrem Philosophiestudium tun und was sie als Lehrende im Unterricht bewußt berücksichtigen müssen. Ziele einer solchen fachdidaktischen Lehrveranstaltung können z.B. sein:
   - den Zusammenhang zwischen Alltagserfahrung und philosophischer Reflexion den Studenten bewußtzumachen
   - die Differenzen und Beziehungen zwischen Alltagssprache und philosophischer Terminologie zu klären
   - die Struktur und die literarische Gattung von Texten bewußtzumachen. (Hierdurch erhalten Studenten ein geschärftes Bewußtsein dafür, welche Schwierigkeiten bei der Vermittlung entstehen und wie Texte – auch Texte verschiedener historischer und systematischer Art – für Schüler erschlossen werden können.)
   - die Formen der Textinterpretation zu üben
   - ...

c) Beispiele aus drei Ländern

Deutschland (Bochum)

Gliederung des Studiums: Grund- und Hauptstudium

(1) Das Studium der Philosophie als erstes oder zweites Fach gliedert sich in ein Grund- und ein Hauptstudium.

(2) Das Grundstudium sollte frühestens nach dem dritten und spätestens vor Beginn des fünften Semesters abgeschlossen sein. Der Abschluß des Grundstudiums wird durch den Dekan der Abteilung für Philosophie, Pädagogik, Psychologie bescheinigt, wenn der Student

a) die für das Grundstudium vorgeschriebenen Wahlpflichtveranstaltungen besucht hat (s.u. § 9),

b) als Student mit Philosophie als erstem Fach 4, als Student mit Philosophie als zweitem Fach 2 Leistungsnachweise erbracht hat (s.u. § 8),

c) in einem zwanzigminütigen Gespräch mit einem Lehrenden des Instituts für Philosophie gezeigt hat, daß er voraussichtlich in der Lage sein wird, vom Lehrangebot des Hauptstudiums sinnvoll Gebrauch zu machen.

Das unter c) genannte Gespräch erübrigt sich, wenn von den unter b) genannten 4 Leistungsnachweisen mindestens 2 aufgrund von schriftlichen Hausarbeiten erbracht worden sind, die mit der Note „gut“ oder „sehr gut“ bewertet wurden (Studenten mit Philosophie als erstem Fach), bzw. wenn die unter b) genannten 2 Leistungsnachweise die Note „gut“ oder „sehr gut“ tragen, davon mindestens einer aufgrund einer schriftlichen Hausarbeit (Studenten mit Philosophie als zweitem Fach). Die beiden so qualifizierten Leistungsnachweise müssen in Lehrveranstaltungen verschiedener Dozenten und verschiedener Teilgebiete (s.u. § 9) erbracht worden sein.

(3) Das Hauptstudium ist so anzulegen, daß den Anforderungen von § 4 Abs. 4 PO-S II genügt wird: Voraussetzung für die Erste Staatsprüfung sind 3 Leistungsnachweise aus verschiedenen Teilgebieten des Hauptstudiums, davon einer aus dem Teilgebiet „Didaktik der Philosophie“ (s.u. § 9 Abs. 1).

Gliederung des Studiums: Pflicht- und Wahlbereich

(1) Die Lehrveranstaltungen, für die Studien- oder Leistungsnachweise (s.u. § 8) zu erbringen sind, gehören teils einem Pflichtbereich, teils einem Wahlbereich an.

(2) Der Pflichtbereich umfaßt zehn obligatorische Teilgebiete (s.u. § 9 Abs. 1 und 2). Die diesen Teilgebieten zugeordneten Lehrveranstaltungen im Umfang von 40 Pflichtsemesterwochenstunden für den Studenten mit Philosophie als erstem Fach und von 32 Pflichtsemesterwochenstunden für den Studenten mit Philosophie als zweitem Fach sind durchweg Wahlpflichtveranstaltungen. Das bedeutet, daß der Student zwar zur Teilnahme an einer bestimmten Zahl von Lehrveranstaltungen jedes obligatorischen Teilgebietes verpflichtet ist, innerhalb dieser Teilgebiete jedoch wählen kann.

(3) Zum Wahlbereich gehören diejenigen Lehrveranstaltungen, die der Student über die Veranstaltungen des Pflichtbereiches hinaus noch besuchen muß, um die von der Prüfungsordnung geforderte Mindestzahl von Semesterwochenstunden (im ersten Fach: 68, im zweiten Fach: 40) zu erreichen. Diese Veranstaltungen sind in dem Sinne Wahlveranstaltungen, daß der Student sie aus der Gesamtheit der im jährlichen Studienplan (oder im Vorlesungsverzeichnis des jeweiligen Semesters) für den betreffenden Studienabschnitt angebotenen Lehrveranstaltungen auswählen kann. Dabei sollte er unter Berücksichtigung des philosophischen Aspekts seines anderen Studienfaches Schwerpunkte bilden.

Arten von Lehrveranstaltungen

Lehrveranstaltungen im Pflichtbereich werden angeboten als Vorlesungen, Übungen, Seminare im Grund- oder Hauptstudium; Kolloquien sind stets Lehrveranstaltungen im Wahlbereich; Tutorien sind keine selbständigen Lehrveranstaltungen.

(1) Vorlesungen

Vorlesungen dienen der Vermittlung grundlegender oder speziellerer Kenntnisse. Verständnisfragen und Diskussionen sind möglich.

(2) Seminare im Grund- oder Hauptstudium

In Seminaren werden exemplarische Themen der Teilgebiete in der Regel anhand von Texten erarbeitet und diskutiert. Ziel der Arbeit ist die Vertiefung von Kenntnissen und die Förderung des selbständigen Umgehens mit Problemen.

(3) Übungen

Übungen dienen der Einübung und selbständigen Anwendung von Lehrstoffen oder Arbeitsmethoden anhand von exemplarischen Aufgaben.

(4) Kolloquien

Kolloquien dienen dem intensiven Gespräch über spezielle Fragestellungen und setzen im allgemeinen bestimmte Vorkenntnisse voraus.

(5) Tutorien

Tutorien begleiten Lehrveranstaltungen; es sind kleine Arbeitsgruppen, die von einem Studenten (Tutor) geleitet werden, aber in Verantwortung des Lehrenden stehen. In Tutorien können keine eigenen Leistungsnachweise erbracht werden.

Vor Beginn einer Lehrveranstaltung veröffentlicht der Lehrende frühzeitig genaue Angaben über den geplanten Verlauf, die Lernziele und die Lektüre. Diese Ankündigungen werden den Studenten – nach Möglichkeit in Form eines institutseigenen erläuterten Vorlesungsverzeichnisses – zugänglich gemacht.

Studien- und Leistungsnachweise

(1) Durch Studiennachweise wird der Besuch von Lehrveranstaltungen bescheinigt; durch Leistungsnachweise, die in Seminaren, Übungen oder ggf. auch in Vorlesungen erworben werden können, wird bescheinigt, daß der Student erfolgreich mitgearbeitet hat.

(2) Die Bedingungen für den Erwerb eines Leistungsnachweises gibt der Lehrende rechtzeitig vor oder bei Beginn der Veranstaltung in unmißverständlicher Form bekannt (etwa: sachgerechte Beteiligung an der Diskussion, Sitzungsprotokoll, Referat, schriftliche Hausarbeit oder gegen Ende der Veranstaltungsreihe ein 20minütiges Prüfungsgespräch oder eine 2stündige Klausur).

(1) Tabellarische Beschreibung des Pflichtbereiches*

Teilgebiet	Studieninhalt	Vermittlungsform	Zahl der SWS im Pflichtfach der Philosophie			
			erstes Fach		zweites Fach	
			Grundstudium	Hauptstudium	Grundstudium	Hauptstudium
(1) Einführungsveranstaltungen	a) Einführung in die Philosophie b) Anleitung zur Analyse philosophischer Argumente (mit Einführung in die philosophischen Arbeitstechniken)	S/V S/Ü	2 (1. oder 2. Semester)	–	2 (1. oder 2. Semester)	–
(2) Logik	a) Einführung in die Logik b) Übungen zur Logik c) Symbolische Logik für Fortgeschrittene d) Philosophie der Logik	V Ü S S	2	2	2	–
(3) Sprachphilosophie	a) Einführungs- oder Vertiefungsvorlesung b) Seminare zur Sprachphilosophie	V S	2	2	2	2

(4) Erkenntnis-theorie	a) Einführungs- oder Vertiefungs-vorlesung b) Seminare zur Erkenntnistheorie	V S	2	2	2	2
(5) Wissenschafts-theorie	a) Einführungs- oder Vertiefungs-vorlesung b) Allgemeine Wissenschaftstheorie c) Theorie und Geschichte der Geisteswissenschaften d) Theorie und Geschichte der Sozialwissenschaften e) Theorie und Geschichte der Naturwissenschaften f) Theorie und Geschichte der Mathematik	V S S S S S	2	2	2	2
(6) Ontologie Metaphysik	a) Einführungs- oder Vertiefungs-vorlesung b) Seminare zur Ontologie und Metaphysik	V S	2	2	2	–
(7) Praktische Philosophie I	a) Einführungs- oder Vertiefungs-vorlesung b) Ethik c) Handlungstheorie	V S S	2	2	2	2

(8) Praktische Philosophie II	a) Einführungs- oder Vertiefungsvorlesung b) Sozial- und Staatsphilosophie c) Rechtsphilosophie	V S S	2	2	2	2
(9) Philosophische Einzeldisziplinen	a) Philosophische Anthropologie b) Naturphilosophie c) Geschichtsphilosophie d) Religionsphilosophie e) Kunstphilosophie, Ästhetik usw.	S/V S/V S/V S/V S/V	4	2	2	2
(10) Didaktik der Philosophie	Philosophie in der Sekundarstufe	S	–	4	–	2
			20	20	18	14

* Abkürzungen: S = Seminar, Ü = Übung,
V = Vorlesung, SWS = Semesterwochenstunden

(2) Erläuterungen zur tabellarischen Beschreibung des Pflichtbereiches

Die Gliederung des Pflichtbereiches in zehn obligatorische Teilgebiete hat nicht so sehr wissenschaftstheoretische als vielmehr studienpragmatische Gründe: Sie dient in erster Linie dazu, die Studieninhalte, die ja durchweg in Wahlpflichtveranstaltungen angeboten werden (s.o. § 6), unter dem Gesichtspunkt funktionaler Gleichwertigkeit für das Erreichen der in § 1 genannten Ausbildungsziele zu gruppieren.

Die Gliederung der obligatorischen Teilgebiete in die angegebenen Studieninhalte, Vermittlungsformen und Mindest-SWS-Zahlen ist einerseits durch eine vertretbare Gliederung des Gesamtgebietes der Philosophie in einzelne Disziplinen und andererseits durch vermittlungstechnische und zeitökonomische Gesichtspunkte bestimmt. In der letztgenannten Hinsicht gewährleistet sie (in Verbindung mit den zusätzlichen Bestimmungen des folgenden Absatzes 3), daß die Studenten mit Philosophie als erstem Fach mindestens 12, die Studenten mit Philosophie als zweitem Fach mindestens 8 Veranstaltungen des Pflichtbereiches in Form von Übungen oder Seminaren absolvieren.

(3) Ergänzungen zur tabellarischen Beschreibung des Pflichtbereiches

Die Lehrveranstaltungen des Pflichtbereiches umfassen in der Regel je 2 SWS.

In jedem Teilgebiet des Pflichtbereiches wird nur eine Vorlesung angerechnet. Die übrigen Mindest-SWS des Pflichtbereiches sind auf Übungen und Seminare zu verteilen.

Von den 40 bzw. 32 SWS des Pflichtbereiches müssen mindestens je 6 SWS (Studenten mit Philosophie als erstem Fach) bzw. je 4 SWS (Studenten mit Philosophie als zweitem Fach) in historischem Bezug zu den philosophiegeschichtlichen Epochen

Antike oder Mittelalter	(AM)
Neuzeit	(N)
Gegenwart	(G)

stehen.

Aufgrund der Vielschichtigkeit philosophischer Fragestellungen sind die Lehrveranstaltungen in der Regel für mehrere Teilgebiete und auch für mehrere Epochen anrechnungsfähig. Jede Lehrveranstaltung wird im jährlichen Studienplan und im Vorlesungsverzeichnis entsprechend gekennzeichnet. (Z.B. ist eine durch den Zusatz „3 b; AM, G“ gekennzeichnete Lehrveranstaltung als Seminar des obligatorischen Teilgebietes „Sprachphilosophie“ und als Veranstaltung zur Philosophie der Antike oder des Mittelalters oder als Veranstaltung zur Philosophie der Gegenwart anrechenbar.) Bei einer Lehrveranstaltung, die aufgrund der Ankündigung auf mehrere Teilgebiete oder mehrere Epochen angerechnet werden kann, hat der Student die Wahl der Zuordnung. Jedoch kann eine einzelne Lehrveranstaltung nur einmal angerechnet werden.

Zulassungsvoraussetzungen für die einzelnen Lehrveranstaltungen

(1) Allgemeine Zulassungsvoraussetzung für die Veranstaltungen des Hauptstudiums ist das abgeschlossene Grundstudium (s.o. § 5 Abs. 2).

Aufgrund besonderen thematischen Interesses und bei Erfüllung gegebenenfalls angekündigter Zulassungsvoraussetzungen gemäß Abs. (2) kann ein Student schon während des Grundstudiums Lehrveranstaltungen des Hauptstudiums besuchen, sofern der Veranstaltungsleiter damit einverstanden ist.

(2) Bei Lehrveranstaltungen, die

a) den Besuch einer vorangegangenen Veranstaltung voraussetzen (z.B. Symbolische Logik für Fortgeschrittene),
b) spezielle Vorkenntnisse erfordern (z.B. besondere Sprachkenntnisse),
c) für einen speziellen Teilnehmerkreis gedacht sind (z.B. Kolloquium für Examenskandidaten),

werden die jeweils in Betracht kommenden Zulassungsvoraussetzungen bei der Ankündigung der Lehrveranstaltung bekanntgegeben.

Bei der Ankündigung von Lehrveranstaltungen, in denen die Voraussetzungen für den Besuch anderer gemäß a) erworben werden können, wird darauf eigens hingewiesen.

Abschlußprüfung

(1) Abschlußprüfung für die Studiengänge mit Philosophie als erstem oder zweitem Fach ist die Staatsprüfung für das Lehramt für die Sekundarstufe II gemäß der dafür geltenden Prüfungsordnung (PO-S II).

(2) Ein nach der vorliegenden Studienordnung durchgeführtes Studium gilt als ordnungsgemäßes Studium im Sinne der Zulassungsvoraussetzungen für die unter (1) genannte Prüfung.

(3) Über die Anrechnung von Studienleistungen, die in anderen Studiengängen oder an anderen Hochschulen erbracht worden sind, gibt die PO-S II Auskunft. Im übrigen ist § 13 dieser Studienordnung zu beachten.

Übergangsmöglichkeiten zwischen philosophischen Studiengängen

Die Studienordnung für die Studiengänge, die mit der Magisterprüfung oder der Promotion in Philosophie als Haupt- bzw. Nebenfach abschließen, unterscheidet sich von der vorliegenden Studienordnung für die Studiengänge, die mit der Ersten Staatsprüfung für das Lehramt für die Sekundarstufe II mit Philosophie als erstem bzw. zweitem Fach abschließen, vor allem dadurch, daß sie gegen Ende des Studiums eine stärkere Spezialisierung erlaubt. Daher ist ein Übergang zwischen den verschiedenen philosophischen Studiengängen im Grundstudium und auch noch zu Beginn des Hauptstudiums möglich. Der Übergang ist dem Universitätssekretariat anzuzeigen.

Wer zwischen Lehramts- und Magister-Studiengängen wechseln will, muß jedoch – ggf. neben einschlägigen BAföG-Bestimmungen – beachten, daß die Erste Staatsprüfung für das Lehramt für die Sekundarstufe II in Erziehungswissenschaft, einem ersten Fach und einem zweiten Fach, die Magisterprüfung dagegen überwiegend in einem Hauptfach und zwei Nebenfächern abgelegt wird. Im übrigen ist § 4 Abs. 4 PO-S II zu beachten, insbesondere das Erfordernis eines Leistungsnachweises aus der Fachdidaktik (s. auch oben § 5 Abs. 3).

Österreich (Salzburg)

I. Studienabschnitt

Stundenzahlen der Prüfungsfächer und Freifächer

§ 1. (1) In den vier Semestern des ersten Studienabschnittes sind insgesamt 32 Wochenstunden aus den Prüfungsfächern und 10 Wochenstunden aus den Freifächern zu inskribieren. Die Zahl der inskribierten Wochenstunden hat in jedem Semester mindestens 15 zu betragen.

(2) Während des ersten Studienabschnittes sind in den folgenden Prüfungsfächern zu inskribieren:

Name des Faches	Zahl der Wochenstunden
a) Einführung in die Philosophie	4
b) Grundzüge der Logik	6
c) Grundzüge der Erkenntnistheorie	6
d) nach Wahl des Kandidaten Grundzüge eines weiteren Faches, das als Prüfungsfach der zweiten Diplomprüfung in Betracht kommt	4
e) Grundzüge der Geschichte der Philosophie	6
f) nach Wahl des Kandidaten weitere Teilgebiete im Sinn einer Schwerpunktbildung aus den unter lit. a bis e genannten Fächern	6

Lehrveranstaltungen in den Prüfungsfächern

§ 2. (1) Als Lehrveranstaltungen, welche die als Prüfungsfächer vorgesehenen Fachgebiete umfassen, sind zu inskribieren:

a) aus „Einführung in die Philosophie":
   1. Einführung in die Philosophie, Vorlesung ... 2
   2. Einführung in die Philosophie, Proseminar ... 2
b) aus „Grundzüge der Logik":
   1. Aussagenlogik, Vorlesung mit Übung ... 2
   2. Prädikatenlogik, Vorlesung mit Übung ... 2
   3. Spezielle Probleme der Logik, Vorlesung mit Übung ... 2
c) aus „Grundzüge der Erkenntnistheorie":
   1. Grundfragen der Erkenntnistheorie, Vorlesung ... 2
   2. Grundzüge der Erkenntnistheorie, Proseminar ... 2
   3. Ausgewählte Probleme der Erkenntnistheorie, Seminar ... 2
d) nach Wahl des Hörers Grundzüge eines weiteren Faches aus dem Gesamtgebiet der Philosophie, das als Prüfungsfach der zweiten Diplomprüfung in Betracht kommt (§ 4 Abs. 2), davon mindestens eine Lehrveranstaltung im Ausmaß von zwei Wochenstunden als Proseminar ... 4
e) aus „Grundzüge der Geschichte der Philosophie":
   1. Geschichte der Philosophie, Vorlesung ... 4
   2. Geschichte der Philosophie, Lektüre-Proseminar ... 2
f) nach Wahl des Hörers weitere Lehrveranstaltungen im Sinne einer Schwerpunktbildung ... 6
   1. Spezielle Probleme oder Logik, Vorlesung ... 2

oder
Spezielle Probleme der Logik, Proseminar 2
2. Probleme der Erkenntnistheorie, Vorlesung 2
oder
Probleme der Erkenntnistheorie, Proseminar 2
3. Geschichte der Philosophie, Vorlesung 2
oder
Geschichte der Philosophie, Proseminar 2

(2) Für die Inskription der nachstehend angeführten Lehrveranstaltungen gelten folgende Zulassungsvoraussetzungen:

a) für die Lehrveranstaltungen „Prädikatenlogik" und „Spezielle Probleme der Logik": Vorlage eines Zeugnisses über den erfolgreichen Abschluß der Lehrveranstaltung „Aussagenlogik";
b) für das Seminar „Ausgewählte Probleme der Erkenntnistheorie": Vorlage eines Zeugnisses über den erfolgreichen Abschluß der Vorlesung „Grundfragen der Erkenntnistheorie", über das Proseminar „Grundzüge der Erkenntnistheorie" sowie über die Lehrveranstaltung „Aussagenlogik".

Empfohlene Freifächer im ersten Studienabschnitt

§ 3. Folgende Lehrveranstaltungen werden als Freifächer empfohlen:
a) Geschichte der Logik;
b) Vergleichende Philosophiegeschichte;
c) Angewandte Logik;
d) Sozialphilosophie;
e) Naturphilosophie.

II. Studienabschnitt

Stundenzahlen der Prüfungsfächer und Freifächer

§ 4. (1) In den vier Semestern des zweiten Studienabschnittes sind insgesamt 24 Wochenstunden aus den Prüfungsfächern und 10 Wochenstunden aus den Freifächern zu inskribieren. Die Zahl der inskribierten Wochenstunden hat in jedem Semester mindestens 15, im letzten einrechenbaren Semester des zweiten Studienabschnittes jedoch mindestens 5 zu betragen.

(2) Wurde die Studienrichtung Philosophie als erste Studienrichtung gewählt, so sind während des zweiten Studienabschnittes in den folgenden Prüfungsfächern insgesamt zu inskribieren:

Name des Faches	Zahl der Wochenstunden
a) Geschichte der Philosophie einschließlich der Gegenwartsphilosophie	4
b) Metaphysik und Ontologie	4
c) Ethik	4
d) Wissenschaftstheorie	4
e) nach Wahl des Hörers ein weiteres Fach aus dem Gesamtgebiet der Philosophie, wie z.B.	2
Ästhetik und Kunstphilosophie	
Philosophische Anthropologie	

Erkenntnistheorie
Geschichtsphilosophie
Kulturphilosophie
Logik
Naturphilosophie
Rechtsphilosophie, Staatsphilosophie
Philosophie der Politik
Religionsphilosophie
Sozialphilosophie und Ideologiekritik
Sprachphilosophie
Philosophie der Technik
Wertphilosophie

f) weitere Teilgebiete aus den unter lit. a bis e genannten Fächern im Sinne einer Schwerpunktbildung 6
g) Lehrveranstaltungen, welche das Fachgebiet Philosophie wissenschaftstheoretisch und philosophisch vertiefen oder in historischer oder wissenschaftsgeschichtlicher oder soziologischer Weise erfassen 2

(3) Wurde die Studienrichtung Philosophie als zweite Studienrichtung gewählt, so sind während des zweiten Studienabschnittes in den folgenden Prüfungsfächern insgesamt zu inskribieren:

Name des Faches	Zahl der Wochenstunden
a) Geschichte der Philosophie einschließlich der Gegenwartsphilosophie	2
b) Metaphysik und Ontologie	2
c) Ethik	4
d) Wissenschaftstheorie	4
e) nach Wahl des Hörers ein weiteres Fach aus dem Gesamtgebiet der Philosophie gemäß Abs. 2, lit. e	2
f) weitere Teilgebiete aus den unter lit. a bis e genannten Fächern im Sinne einer Schwerpunktbildung	6

Lehrveranstaltungen in den Prüfungsfächern

§ 5. (1) Als Lehrveranstaltungen, welche die als Prüfungsfächer vorgesehenen Fachgebiete erfassen, sind zu inskribieren, sofern die Studienrichtung Philosophie als erste Studienrichtung gewählt wurde:

a) aus „Geschichte der Philosophie einschließlich Gegenwartsphilosophie“:
1. Gegenwartsphilosophie, Vorlesung 2
2. nach Wahl des Hörers:
Geschichte der Philosophie, Vorlesung 2
oder
Geschichte der Philosophie, Lektüreseminar 2

b) aus „Metaphysik und Ontologie“:
1. Allgemeine Metaphysik, Vorlesung mit Lektüreseminar 2
2. Spezialfragen in Metaphysik und Ontologie, Seminar 2

c) aus „Ethik“:
1. Ethik, Vorlesung 2

2. nach Wahl des Hörers:
Grundfragen der Ethik, Vorlesung 2
oder
Grundfragen der Ethik, Seminar 2

d) aus „Wissenschaftstheorie“:
1. Allgemeine Wissenschaftstheorie, Vorlesung 2
2. nach Wahl des Hörers:
Spezielle Wissenschaftstheorie u. -methodologie, Vorlesung 2
oder
Spezielle Wissenschaftstheorie u. -methodologie, Seminar 2

e) nach Wahl des Hörers ein weiteres Fach aus dem Gesamtgebiet der Philosophie (§ 4 Abs. 2, lit. e) 2
1. Probleme der Erkenntnistheorie, Vorlesung 2
oder
Probleme der Erkenntnistheorie, Seminar 2
2. Spezielle Probleme der Logik, Vorlesung 2
oder
Spezielle Probleme der Logik, Seminar 2
3. Probleme der Naturphilosophie, Vorlesung 2
oder
Probleme der Naturphilosophie, Seminar 2
4. Probleme der Religionsphilosophie, Vorlesung 2
oder
Probleme der Religionsphilosophie, Seminar 2
5. Probleme der Sozialphilosophie, Vorlesung 2
oder
Probleme der Sozialphilosophie, Seminar 2
6. Probleme der Sprachphilosophie, Vorlesung 2
oder
Probleme der Sprachphilosophie, Seminar 2

f) nach Wahl des Hörers weitere aus den unter Abs. 1, lit. a bis e genannten Lehrveranstaltungen im Sinne einer Schwerpunktbildung, darunter mindestens ein zweistündiges Seminar 6

g) nach Wahl des Hörers eine der folgenden Lehrveranstaltungen aus dem Vorprüfungsfach der zweiten Diplomprüfung im Ausmaß von zwei Wochenstunden:

1. welche die Fachgebiete der Studienrichtung Philosophie wissenschaftstheoretisch und philosophisch vertieft:
   aa) Grenzfragen zwischen Philosophie und anderen Wissenschaftsdisziplinen, Vorlesung mit Übung 2
   bb) Wissenschaftstheorie der Naturwissenschaften, Vorlesung mit Übung 2
   cc) Methodologische Fragen der Sozialwissenschaften, Vorlesung mit Übung 2
2. welche die Fachgebiete der Studienrichtung Philosophie in historischer oder wissenschaftsgeschichtlicher oder soziologischer Weise erfaßt:

aa) Philosophische Standpunkte, Vorlesung mit Übung 2
bb) Wissenschaftsgeschichte, Vorlesung mit Übung 2
cc) Philosophie und Gesellschaft, Vorlesung mit Übung 2

(2) Wurde die Studienrichtung Philosophie als zweite Studienrichtung gewählt, so sind als Lehrveranstaltungen, welche die als Prüfungsfächer vorgesehenen Fachgebiete erfassen, zu inskribieren:

a) aus „Geschichte der Philosophie einschließlich der Gegenwartsphilosophie" nach Wahl des Hörers:
Gegenwartsphilosophie, Vorlesung 2
oder
Geschichte der Philosophie, Lektüreseminar 2

b) aus „Metaphysik und Ontologie":
Allgemeine Metaphysik, Vorlesung mit Lektüreseminar 2

c) aus „Ethik":
1. Ethik, Vorlesung 2
2. nach Wahl des Hörers:
Grundfragen der Ethik, Vorlesung 2
oder
Grundfragen der Ethik, Seminar 2

d) aus „Wissenschaftstheorie":
1. Allgemeine Wissenschaftstheorie, Vorlesung 2
2. nach Wahl der Hörers:
Spezielle Wissenschaftstheorie u. -methodologie, Vorlesung 2
oder
Spezielle Wissenschaftstheorie u. -methodologie, Seminar 2

e) nach Wahl des Hörers ein weiteres Fach aus dem Gesamtgebiet der Philosophie (§ 4 Abs. 2, lit. e) 2
1. Probleme der Erkenntnistheorie, Vorlesung 2
oder
Probleme der Erkenntnistheorie, Seminar 2
2. Spezielle Probleme der Logik, Vorlesung 2
oder
Spezielle Probleme der Logik, Seminar 2
3. Probleme der Naturphilosophie, Vorlesung 2
oder
Probleme der Naturphilosophie, Seminar 2
4. Probleme der Religionsphilosophie, Vorlesung 2
oder
Probleme der Religionsphilosophie, Seminar 2
5. Probleme der Sozialphilosophie, Vorlesung 2
oder
Probleme der Sozialphilosophie, Seminar 2
6. Probleme der Sprachphilosophie, Vorlesung 2
oder
Probleme der Sprachphilosophie, Seminar 2

f) nach Wahl des Hörers weitere aus den unter Abs. 1, lit. a bis e genannten

Lehrveranstaltungen im Sinne einer Schwerpunktbildung, darunter mindestens ein zweistündiges Seminar 6

(3) Für die Inskription der nachstehend angeführten Lehrveranstaltungen gelten folgende Zulassungsvoraussetzungen:
a) für das Seminar „Spezialfragen in Metaphysik und Ontologie“: Vorlage eines Zeugnisses über den erfolgreichen Abschluß der Lehrveranstaltung „Allgemeine Metaphysik“:
b) für das Seminar „Grundfragen der Ethik“: Vorlage eines Zeugnisses über den erfolgreichen Abschluß der Vorlesung „Ethik“:
c) für das Seminar „Spezielle Wissenschaftstheorie und -methodologie“: Vorlage eines Zeugnisses über den erfolgreichen Abschluß der Vorlesung „Allgemeine Wissenschaftstheorie“.

Empfohlene Freifächer im zweiten Studienabschnitt

§ 6. Folgende Lehrveranstaltungen werden als Freifächer empfohlen:
a) Aktuelle Probleme der Ethik;
b) Philosophische Aspekte der Biologie;
c) Methodologische Fragen der Sozialwissenschaften;
d) Philosophie der Logik und Mathematik;
e) Wissenschaftstheorie der Naturwissenschaften;
f) Neue Ansätze in Metaphysik und Ontologie;
g) Weltanschauung außereuropäischer Völker;
h) Historischer und dialektischer Materialismus;
i) Philosophische Richtungen im 20. Jahrhundert;
j) Sprachphilosophie.

Schweiz (Freiburg)

1. Allgemeines

Das Studium der Philosophie will dem Studenten eine möglichst umfassende Einführung in das weite Gebiet der philosophischen Probleme und Methoden vermitteln. Um eine qualitative Vertiefung zu fördern, verlangt das Studium:
– eine vielfältige Information durch eine Einführung in die großen Strömungen der *Geschichte der Philosophie* und durch eine *systematische Erörterung* der grundlegenden philosophischen Probleme; mit dieser Lehre sind fünf Lehrstühle beauftragt;
– die Entwicklung der Fähigkeit zur eigenen Forschung, die zur Ausarbeitung schriftlicher Arbeiten führen muß.

Dieses doppelte Ziel wird in einer Atmosphäre akademischer Freiheit verfolgt.

Da die Philosophie nur beschränkte Berufsaussichten bietet, wird den Studenten empfohlen, ein nicht philosophisches Fach als ein Nebenfach zu wählen, um sich so eine breitere Basis für das spätere Berufsleben zu schaffen.

2. Lehrangebot

2.1 Die Lehre gliedert sich in systematische Philosophie und Geschichte der Philosophie. Diese zwei sich ergänzenden Gebiete umfassen folgende zwölf Bereiche:

2.1.1 *Systematische Philosophie*
Logik
Erkenntnistheorie (Kriteriologie)
Naturphilosophie und Wissenschaftstheorie
Philosophische Anthropologie
Philosophie der Kunst
Ethik
Sozialphilosophie und politische Philosophie
Ontologie und philosophische Theologie

2.1.2 *Geschichte der Philosophie*
Geschichte der antiken Philosophie
Geschichte der mittelalterlichen Philosophie
Geschichte der neuzeitlichen Philosophie
Geschichte der zeitgenössischen Philosophie

2.2 Zusätzlich werden außerhalb der Abteilung folgende ergänzende Teilgebiete angeboten:
Orientalische Philosophie
Glaube und Philosophie
Rechtsphilosophie

3. Gliederung der Lehre

3.1 *Vorlesungen:* Die *Grundvorlesungen* geben einen umfassenden Einblick in die einzelnen, in 2.1. aufgeführten Teilgebiete. *Spezialvorlesungen,* die jedes Jahr durch Professoren oder Assistenten gegeben werden, vertiefen gewisse Problemkreise der Teilgebiete. Die *Vorlesungen von Gastprofessoren* sind ein wesentlicher Bestandteil des Lehrprogrammes und sollen zu neuen Forschungen und Einsichten führen.

3.2 *Die Proseminarien,* die von den Professoren oder Assistenten geleitet werden, führen in die philosophische Forschung ein. Ein *allgemeines Proseminar* wird zur Einführung in die Methoden und Hilfsmittel der philosophischen Arbeit angeboten.

3.3 *Die Seminarien* verlangen von den teilnehmenden Studenten eigene Forschung und kritische Arbeit.

3.4 Ein regelmäßiges *Kolloquium* für die ganze Abteilung wird zur Förderung des Gedankenaustausches eingerichtet (es findet mindestens zwei Mal im Semester statt).

3.5 *Die Institute* (Internationales Institut für Sozialwissenschaft und Politik; Osteuropa-Institut) geben dem Studenten die Möglichkeit, sich in bestimmte Forschungsbereiche zu vertiefen.

4. *Aufbau des Lizentiatsstudiums*

4.1 Das Lizentiat der Philosophischen Fakultät besteht aus einem Hauptfach und zwei Nebenfächern.

4.2 Folgende Möglichkeiten stehen zur Wahl:

4.2.1 Philosophie in den drei Fächern,
4.2.2 Philosophie im Hauptfach und in einem Nebenfach,
4.2.3 Philosophie in den zwei Nebenfächern,
4.2.4 Philosophie in einem Nebenfach.

4.3 Zur Wahl des Hauptfaches und der Nebenfächer siehe 6.

5. *Zulassungsbedingungen für die Lizentiatsprüfung*

5.1 Der Student muß während acht Semestern in der Philosophischen Fakultät immatrikuliert sein. Philosophiestudien, die an anderen Universitäten absolviert wurden, werden grundsätzlich anerkannt. Studenten einer anderen Universität unterbreiten ihre Zeugnisse dem Abteilungsgremium, das sie dem Dekan der Fakultät weiterleitet. Die Fakultät entscheidet – unter Empfehlung des Gremiums – über den Grad der Gleichwertigkeit.

5.2 *Philosophie in den drei Fächern* (4.2.1)

5.2.1 Der Student muß Jahresprüfungen in allen Teilgebieten, außer in Philosophie der Kunst, also insgesamt 14 Zwischenprüfungen bestanden haben: sieben Prüfungen in Systematischer Philosophie, sieben in Geschichte der Philosophie: je zwei für jeden Abschnitt der Geschichte der Philosophie außer für den neuzeitlichen und den zeitgenössischen Abschnitt, die zusammen nur drei Prüfungen umfassen: eine Prüfung in neuzeitlicher und zwei in zeitgenössischer Philosophie oder zwei Prüfungen in neuzeitlicher und eine in zeitgenössischer Philosophie. Einige Prüfungen können durch ein ganzjähriges Proseminar im entsprechenden Teilbereich ersetzt werden. Allerdings muß der Student bei jedem Professor zwei Prüfungen ablegen.
5.2.2 Der Student muß mindestens ein (entweder allgemeines oder spezifisches) ganzjähriges Proseminar besucht haben.
5.2.3 Er muß mindestens fünf schriftliche Seminararbeiten angefertigt haben. Diese Arbeiten sollen soweit wie möglich für die gewählten Lizentiatsfächer repräsentativ sein, um somit hinreichend weite philosophische Kenntnisse auszuweisen.

5.3 *Philosophie im Hauptfach und in einem Nebenfach* (4.2.2)

5.3.1 Der Student muß acht Jahresprüfungen in den unter 2.1.1 und 2.1.2 erwähnten Bereichen bestanden haben, nämlich eine Prüfung bei jedem Professor und nicht mehr als drei Prüfungen beim gleichen Professor.
5.3.2 Er muß zwei ganzjährige Proseminare besucht haben.
5.3.3 Er muß mindestens drei schriftliche Seminararbeiten angefertigt haben.

5.4 *Philosophie in den zwei Nebenfächern* (4.2.3) (mit Dispens)

5.4.1 Der Student muß bei mindestens zwei Professoren sechs Jahresprüfungen in den unter 2.1.1 und 2.1.2 erwähnten Bereichen bestanden haben.
5.4.2 Er muß zwei ganzjährige Proseminare besucht haben.
5.4.3 Er muß mindestens zwei schriftliche Seminararbeiten in den für das Lizentiat gewählten Bereichen angefertigt haben.

5.5 *Philosophie in einem Nebenfach* (4.2.4)

5.5.1 Der Student muß vier Jahresprüfungen in den unter 2.1.1 und 2.1.2 erwähnten Bereichen bestanden haben.
5.5.2 Er muß zwei ganzjährige Proseminare besucht haben.
5.5.3 Er muß mindestens eine schriftliche Seminararbeit in den für das Lizentiat gewählten Bereich angefertigt haben.

5.6 *Durchführung der Jahresprüfungen*

Die Abteilung veranstaltet keine Prüfungszeiten; Datum, Thema und Form der Prüfung (eine Jahresprüfung oder zwei Semesterprüfungen mit der Möglichkeit einer schriftlichen Arbeit oder einer mündlichen Prüfung) werden zusammen mit dem Professor festgelegt.

6. *Gliederung der Lizentiatsprüfung*

6.1 Der Student muß eine maschinengeschriebene Lizentiatsarbeit zu einem Gegenstand des Hauptfaches einreichen. Das Thema der Arbeit ist im Einverständnis mit dem Professor festzulegen.
6.2. Die Lizentiatsprüfung umfaßt drei Fächer, wobei die folgenden Verbindungen möglich sind:

6.2.1 *Erste Möglichkeit*

- Hauptfach: Systematische Philosophie mit besonderer Berücksichtigung des Teilgebietes, zu dem das Thema der Lizentiatsarbeit gehört;
- erstes Nebenfach: ein Abschnitt der Geschichte der Philosophie;
- zweites Nebenfach: ein beliebiger anderer Abschnitt der Geschichte der Philosophie (entspricht 4.2.1) oder ein nichtphilosophisches Fach (entspricht 4.2.2).

6.2.2 *Zweite Möglichkeit*

- Hauptfach: Geschichte der Philosophie mit besonderer Berücksichtigung des Abschnittes, zu dem das Thema der Lizentiatsarbeit gehört;
- erstes Nebenfach: ein Teilgebiet der Systematischen Philosophie;
- zweites Nebenfach: ein anderes Teilgebiet der Systematischen Philosophie (entspricht 4.2.1) oder ein nichtphilosophisches Fach (entspricht 4.2.2).

6.2.3 *Dritte Möglichkeit* (entspricht 4.2.3)

- Hauptfach: ein nichtphilosophisches Fach;
- erstes Nebenfach: ein Teilgebiet der Philosophie;
- zweites Nebenfach: ein anderes Teilgebiet der Philosophie.

Ein Teilgebiet muß systematisch, das andere historisch sein.

6.2.4 *Vierte Möglichkeit* (entspricht 4.2.4)

- Hauptfach: ein nichtphilosophisches Fach;
- erstes Nebenfach: ein nichtphilosophisches Fach;
- zweites Nebenfach: entweder ein Teilgebiet der Systematischen Philosophie oder ein Abschnitt der Geschichte der Philosophie.

6.2.5 Man kann nicht mehr als zwei Fächer beim gleichen Professor wählen.

Nachdem nun die Studienordnungen für Philosophie dargestellt wurden, sollen die möglichen universitären Abschlußprüfungen mit ihren Voraussetzungen und Anforderungen dargelegt werden.

3. Abschlüsse. Voraussetzungen und Anforderungen

In Philosophie kann das Studium mit drei Prüfungen abgeschlossen werden: Staatsexamen, Magisterprüfung und Promotion; krönender Abschluß kann eine Habilitation sein.

Hier verbindliche Aussagen über die Anforderungen zu machen ist schwierig. Dies liegt erstens an der Kulturhoheit der Länder in der Bundesrepublik Deutschland. Jedes Land hat das Recht, die Anforderungen für Erste Staatsprüfungen selbst zu bestimmen. Die Westdeutsche Rektorenkonferenz hat inzwischen Ausschüsse gebildet, um das Gewirr der unterschiedlichen Bestimmungen etwas zu durchforsten; dies ist auch das Ziel der Studienreformkommissionen und von Fachausschüssen. Es liegen aber noch keine allgemein verbindlichen Richtlinien vor. Zweitens sind die Magisterprüfungen und Promotionen universitätsinterne Angelegenheiten, d.h., daß jede Universität ihre eigene Prüfungsordnung erlassen kann. Auch hier bemühen sich inzwischen Kommissionen um eine Vereinheitlichung. Drittens sind deshalb keine allgemein verbindlichen Aussagen möglich, weil sowohl die universitären als auch die länderabhängigen Prüfungsanforderungen einer vor allem in neuerer Zeit ständigen Reform unterliegen.

Im folgenden können deshalb für die Prüfungsordnungen nur Beispiele gegeben werden, die punktuell durch Hinweise auf Vergleichbarkeiten ergänzt werden. Wer sich an einer Hochschule immatrikuliert, d.h. ordentlich Studierender wird, der kommt nicht darum herum, sich die Prüfungsordnung der gewählten Universität anzusehen.

a) Staatsexamen. Die Bestimmungen

Deutschland

Die Schulreform und die unterschiedlichen Länderregierungen brachten es mit sich, daß zwar inzwischen in allen Ländern in der Oberstufe das Kurssystem eingeführt ist, Unterschiede aber gibt es in der Lehrerausbildung. So werden Studiengänge mit dem Abschluß „Erste Staatsprüfung für das Lehramt am Gymnasium" in folgenden Ländern angeboten: Baden-Württemberg, Bayern, Berlin, Hamburg, Hessen, Niedersachsen, Rheinland-Pfalz, Saarland und Schleswig-Holstein. Stufenbezogene Studiengänge (d.h. für Philosophie: Sekundarstufe II) werden angeboten in: Bremen, Nordrhein-Westfalen, teilweise in Hessen, Niedersachsen. In Bayern ist die Situation noch ungeklärt.

Die Prüfungsordnungen der Länder mit gymnasialen Studiengängen unterscheiden sich vor allem hinsichtlich der möglichen Fächerkombination (die sich jedoch je nach „Marktlage“ ändert). Erhebliche formale und inhaltliche Abweichungen bestehen zu den Ländern mit stufenbezogenen Studiengängen. Für das Fach Philosophie ist dies (inhaltlich) jedoch nicht so entscheidend, weil Philosophie hauptsächlich an der Oberstufe des Gymnasiums unterrichtet wird (neben Kollegschulen und Schulen des zweiten Bildungsweges).

Die „Rahmenvereinbarung der Kultusminister der Länder“ (vom 21. Mai 1970) zu den Anforderungen der wissenschaftlichen Prüfung sieht für das Fach Philosophie folgendes vor:

1. Zulassungsvoraussetzungen

Latein- oder Griechischkenntnisse.
Die geforderten Sprachkenntnisse sind spätestens bis zur Zwischenprüfung nachzuweisen.
Der Nachweis der erfolgreichen Teilnahme an mindestens zwei Hauptseminaren.
Teilnahme an systematischen und historischen Vorlesungen.

2. Anforderungen

Kenntnis und Verständnis der Hauptgegenstände und der Grundfragen der Logik, der theoretischen Philosophie und der praktischen Philosophie (darin eingeschlossen Staats- und Gesellschaftsphilosophie) sowie des Zusammenhanges dieser Sachgebiete. Der Kandidat kann im Einvernehmen mit dem Prüfer einen Schwerpunkt wählen.
Überblick über die allgemeine Philosophiegeschichte unter Einschluß philosophischer Strömungen der Gegenwart. Schwerpunkte im Bereich der Philosophiegeschichte werden in der Weise gebildet, daß der Kandidat im Einvernehmen mit dem Prüfer mindestens drei grundlegende philosophische Werke, die in der Regel nicht aus einer einzigen Epoche auszuwählen sind, für die Prüfung benennt. Wird Philosophie als 2. Fach gewählt, genügen zwei Werke. Das Studium dieser Werke soll den Kontext im Gesamtwerk des Autors oder den historischen oder den systematischen Problemzusammenhang einbeziehen.
Fähigkeit zur Reflexion auf den Methodenpluralismus der Wissenschaft und seiner in den Schulfächern selbst sichtbar werdenden Probleme.
Fähigkeit, Probleme der gegenwärtigen Gesellschaft philosophisch zu analysieren.

3. Klausuren

Es wird eine Klausurarbeit gefordert. Sie kann gestellt werden als Textinterpretation oder als Erläuterung eines systematischen oder historischen Problems. Aus den obigen Gebieten werden drei Themen zur Wahl gestellt, von denen mindestens eines eine Textinterpretation sein muß.

Bevor nun einige Beispiele für die inhaltlichen Prüfungsanforderungen genannt werden, zunächst die derzeit möglichen Kombinationsfächer zu Philosophie.

Baden-Württemberg

Die Prüfung kann in folgenden Fächern abgelegt werden:

Gruppe I:

Evangelische oder Katholische Theologie, Englisch, Französisch, Latein, Griechisch, Russisch, Geschichte, Wissenschaftliche Politik, Geographie, Mathematik, Philosophie, Pädagogik, Leibesübungen.

Gruppe II:

Evangelische oder Katholische Theologie, Mathematik, Physik, Chemie, Biologie, Geographie, Philosophie, Pädagogik, Leibesübungen.

Der Bewerber wählt aus den Prüfungsfächern der Gruppe I oder aus den Prüfungsfächern der Gruppe II entweder zwei Hauptfächer oder ein Hauptfach und zwei Nebenfächer. Philosophie und Pädagogik können nur als Hauptfächer gewählt werden. Der Vorsitzende des Prüfungsamtes kann auf Antrag, der vor Ablauf des ersten Studienjahres gestellt werden soll, Verbindungen von Fächern der Gruppe I mit solchen der Gruppe II zulassen.

Für Bewerber, die in Baden-Württemberg zum Vorbereitungsdienst zugelassen oder in den öffentlichen Schuldienst eingestellt werden wollen, gelten bei der Fächerwahl folgende Einschränkungen:

1. in einer Zwei-Fächer-Verbindung kann Griechisch nur mit einem der Fächer Deutsch, Latein, Englisch, Französisch oder Mathematik gewählt werden, Russisch oder Wissenschaftliche Politik nur mit einem der Fächer Deutsch, Englisch, Französisch oder Mathematik;
2. Philosophie oder Pädagogik kann nur als Hauptfach in Verbindung mit Deutsch, Englisch, Französisch oder Mathematik als weiterem Hauptfach und einem beliebigen Nebenfach derselben Gruppe gewählt werden.

Bayern

Philosophie kann hier nur als drittes Zusatzfach zu zwei „regulären“ Fächern studiert werden; das „vertiefte Studium“ muß in einer Erweiterungsprüfung nachgewiesen werden.

Berlin

Die Zusammenstellung der Prüfungsfächer ist prinzipiell frei, doch soll sie sinnvoll sein und im Schuldienst verwendbar. Im Moment kann Philosophie noch nicht unterrichtet werden.

Bremen

An der Universität Bremen besteht nicht die Möglichkeit, eine Lehrbefähigung für das Fach Philosophie mit dem Schwerpunkt Sekundarstufe I und Sekundarstufe II zu erwerben.

Hamburg

Die Prüfung kann nach der Wahl des Bewerbers in zwei der folgenden Unterrichtsfächer abgelegt werden:
Evangelische Religion, Deutsch, Geschichte, Erdkunde, Sozialkunde, Latein, Griechisch, Englisch, Französisch, Spanisch, Russisch, Mathematik, Physik, Chemie, Biologie, Philosophie und Leibesübungen.

Hessen

Die Unterrichtsbefähigung im Fach Philosophie kann in Hessen nur im Rahmen einer Erweiterungsprüfung erworben werden, d.h. nach bestandener Erster Staatsprüfung.

Niedersachsen

Die Prüfung kann in folgenden Unterrichtsfächern abgelegt werden:
Biologie, Chemie, Deutsch, Erdkunde, Englisch, Französisch, Griechisch, Geschichte, Latein, Mathematik, Wissenschaft von der Politik (Sozialkunde), Physik, Philosophie, Russisch, Ev. Religion, Spanisch, Sport.

Für die Wissenschaftliche Prüfung (Erstes Staatsexamen) müssen zwei von diesen Fächern gewählt werden; die Verbindung der Fächer ist frei.

Nordrhein-Westfalen

Die Prüfung kann in folgenden Fächern abgelegt werden:

Gruppe 1:
Geographie
Griechisch
Italienisch
Niederländisch
Pädagogik
Philosophie
Rechtswissenschaft
Russisch
Sozialwissenschaften

Gruppe 2:
Biologie
Chemie
Deutsch
Englisch
Französisch
Geschichte
Kunst
Lateinisch
Mathematik

(Politikwissenschaft, Soziologie, Wirtschaftswissenschaft)
Spanisch
Sport
Technik

Musik
Physik
Religionslehre

Die Fächer können wie folgt kombiniert werden:
- ein Fach der Gruppe 1 mit einem Fach der Gruppe 2;
- ein Fach der Gruppe 2 mit einem Fach der Gruppe 1 oder 2;
- Das Fach Sport kann auch in Verbindung mit Geographie, Griechisch oder Philosophie gewählt werden.

Die Fächer der Gruppe 1 und 2 können sowohl als Erstes als auch als Zweites Fach gewählt werden, mit Ausnahme folgender Fächer:

Rechtswissenschaft, Russisch und Sozialwissenschaften können nur als Erstes Fach gewählt werden. Pädagogik kann nur als Zweites Fach gewählt werden.

Rheinland-Pfalz

Die Wissenschaftliche Prüfung wird abgelegt in den Erziehungswissenschaften, in den Prüfungsfächern und in deren Fachdidaktik.

Als Prüfungsfächer können gewählt werden:
1. Biologie, Chemie, Deutsch, Englisch, Evangelische Religionslehre, Französisch, Geographie, Geschichte, Katholische Religionslehre, Latein, Mathematik, Physik und Sport *(Gruppe A);*
2. Griechisch, Philosophie, Russisch und Sozialkunde/Politik *(Gruppe B).*

Der Kandidat wählt entweder zwei Fächer aus der Gruppe A oder je ein Fach aus der Gruppe A und B.

In folgenden Prüfungsfächern (Zusatzfächern) können *zusätzlich* Prüfungen abgelegt werden:

Ägyptologie, Amerikanistik, Archäologie, Byzantinistik, Ethnologie, Ethiklehre, Geologie, Hebräisch, Italienisch, Kunstgeschichte, Vergleichende Literaturwissenschaft, Mineralogie, Musikwissenschaft, Niederländisch, Pädagogik, Paläontologie, Portugiesisch, Psychologie, Soziologie, Skandinavische Sprachen, Slavische Sprachen (außer Russisch), Spanisch, Vergleichende Sprachwissenschaft, Volkskunde, Vor- und Frühgeschichte und Wirtschaftslehre.

Die wissenschaftliche Prüfungsarbeit ist aus den Fächern der Gruppe A oder B zu wählen. Das Fach, in dem die wissenschaftliche Prüfungsarbeit angefertigt wird, ist erstes Fach.

Saarland

Neben der Prüfung in Erziehungswissenschaft hat jeder Bewerber eine Prüfung in mindestens zwei wissenschaftlichen *Hauptfächern* abzulegen.

Folgende Fächer können als Hauptfächer in beliebiger Kombination gewählt werden:

Religion, Deutsch, Lateinisch, Griechisch, Französisch, Englisch, Geschichte, Geographie, Mathematik, Physik, Chemie, Biologie, Leibeserziehung.

Italienisch, Spanisch, Russisch, Sozialkunde und Philosophie können als Hauptfach gewählt werden
- in Kombination mit Deutsch, Französisch, Englisch, Lateinisch, Griechisch oder Mathematik als zweitem Fach
- oder mit zwei anderen Fächern, von denen eines *Nebenfach* sein kann.

In den Hauptfächern sind gemäß den Studienplänen Kenntnisse und Fertigkeiten nachzuweisen, die zur Erteilung von Unterricht in allen Klassen an Gymnasien vorausgesetzt werden; in den Nebenfächern für den Unterricht bis zur Klasse 10.

Alle oben genannten Fächer können als *Zusatzfächer* zu den mindestens zwei Hauptfächern gewählt werden, sei es als Hauptfächer oder Nebenfächer.

Schleswig-Holstein

Philosophie ist kombinierbar mit Deutsch, Englisch, Französisch, Latein, Mathematik, Biologie, Kunst und Sport.

Als Beispiel für die inhaltlichen Anforderungen seien die wichtigsten Punkte aus der „Ordnung der Ersten Staatsprüfung für die Sekundarstufe II" des Landes NRW genannt (Verwaltungsverordnung des Kultusministers des Landes Nordrhein-Westfalen vom 13. Februar 1976, Aktenzeichen: III C 3/6.40 – 21/3 – 477/76).

Die Erste Staatsprüfung besteht aus den Teilbereichen:
- Erziehungswissenschaft,
- Erstes Fach,
- Zweites Fach,
- Schriftliche Hausarbeit.

Erziehungswissenschaft wird geprüft in einer „Arbeit unter Aufsicht" und einer mündlichen Prüfung, ebenso das zweite Fach. Im ersten Fach sind zwei „Arbeiten unter Aufsicht" vorgesehen und eine mündliche Prüfung.
Die Regelstudiendauer in Erziehungswissenschaft, dem ersten und zweiten Fach sind acht Semester, wobei das gesamte Studium in der Regel 160 Semesterwochenstunden umfassen soll. Dabei muß mindestens die Hälfte des Studiums an einer deutschsprachigen Hochschule erfolgt sein. Für das erste Fach sind etwa 80 Semesterwochenstunden, für das zweite Fach und Erziehungswissenschaft je ungefähr 40 Semesterwochenstunden vorgesehen.
Das Studium teilt sich in ein Grund- und ein Hauptstudium.
Pro Fach sind zwei Leistungsnachweise („Scheine") aus verschiedenen Teilgebieten des Hauptstudiums und in Erziehungswissenschaft ein Leistungsnachweis aus einem Teilgebiet des Hauptstudiums zu erbringen und je ein Leistungsnachweis aus der Fachdidaktik und der Allgemeindidaktik.

Die Prüfung im ersten Fach umfaßt fünf Teilgebiete aus dem Hauptstudium oder einem entsprechenden Studienabschnitt (darunter mindestens drei, aus denen keine Leistungsnachweise erbracht sind).
Die Prüfung im zweiten Fach und Erziehungswissenschaft umfaßt drei Teilgebiete aus dem Hauptstudium oder einem entsprechenden Studienabschnitt (darunter mindestens je zwei, aus denen keine Leistungsnachweise erbracht sind).
Teilgebiete, die Gegenstand der Erziehungswissenschaft und eines Faches sein können, dürfen im Rahmen der Leistungsnachweise oder Prüfungsvorschläge nur einmal angegeben werden.
Die schriftliche Hausarbeit kann als Einzel- oder Gruppenarbeit verfertigt werden, letzteres nur dann, wenn eine Aufgabe vorgeschlagen werden kann, bei der die Form der Gruppenarbeit zweckmäßig ist. Auch die mündliche Prüfung ist als Einzel- oder Gruppenprüfung zulässig (jedoch maximal drei Kandidaten, und die selbständige Leistung muß erkennbar sein).

Schweiz

Studiengänge mit Abschluß

Studienort	Abschlußmöglichkeiten	Semesterzahl regl. min.	effektiv etwa	obligatorische Studienpraktika
Basel Phil.-hist. Fakultät	Lic. phil. Oberlehrerdiplom* (3) zusätzlich zum Lic.: Mittel- oder Oberlehrerdiplom: Dr. phil.	8 10 –	8–10 10–12 2–6	*zusätzlich 1 Jahr Lehrerseminar BS mit Praktikum
Bern Phil.-hist. Fak.	Lic. Phil. Patent für das höhere Lehramt* (3) zusätzlich zum Lic. oder zum Patent für das höhere Lehramt: Dr. phil.	8 8 –	10 12–14 4–6	*6 W. Unterrichtspraktikum od. 1 Quartal Stellvertretung
Freiburg Phil. Fakultät	Lic. Phil. (2) Dr. phil. (2) Gymnasiallehrerdiplom* (3)	8 10 8	9 10 8–10	*6 W. Unterrichtspraktikum
Genève Faculté des lettres	Lic. ès lettres zusätzlich: Dr. en philosophie (1) Certificat d'aptitude à	8 –	9 4	*Lehrtätigkeit an der Mittelschule

	l'enseignement secondaire* (3)	4	4	
Lausanne (Uni) Faculté des lettres	Lic. ès lettres	8	10	*Unterrichtspraktikum
	zusätzlich:			
	Dr. ès lettres	–	4–6	
	Brevet d'aptitude à l'enseignement secondaire* (3)	2	2	
Neuchâtel Faculté des lettres	Lic. ès lettres	7	7–8	*2 M. Unterrichtspraktikum
	zusätzlich: Dr. ès lettres	8	8–12	
	zusätzlich zum Lic:			
	Certificat d'aptitudes pédagogiques* (3)	2	2	
	Certificat d'études superieures	2	2–3	
Zürich (Uni) Phil. Fakultät I	Lic. phil.	8	9–11	
	zusätzlich: Dr. phil.	2	2–4	

Spezialisierungen im Laufe des Studiums (bis Dipl., Lic., Dr.)

(1) Spezialisierung im Doktorat auf Metaphysik oder Logik oder Ethik und Sozialphilosophie oder Kunstphilosophie oder Geschichtsphilosophie oder Religionsphilosophie oder „théorie de la connaissance" oder Psychologie.

(2) Spezialisierung auf Philosophie oder Philosophiegeschichte im Laufe des Studiums.
Spezialisierung auf sowjetische Philosophie im Lizentiat oder Doktorat. Vorausgehend kann am Osteuropa-Institut ein Zeugnis in Fundamentalsowjetologie (nach einjährigem Kurs) und ein Zeugnis für höhere sowjetische Studien (nach dreijährigem Kurs) erworben werden.

(3) Anmerkungen zu den Gymnasiallehrerdipl.: s. unter Höheres Lehramt

Ausbildungsmöglichkeiten nach Abschluß des Studiums

Universität Freiburg, Internationales Institut für Sozialwissenschaft und Politik
2-semestriges Zusatzstudium für Hochschulabsolventen (Lic., Dr., theoretisch gleichgültig welcher Studienrichtung) in Sozial- und Rechtsphilosophie und in weiteren Fächern wie Völkerrecht, Staatsrecht, Nationalökonomie, Soziologie, moderne Geschichte, Ethnologie, Abschlußprüfung, Institutsdiplom.

Berufsbereiche

Hochschullehramt, Lehramt an Mittelschulen (Maturitätsmittelschulen vom Typus A, B und C. Lehrerseminarien, Handelsschulen und andere höhere Berufsschulen).

Österreich

Verordnung des Bundesministers für Wissenschaft und Forschung vom 31. August 1973 über die Studienordnung für die Studienrichtung „Philosophie, Pädagogik und Psychologie (Lehramt an höheren Schulen)“

Auf Grund der §§ 1 bis 10, 12, 15, 18, 20 und 21 des Bundesgesetzes vom 30. Juni 1971, BGBl. Nr. 326, über geisteswissenschaftliche und naturwissenschaftliche Studienrichtungen in Verbindung mit den Bestimmungen des Allgemeinen Hochschul-Studiengesetzes, BGBl. Nr. 177/1966, in der Fassung des Bundesgesetzes BGBl. Nr. 458/1972 wird im Einvernehmen mit dem Bundesminister für Unterricht und Kunst verordnet:

I. Abschnitt: Allgemeines

Einrichtung

§ 1. (1) Die Studienrichtung „Philosophie, Pädagogik und Psychologie (Lehramt an höheren Schulen)“ ist an den Philosophischen Fakultäten der Universitäten in Wien, Graz, Innsbruck und Salzburg sogleich einzurichten. An der Hochschule für Bildungswissenschaften in Klagenfurt ist dieses Studium mit den ersten zwei Semestern im Studienjahr 1973/74, in den folgenden drei Studienjahren sind je zwei weitere, im Wintersemester 1977/78 ist das letzte Semester einzurichten.
(2) Das Studium ist im Sinne der Bestimmungen des § 1 des Allgemeinen Hochschul-Studiengesetzes so zu gestalten, daß es in Verbindung mit der pädagogischen Ausbildung der wissenschaftlichen Berufsvorbildung für das Lehramt an höheren Schulen auf dem Gebiet der Philosophie, der Pädagogik und der Psychologie dient. Hierbei ist insbesondere auf die in Betracht kommenden Lehrpläne der höheren Schulen Bedacht zu nehmen.

Kombination

§ 2. (1) Das Studium der Studienrichtung „Philosophie, Pädagogik und Psychologie (Lehramt an höheren Schulen)“ ist nach Wahl des ordentlichen Hörers als erste oder als zweite Studienrichtung mit einem anderen der wissenschaftlichen oder wissenschaftlich-künstlerischen Berufsvorbildung für das Lehramt an höheren Schulen dienenden Studium, für das nach Maßgabe der hierfür geltenden gesetzlichen Bestimmungen eine solche Kombination zulässig ist, und mit der pädagogischen Ausbildung der Lehramtskandidaten zu kombinieren. Die Kombination der Studienrichtung „Philosophie, Pädagogik und Psychologie (Lehramt an höheren Schulen)“ ist mit jenen Studienrichtungen (Studienzweigen) der Lehramtsstudien ausgeschlossen, deren Studienordnungen die Kombination für unzulässig erklären.
(2) Kombinierten Studienrichtungen (Studienzweigen) gemeinsame Prüfungsfächer sind nur einmal zu inskribieren und zu prüfen. Das Studium ist in einem entsprechenden Ausmaß durch Wahlfächer zu ergänzen. Die Bewilligung ist von der zuständigen akademischen Behörde zu erteilen, wenn die Wahl im Hinblick auf die Erfordernisse der wissenschaftlichen Berufsvorbildung für das Lehramt an höheren Schulen sinnvoll erscheint. Eine Bewilligung ist nicht erforderlich, soweit die Wahl bestimmter Fächer im Studienplan empfohlen wurde.

Studienabschnitte und Studiendauer

§ 3. (1) Das Studium der Studienrichtung „Philosophie, Pädagogik und Psychologie (Lehramt an höheren Schulen)“ besteht aus zwei Studienabschnitten und erfordert einschließlich der für die Anfertigung der Diplomarbeit und der in der Studienordnung für die pädagogische Ausbildung der Lehramtskandidaten für das Schulpraktikum vorgesehenen Zeit, unbeschadet der Bestimmung der Absätze 4 und 5, die Inskription von neuen Semestern. Der erste Studienabschnitt umfaßt vier, der zweite fünf Semester.

(2) Der erste Studienabschnitt hat vornehmlich die Aufgabe, in das Studium der Philosophie, der Pädagogik und der Psychologie einzuführen und seine Grundlagen zu erarbeiten.

(3) Der zweite Studienabschnitt dient zur Vertiefung und zur speziellen Ausbildung.

(4) Wurde die Studienrichtung „Philosophie, Pädagogik und Psychologie (Lehramt an höheren Schulen)“ als zweite Studienrichtung gewählt, so können die Diplomprüfungen nach Maßgabe der §§ 7 und 11 vor Ablauf der Studiendauer gemäß Abs. 1 abgeschlossen werden.

(5) Die zuständige akademische Behörde hat auf Antrag des ordentlichen Hörers die Inskription von einem, höchstens aber von zwei Semestern zu erlassen, wenn der ordentliche Hörer die vorgesehenen Lehrveranstaltungen innerhalb der verkürzten Studiendauer inskribiert und die Voraussetzungen für die Zulassung zum zweiten Teil der zweiten Diplomprüfung erfüllt. War der ordentliche Hörer im Hinblick auf die Verkürzung der Studiendauer nicht in der Lage, die einzelnen Lehrveranstaltungen ordnungsgemäß zu inskribieren, so ist die Inskription derselben nachzusehen. Das Ausmaß dieser Lehrveranstaltungen darf die Hälfte der Stundenzahlen der in den beiden letzten Semestern zu inskribierenden Lehrveranstaltungen nicht übersteigen. Die vorgeschriebenen Prüfungen über den Stoff dieser Lehrveranstaltungen sind jedoch abzulegen.

(6) Jeder Studienabschnitt wird mit einer Diplomprüfung abgeschlossen.

(7) Die Mitglieder des Lehrkörpers haben im Rahmen der festgesetzten Lehrverpflichtungen oder Lehraufträge auf Grund der Studienpläne ihre Lehrveranstaltungen so einzurichten und den Lehrstoff so zu bemessen, daß die ordentlichen Hörer innerhalb der vorgesehenen Studiendauer ihre ordentlichen Studien abzuschließen vermögen (§ 2 Abs. 1 Allgemeines Hochschul-Studiengesetz).

(8) Die Studierenden sind verpflichtet, die vorgeschriebenen Lehrveranstaltungen zu inskribieren und sich den Studienzielen (§ 1 Abs. 2 Allgemeines Hochschul-Studiengesetz) mit Gewissenhaftigkeit zu widmen (§ 5 Abs. 4 Allgemeines Hochschul-Studiengesetz).

II. Abschnitt: Erster Studienabschnitt

Besondere Voraussetzungen

§ 4. (1) Die aus Latein abzulegende Zusatzprüfung zur Reifeprüfung, die nach Maßgabe der Bestimmungen des § 6 Abs. 1 der Hochschulberechtigungsverordnung, BGBl. Nr. 101/1968, die Voraussetzung für die Inskription des vierten einrechenbaren Semesters der Studienrichtung „Philosophie, Pädagogik und Psycho-

logie (Lehramt an höheren Schulen)“ bildet, kann durch eine Ergänzungsprüfung (§ 7 Abs. 9 Allgemeines Hochschul-Studiengesetz), die aus einem schriftlichen und mündlichen Teil besteht, ersetzt werden.
(2) Prüfer sind die Vortragenden der entsprechenden Lehrveranstaltungen. Wurden Lehrveranstaltungen über das betreffende Prüfungsfach nicht inskribiert, so ist der Prüfer vom Präses der zuständigen Prüfungskommission aus den Angehörigen des Lehrkörpers auszuwählen.

Inskription im ersten Studienabschnitt

§ 5. (1) In der Studienrichtung „Philosophie, Pädagogik und Psychologie (Lehramt an höheren Schulen)“ sind im ersten Studienabschnitt ingesamt 42 Wochenstunden, davon nach Maßgabe des Studienplanes unter Berücksichtigung der vorhandenen Lehr- und Forschungseinrichtungen 32 Wochenstunden aus den im Abs. 2 genannten Pflichtfächern zu inskribieren. Die Zahl der aus den kombinierten Studien inskribierten Wochenstunden hat in jedem Semester insgesamt mindestens 15 zu betragen.
(2) Während des ersten Studienabschnittes sind aus folgenden Pflichfächern mindestens zu inskribieren:

Name des Faches	Zahl der Wochenstunden
a) Psychologie	12
b) Pädagogik	8
c) Erkenntnistheorie, Logik und Wissenschaftstheorie	6
Davon sind zu inskribieren in:	
1. Erkenntnistheorie	2
2. Logik	2
3. Wissenschaftstheorie	2
d) Philosophie (Fach der zweiten Diplomprüfung)	6

(3) Die nach Inskription der Pflichtfächer gemäß Abs. 2 auf die in Abs. 1 festgesetzte Gesamtstundenzahl noch fehlende Zahl von Wochenstunden ist durch die Inskription beliebiger Lehrveranstaltungen als Freifächer zu erfüllen. Die im Studienplan empfohlenen Freifächer sind besonders zu beachten.

Zulassung zur ersten Diplomprüfung

§ 6. (1) Zulassung zu einer Teilprüfung (§ 7 Abs. 2 lit. a) oder zu einem Prüfungsteil einer solchen Teilprüfung (§ 7 Abs. 4) setzt die gültige Inskription und den Abschluß (Abs. 4) der für dieses Prüfungsfach im Studienplan vorgesehenen Lehrveranstaltungen voraus.
(2) Die Zulassung zum abschließenden Teil oder zur kommissionellen Ablegung der ersten Diplomprüfung in zwei Teilen (§ 7 Abs. 2 lit. b) setzt voraus:
a) die Inskription von vier einrechenbaren Semestern;
b) die gültige Inskription und den Abschluß der für die Prüfungsfächer im Studienplan vorgesehenen Lehrveranstaltungen.

Die Zulassung zum zweiten Teil der ersten Diplomprüfung setzt überdies die erfolgreiche Ablegung des ersten Teils voraus.

(3) Wird jedoch der erste Teil der ersten Diplomprüfung nach dem ersten Studienjahr abgelegt, so setzt die Zulassung zu dieser Prüfung voraus:
a) die Inskription von zwei einrechenbaren Semestern;
b) die gültige Inskription und den Abschluß der die Prüfungsfächer umfassenden Lehrveranstaltungen, soweit diese im ersten und zweiten Semester inskribiert wurden.
(4) Als Abschluß von Übungen, Proseminaren, Seminaren, Privatissima, Praktika, Arbeitsgemeinschaften und Konversatorien gilt die positive Beurteilung der Teilnahme an diesen Lehrveranstaltungen.

Erste Diplomprüfung

§ 7. (1) Prüfungsfächer der ersten Diplomprüfung sind:
a) Psychologie;
b) Pädagogik;
c) Erkenntnistheorie, Logik und Wissenschaftstheorie;
d) auf Antrag des Kandidaten eines oder mehrere der gemäß § 5 Abs. 3 gewählten Freifächer.
(2) Die erste Diplomprüfung ist eine Gesamtprüfung. Sie ist nach Wahl des Kandidaten
a) entweder in der Form von Teilprüfungen von Einzelprüfern
b) oder als kommissionelle Prüfung in zwei Teilen vom gesamten Prüfungssenat nach Maßgabe der folgenden Bestimmungen abzuhalten:
1. Der erste Teil der kommissionellen Prüfung umfaßt mindestens die Hälfte der Prüfungsfächer der ersten Diplomprüfung nach Wahl des Kandidaten. Die übrigen Prüfungsfächer der ersten Diplomprüfung sind im zweiten Teil der kommissionellen Prüfung zu prüfen;
2. meldet sich der Kandidat nach dem ersten Studienjahr zum ersten Teil der kommissionellen Prüfung, so umfaßt sie diejenigen Prüfungsfächer bzw. diejenigen Prüfungsteile derselben, die den im ersten Studienjahr inskribierten Lehrveranstaltungen entsprechen. Der zweite Teil der kommissionellen Prüfung umfaßt die übrigen Prüfungsfächer bzw. Prüfungsteile.
(3) Beantragt der Kandidat die kommissionelle Abnahme der ersten Diplomprüfung erst nach Ablegung einer oder mehrerer Teilprüfungen (Prüfungsteile), so hat sich die kommissionelle Prüfung auf die restlichen Prüfungsfächer (Prüfungsteile) zu beschränken.
(4) Umfaßt eine Teilprüfung den Stoff von mehreren Lehrveranstaltungen, so ist auf Antrag des Kandidaten die Teilprüfung in den einzelnen Lehrveranstaltungen entsprechenden Prüfungsteilen abzulegen, soweit nicht der Erfolg der Lehrveranstaltungen nachgewiesen wird (§ 6 Abs. 4). Prüfer sind die Vortragenden oder Leiter der betreffenden Lehrveranstaltungen.
(5) Erfolgreich abgelegte Teilprüfungen oder Prüfungsteile sind nicht anzuerkennen und müssen für den Fall der Fortsetzung des Studiums wiederholt werden, wenn seit der zuletzt abgelegten Teilprüfung oder seit dem zuletzt abgelegten Prüfungsteil mehr als drei Semester verstrichen sind. Wenn ein wichtiger Grund (§ 6 Abs. 5 lit. b letzter Satz Allgemeines Hochschul-Studiengesetz), eine Beurlaubung

oder eine Studienbehinderung (§ 8 Allgemeines Hochschul-Studiengesetz) vorliegt, hat der Präses der zuständigen Prüfungskommission diese Frist zu verlängern.

(6) Besteht eine Teilprüfung aus mehreren Prüfungsteilen, so gilt sie nur dann als mit Erfolg abgelegt, wenn jeder Prüfungsteil zumindest mit der Note „genügend" beurteilt wurde (§ 29 Allgemeines Hochschul-Studiengesetz).

(7) Nicht bestandene Teilprüfungen oder Prüfungsteile von solchen (Abs. 2 lit. a und Abs. 4) dürfen nur dreimal, nicht bestandene kommissionelle Prüfungen (Abs. 2 lit. b) nur zweimal wiederholt werden (§ 30 Abs. 1 Allgemeines Hochschul-Studiengesetz). Beantragt der Kandidat die kommissionelle Abnahme der ersten Diplomprüfung nach einmaliger erfolgloser Ablegung einer oder mehrerer Teilprüfungen (Prüfungsteile), so gilt die kommissionelle Prüfung als erste Wiederholung; sie kann im Falle eines Mißerfolges noch zweimal wiederholt werden. Hat der Kandidat eine oder mehrere Teilprüfungen (Prüfungsteile) schon zweimal erfolglos abgelegt, so gilt die kommissionelle Prüfung als zweite Wiederholung und kann noch einmal wiederholt werden. Hat der Kandidat eine oder mehrere Teilprüfungen (Prüfungsteile) schon dreimal ohne Erfolg abgelegt, so gilt die kommissionelle Prüfung als Prüfung gemäß § 30 Abs. 5 des Allgemeinen Hochschul-Studiengesetzes und kann nicht mehr wiederholt werden. Die Bestimmung des § 30 Abs. 1 zweiter bis vierter Satz des Allgemeinen Hochschul-Studiengesetzes bleibt unberührt.

(8) Hat der Kandidat mehr als einen Prüfungsteil zunächst ohne Erfolg abgelegt, so ist die letzte zulässige (dritte) Wiederholung dieser Prüfungsteile gemeinsam als kommissionelle Prüfung vor einem Prüfungssenat abzulegen. Der Prüfungssenat hat aus den Leitern der betreffenden Lehrveranstaltungen, mindestens aber aus einem Vorsitzenden und zwei Prüfungskommissären zu bestehen.

(9) Die erste Diplomprüfung ist grundsätzlich mündlich abzuhalten. Wenn es jedoch die Eigenart des Prüfungsfaches erfordert, insbesondere wenn Auswertungen oder statistische Berechnungen durchzuführen oder Gutachten zu erstellen sind, hat die zuständige akademische Behörde schriftliche Prüfungen oder Prüfungsarbeiten anzuordnen. Schriftliche Prüfungen oder Prüfungsarbeiten sind auch dann anzuordnen, wenn die mündliche Ablegung von Teilprüfungen oder Prüfungsteilen derselben vor Einzelprüfern wegen der zu großen Zahl der Kandidaten und der geringen Zahl der Prüfer nicht möglich ist. Bei der gemäß Abs. 8 letzten zulässigen Wiederholung einer auf solche Art durchgeführten Teilprüfung oder eines Prüfungsteiles hat zusätzlich eine mündliche Prüfung stattzufinden. Eine mündliche Prüfung hat zusätzlich auch dann stattzufinden, wenn der Kandidat eine solche beantragt (§ 30 Abs. 7 Allgemeines Hochschul-Studiengesetz), sofern die schriftliche Prüfung oder die Prüfungsarbeit mit einer positiven Note beurteilt wurde (§ 29 Abs. 2 Allgemeines Hochschul-Studiengesetz). Die Zulassung zu anderen Prüfungsteilen setzt die positive Beurteilung der vorangegangenen Prüfungsteile aus dem betreffenden Prüfungsfach voraus. Der Zeitraum zwischen dem schriftlichen und dem mündlichen Teil einer Prüfung hat mindestens zwei Wochen und höchstens drei Monate zu betragen (§ 24 Abs. 5 Allgemeines Hochschul-Studiengesetz).

(10) Wird die erste Diplomprüfung als kommissionelle Prüfung in zwei Teilen (Abs. 2 lit. b) abgelegt, so ist sie, unbeschadet der Bestimmung des Abs. 2 lit. b Z.

2 innerhalb einer Woche abzuschließen (§ 24 Abs. 5 zweiter Satz Allgemeines Hochschul-Studiengesetz).

III. Abschnitt: Zweiter Studienabschnitt

Inskription im zweiten Studienabschnitt

§ 8. (1) Wenn die erste Diplomprüfung aus den beiden kombinierten Studienrichtungen nicht spätestens bis zum Ende des sechsten Semesters vollständig abgelegt wurde, sind weitere Semester in den zweiten Studienabschnitt nicht einzurechnen (§ 20 Abs. 3 Allgemeines Hochschul-Studiengesetz). Bei Vorliegen wichtiger Gründe (§ 6 Abs. 5 lit. b Allgemeines Hochschul-Studiengesetz) hat jedoch die zuständige akademische Behörde die Einrechnung weiterer Semester zu bewilligen.
(2) In der Studienrichtung „Philosophie, Pädagogik und Psychologie (Lehramt an höheren Schulen)" als erste und als zweite Studienrichtung sind, unbeschadet der Bestimmung des Abs. 5, im zweiten Studienabschnitt insgesamt 42 Wochenstunden, davon nach Maßgabe des Studienplanes unter Berücksichtigung der vorhandenen Lehr- und Forschungseinrichtungen 32 Wochenstunden aus den im Abs. 4 genannten Pflichtfächern zu inskribieren.
(3) Die Zahl der aus den kombinierten Studien inskribierten Wochenstunden hat im fünften und neunten Semester mindestens je 5, in den übrigen einrechenbaren Semestern des zweiten Studienabschnittes jedoch mindestens je 15 zu betragen.
(4) Während des zweiten Studienabschnittes sind aus den folgenden Pflichtfächern mindestens zu inskribieren:

Name des Faches	Zahl der Wochenstunden
a) Philosophie	12
b) Pädagogik	6
c) Psychologie	8
d) Fachdidaktik einschließlich der schulpraktischen Ausbildung im Rahmen des Faches „Pädagogik" gemäß § 10 Abs. 4 des Bundesgesetzes über geisteswissenschaftliche und naturwissenschaftliche Studienrichtungen	6

Davon sind zwei Wochenstunden aus schulpraktischen Lehrveranstaltungen zu inskribieren.

Die Lehrveranstaltungen aus den unter lit. a bis d genannten Fächern sind so vorzusehen, daß eine Zusammenschau der Fächer ermöglicht wird.
(5) Wurde die Studienrichtung „Philosophie, Pädagogik und Psychologie (Lehramt an höheren Schulen)" als erste Studienrichtung gewählt, so sind außer den in Abs. 4 genannten Pflichtfächern im zweiten Studienabschnitt Lehrveranstaltungen im Ausmaß von zwei bis vier Wochenstunden aus dem gemäß § 10 Abs. 2 lit. d vorgeschriebenen Vorprüfungsfach zu inskribieren.
(6) Die nach Inskription der Pflichtfächer gemäß Abs. 4 auf die im Abs. 2 festgesetzte Gesamtstundenzahl noch fehlende Zahl von Wochenstunden ist durch die Inskription beliebiger Lehrveranstaltungen als Freifächer zu erfüllen. Die im Studienplan empfohlenen Freifächer sind besonders zu beachten.

Diplomarbeit

§ 9. (1) Der Kandidat hat durch selbständige Bearbeitung eines Themas aus einem dem gewählten Studium zugehörigen Fach den Erfolg der wissenschaftlichen Berufsvorbildung durch eine Diplomarbeit (§ 25 Abs. 1 Allgemeines Hochschul-Studiengesetz) darzutun. Das Thema der Diplomarbeit ist einem der Studienrichtung „Philosophie, Pädagogik und Psychologie (Lehramt an höheren Schulen)" zugehörigen Fach (einschließlich der entsprechenden Fachdidaktik) zu entnehmen, sofern diese Studienrichtung als erste Studienrichtung gewählt wurde.
(2) Der Kandidat ist berechtigt, das Thema der Diplomarbeit aus einer Anzahl von Vorschlägen der ihrem Fach nach zuständigen Hochschulprofessoren, emeritierten Hochschulprofessoren, Honorarprofessoren und Hochschuldozenten nach Maßgabe der Bestimmungen des § 25 Abs. 1 des Allgemeinen Hochschul-Studiengesetzes auszuwählen. Dem Angehörigen des Lehrkörpers, der das Thema der Diplomarbeit vorgeschlagen hat, obliegt auch die Betreuung des Kandidaten bei der Ausarbeitung der Diplomarbeit sowie ihre Begutachtung.
(3) Das Thema der Diplomarbeit ist auf Antrag des ordentlichen Hörers spätestens in den letzten zwei Wochen des drittletzten in die Studiendauer einrechenbaren Semesters zu vergeben.
(4) Die Diplomarbeit ist je nach Eigenart des Themas und des Ausbildungszieles (§ 1 Abs. 2) als Hausarbeit oder als Institutsarbeit durchzuführen. Die Art der Durchführung ist gleichzeitig mit dem Thema vorzuschlagen (Abs. 2).
(5) Die Diplomarbeit ist bei der Prüfungskommission zur Abhaltung der zweiten Diplomprüfung einzurechnen.
(6) Die Diplomarbeit ist innerhalb eines angemessenen Zeitraumes zu begutachten. Hierbei sind die Bestimmungen des § 3 Abs. 1, 5 und 7 zu berücksichtigen.

Zulassung zur zweiten Diplomprüfung

§ 10. (1) Für die Zulassung zu einer Teilprüfung des ersten Teils der zweiten Diplomprüfung (§ 11 Abs. 3) oder zu einem Prüfungsteil einer solchen Teilprüfung (§ 11 Abs. 4) gelten die Bestimmungen des § 6 Abs. 1 sinngemäß.
(2) Die Zulassung zur kommissionellen Ablegung des ersten Teiles der zweiten Diplomprüfung und zum zweiten Teil der zweiten Diplomprüfung setzt voraus:
a) die erfolgreiche Ablegung der ersten Diplomprüfung;
b) unbeschadet der Bestimmung des § 3 Abs. 4 und 5 die Inskription von neun einrechenbaren Semestern;
c) unbeschadet der Bestimmung des § 3 Abs. 5 die Inskription und den Abschluß der für die Prüfungsfächer im Studienplan vorgesehenen Lehrveranstaltungen;
d) sofern die Studienrichtung „Philosophie, Pädagogik und Psychologie (Lehramt an höheren Schulen)" als erste Studienrichtung gewählt wurde, die erfolgreiche Ablegung einer Vorprüfung nach Wahl des Kandidaten über den Stoff von Lehrveranstaltungen,
   1. welche die Fachgebiete dieser Studienrichtung wissenstheoretisch und philosophisch vertiefen, oder
   2. welche die Fachgebiete dieser Studienrichtung in historischer oder wissenschaftsgeschichtlicher oder soziologischer Weise erfassen;

   die Vorprüfung kann auch im ersten Studienabschnitt abgelegt werden;

e) die Approbation der Diplomarbeit, sofern die Studienrichtung „Philosophie, Pädagogik und Psychologie (Lehramt an höheren Schulen)" als erste Studienrichtung gewählt wurde und das Thema der Diplomarbeit einem dieser Studienrichtung angehörenden Fach entnommen wurde.

(3) Die Zulassung zum zweiten Teil der zweiten Diplomprüfung setzt überdies die erfolgreiche Ablegung des ersten Teiles der zweiten Diplomprüfung aus den beiden gewählten Studienrichtungen voraus.

(4) Die Zulassung zur Vorprüfung setzt die gültige Inskription und den Abschluß der für das Vorprüfungsfach im Studienplan vorgesehenen Lehrveranstaltungen voraus. Die Vorprüfung ist mündlich abzuhalten. Prüfer sind die Vortragenden oder Leiter der betreffenden Lehrveranstaltungen. Die Bestimmungen des § 7 Abs. 4 bis 8 gelten sinngemäß.

(5) Die Bestimmung des § 6 Abs. 4 gilt sinngemäß.

(6) Ordentliche Hörer, die im zweiten Studienabschnitt die Studienrichtung oder den Studienzweig (§ 2 Abs. 3 Bundesgesetz über geisteswissenschaftliche und naturwissenschaftliche Studienrichtungen) wechseln, haben bis zur Anmeldung zur kommissionellen Ablegung des ersten Teiles der zweiten Diplomprüfung und zum zweiten Teil der zweiten Diplomprüfung ihre bisherigen Studien durch Ablegung der ersten Diplomprüfung in den auf die neue Studienrichtung (Studienzweig) fehlenden Prüfungsfächern zu ergänzen.

Zweite Diplomprüfung

§ 11. (1) Prüfungsfächer der zweiten Diplomprüfung sind:

a) Philosophie;
b) Pädagogik;
c) Psychologie;
d) auf Antrag des Kandidaten eines oder mehrere der gemäß § 8 Abs. 6 gewählten Freifächer.

Die fachdidaktische Ausbildung einschließlich der schulpraktischen Ausbildung ist dem Prüfungsfach „Pädagogik" gemäß § 10 Abs. 4 des Bundesgesetzes über geisteswissenschaftliche und naturwissenschaftliche Studienrichtungen zuzurechnen.

(2) Die zweite Diplomprüfung ist eine Gesamtprüfung, die in zwei Teilen abzulegen ist.

(3) Der erste Teil der zweiten Diplomprüfung ist nach Wahl des Kandidaten in der Form von Teilprüfungen vor Einzelprüfern oder als kommissionelle Prüfung aus allen Prüfungsfächern der zweiten Diplomprüfung vor dem gesamten Prüfungssenat abzulegen.

(4) Umfaßt eine Teilprüfung des ersten Teiles der zweiten Diplomprüfung den Stoff von mehreren Lehrveranstaltungen, so ist auf Antrag des Kandidaten die Teilprüfung in den einzelnen Lehrveranstaltungen entsprechenden Prüfungsteilen abzulegen, soweit nicht der Erfolg der Lehrveranstaltungen nachgewiesen wird (§ 10 Abs. 5 in Verbindung mit § 6 Abs. 4). Prüfer sind die Vortragenden oder Leiter der betreffenden Lehrveranstaltungen. Prüfungsteile über den Stoff von Lehrveranstaltungen, die gemäß § 5 Abs. 2 lit. d im ersten Studienabschnitt inskribiert wurden, können schon während des ersten Studienabschnittes abgelegt werden.

(5) Beantragt der Kandidat die kommissionelle Abnahme des ersten Teiles der zweiten Diplomprüfung erst nach Ablegung einer oder mehrerer Teilprüfungen, so erstreckt sich die kommissionelle Prüfung auf die restlichen Prüfungsfächer.
(6) Der zweite Teil der zweiten Diplomprüfung ist als kommissionelle Prüfung vom gesamten Prüfungssenat abzuhalten und hat zu umfassen:
a) eine Prüfung aus dem Teilgebiet des Prüfungsfaches, dem das Thema der Diplomarbeit zuzuordnen ist;
b) eine Prüfung aus einem weiteren Teilgebiet eines Prüfungsfaches nach Wahl des Kandidaten, das als ein Schwerpunkt der ersten Studienrichtung oder, sofern das Thema der Diplomarbeit mit einem Prüfungsfach der zweiten Studienrichtung (des gewählten Studienzweiges der zweiten Studienrichtung) im Zusammenhang steht, dieser Studienrichtung (dieses Studienzweiges) anzusehen ist.
(7) Die Bestimmungen des § 7 Abs. 5 bis 9 gelten für den ersten Teil der zweiten Diplomprüfung sinngemäß.
(8) Der zweite Teil der zweiten Diplomprüfung ist mündlich abzuhalten.

Verleihung des Diplomgrades

§ 12. (1) An die Absolventen der Studienrichtung „Philosophie, Pädagogik und Psychologie (Lehramt an höheren Schulen)“ ist der akademische Grad „Magister der Philosophie“, lateinische Bezeichnung „Magister philosophiae“, abgekürzt „Mag. phil.“ zu verleihen, sofern diese Studienrichtung als erste Studienrichtung gewählt wurde.
(2) Die Verleihung des akademischen Grades obliegt derjenigen Hochschule (Fakultät), an der die Diplomarbeit approbiert wurde. Die Verleihung erfolgt durch Sponsion in feierlicher Form in Anwesenheit des Rektors und des Dekans durch einen Ordentlichen Hochschulprofessor als Promotor.
(3) Die Verleihung des akademischen Grades ist zu beurkunden. Die absolvierte Studienrichtung ist in der Urkunde ersichtlich zu machen.
(4) Absolventen der Studienrichtung „Philosophie, Pädagogik und Psychologie (Lehramt an höheren Schulen)“ sind nach Maßgabe einer besonderen Studienrichtung zur Erwerbung des Doktorates der Philosophie (der Naturwissenschaften) zuzulassen.

Erweiterungsstudien

§ 13. (1) Die Studienrichtung „Philosophie, Pädagogik und Psychologie (Lehramt an höheren Schulen)“ kann auch als Erweiterungsstudium (§ 12 Bundesgesetz über geisteswissenschaftliche und naturwissenschaftliche Studienrichtungen) absolviert werden.
(2) Erweiterungsstudien dienen:
a) der Ergänzung der als zweite Studienrichtung absolvierten Studienrichtung „Philosophie, Pädagogik und Psychologie (Lehramt an höheren Schulen)“ auf die Anforderungen des Studiums als erste Studienrichtung einschließlich der Anfertigung einer Diplomarbeit;
b) der Ergänzung der Studienrichtung „Philosophie, Pädagogik und Psychologie (Lehramt an höheren Schulen)“ auf die Studienrichtungen „Philosophie“, „Pädagogik“ oder „Psychologie“;

c) der Ergänzung der Studienrichtung „Philosophie, Pädagogik und Psychologie (Lehramt an höheren Schulen)“ durch Absolvierung einer weiteren Studienrichtung der Lehramtsstudien in Kombination mit den das Gebiet dieser Studienrichtung betreffenden Teilen der pädagogischen Ausbildung nach den für die erste Studienrichtung oder nach den für die zweite Studienrichtung geltenden Vorschriften.

(3) Erweiterungsstudien können in kürzerer als der im § 3 Abs. 1 vorgesehenen Zeit abgeschlossen werden, soweit die Inskription der vorgeschriebenen Lehrveranstaltungen in der verkürzten Zeit möglich ist. Die Bestimmungen des § 3 Abs. 5 dieser Verordnung und des § 27 Abs. 3 des Allgemeinen Hochschul-Studiengesetzes sind sinngemäß anzuwenden.

(4) Erweiterungsstudien können nach Maßgabe des § 10 Abs. 1 des Allgemeinen Hochschul-Studiengesetzes auch gleichzeitig mit dem Diplomstudium, dessen Ergänzung sie dienen, absolviert werden (§ 6 Abs. 3 Allgemeines Hochschul-Studiengesetz).

(5) Der Abschluß eines Erweiterungsstudiums berechtigt nicht zur Erwerbung eines akademischen Grades.

b) Magisterprüfung. Die Rahmenordnung

Im folgenden ist der Wortlaut der „Rahmenordnung für die akademische Abschlußprüfung (Magisterprüfung) in der Philosophischen Fakultät“ angegeben (Beschluß der Kultusministerkonferenz vom 11./12. Februar 1960 in der Fassung vom 26. Mai 1971).

Die Akademische Abschlußprüfung, mit deren Bestehen die Verleihung des Grades eines Magister Artium verbunden ist, soll den Studierenden einen ordnungsgemäßen Abschluß ihres Studiums in der Philosophischen Fakultät ermöglichen.

Die Zulassung zu der Prüfung setzt ein ordnungsgemäßes Studium von acht Semestern voraus, dazu gehören auch etwa geforderte fachliche Praktika.

Die Prüfung wird entsprechend den Magisterordnungen der einzelnen Universitäten in einem Hauptfach und zwei Nebenfächern oder in einem 1. und einem 2. Hauptfach abgelegt. Die Fächer dürfen nicht durch ihre nahe Verwandtschaft eine allzu starke Einengung des Fachbereichs zur Folge haben. Das Hauptfach bzw. 1. Hauptfach kann nur aus dem Bereich der Philosophischen Fakultät gewählt werden. Die Hauptfächer bzw. 1. Hauptfächer, in den eine Magisterprüfung abgelegt werden kann, müssen in der Prüfungsordnung der Fakultät oder in ihren Ausführungsbestimmungen festgelegt werden; alle Fächer der Philosophischen Fakultät sind als Nebenfächer oder als 2. Hauptfach möglich.

Die Prüfung besteht aus der schriftlichen Hausarbeit im Hauptfach bzw. 1. Hauptfach und der mündlichen Prüfung im Hauptfach und den beiden Nebenfächern bzw. dem 1. und dem 2. Hauptfach.

§ 2 Prüfungsausschuß

Vorsitzender des Prüfungsausschusses ist der Dekan der Fakultät.

§ 3 Meldung zur Prüfung

Die Meldung kann von Bewerbern, die ihr Studium ordnungsgemäß abgeleistet haben, frühestens im Laufe des 8. Semesters eingereicht werden. Das Studium an einer anderen deutschen oder an einer ausländischen als gleichwertig anerkannten wissenschaftlichen Hochschule kann auf Antrag des zuständigen Fachvertreters voll angerechnet werden. Eine Studienzeit, die nicht an einer wissenschaftlichen Hochschule verbracht ist, kann ebenfalls auf Antrag des zuständigen Fachvertreters bis zur Höchstgrenze von 4 Semestern angerechnet werden, wenn das Hauptfach an der betreffenden Hochschule (Akademie) wissenschaftlich vertreten ist. In jedem Fall müssen mindestens 2 von den vorgeschriebenen 8 Semestern – möglichst die letzten – an der Universität ... abgeleistet sein.

Dem Gesuch sind beizufügen: das Reifezeugnis einer anerkannten deutschen höheren Lehranstalt oder ein als gleichwertig anerkanntes Zeugnis. Ausreichende Lateinkenntnisse müssen durch das Reifezeugnis oder eine von der Fakultät abgehaltene oder anerkannte Prüfung nachgewiesen werden, sofern nicht der Dekan der zuständigen Fakultät in begründeten Fällen eine Ausnahme genehmigt.

Über die Zulassung entscheidet der Vorsitzende.

§ 4 Schriftliche Prüfung

Die Hausarbeit ist in der Regel in deutscher Sprache abzufassen.

Mit der Arbeit ist eine Versicherung einzureichen, daß der Bewerber sie selbständig verfaßt und keine anderen als die angegebenen Grundlagen benutzt habe. Die Stellen der Arbeit, die anderen Werken dem Wortlaut oder dem Sinn nach entnommen sind, müssen in jedem Fall unter Angabe der Quellen der Entlehnung kenntlich gemacht werden. Die Versicherung selbständiger Abfassung ist auch für gelieferte Zeichnungen, Skizzen, bildliche Darstellungen u. dgl. abzugeben.

Die Hausarbeit wird mit einer der folgenden Noten beurteilt:

– sehr gut – gut – befriedigend – ausreichend – nicht ausreichend.

Eine abgelehnte Prüfungsarbeit schließt die mündliche Prüfung aus. Die Gesamtprüfung ist in diesem Falle für nicht bestanden zu erklären.

§ 5 Ergebnis der Prüfung

Die Prüfungsleistungen sind wie folgt zu bewerten: – mit Auszeichnung – sehr gut – gut – bestanden – nicht bestanden. Die Prüfung ist mit Auszeichnung bestanden, wenn alle Prüfungsleistungen als sehr gut bewertet worden sind.

Die Prüfung ist nur bestanden, wenn das Prädikat in dem Hauptfach und den beiden Nebenfächern bzw. im 1. und 2. Hauptfach mindestens „ausreichend" lautet.

Besteht der Bewerber die Ergänzungsprüfung nicht oder legt er sie nicht innerhalb der gestellten Frist ab, so wird die Gesamtprüfung für nicht bestanden erklärt.

Über die bestandene Prüfung erhält der Bewerber eine von dem Dekan ausgefertigte Urkunde, die die Prüfungsfächer nachweist und das Ergebnis enthält.

Die nicht bestandene Prüfung kann nur einmal wiederholt werden.

§ 6 Ungültigkeitserklärung und Entziehung

Es finden die allgemeinen gesetzlichen Bestimmungen Anwendung.

c) Promotion (am Beispiel der Universität Köln)

Im folgenden sind als Beispiel die für Philosophie entscheidenden Passagen der Promotionsordnung der philosophischen Fakultät zu Köln abgedruckt.

§ 1 Allgemeines

Die Philosophische Fakultät verleiht den Grad eines Doktors der Philosophie (Dr. phil.) auf Grund einer vom Bewerber verfaßten wissenschaftlichen Abhandlung (Dissertation) und einer mündlichen Prüfung (Rigorosum).

Die Fakultät kann Grad und Würde eines Doktors der Philosophie ehrenhalber wegen ausgezeichneter wissenschaftlicher Leistungen in ihrem Bereich oder wegen besonderer Verdienste um die Wissenschaft verleihen (Dr. phil. h. c.). Die Ehrenpromotion erfolgt durch Überreichung des die Verdienste würdigenden Diploms.

§ 2 Zulassung zur Promotion

Die Zulassung zur Promotion setzt voraus:

1. Hochschulreife;
2. A) ausreichende Kenntnisse des Lateinischen, wie sie in der Regel durch 6jährigen Schulunterricht vermittelt werden. Bei Bewerbern, die einem asiatischen oder afrikanischen Kulturkreis entstammen, kann bei entsprechender Fächerwahl anstelle des Nachweises von Lateinkenntnissen der Nachweis von Kenntnissen einer anderen klassischen Sprache (wie Sanskrit, Altchinesisch, Arabisch) treten. Über Anträge entscheidet der Dekan;
   B) ausreichende Kenntnisse des Griechischen bei folgenden Fächern:
      a) Lateinische Philologie, Byzantinistik, Mittel- und Neugriechische Philologie als Haupt- und Nebenfach;
      b) Alte Geschichte, Archäologie, Historisch-Vergleichende Sprachwissenschaft als Hauptfach;
      c) Philosophie, sofern die Dissertation ein antikes oder mittelalterliches Thema behandelt.
      Als Nachweis gilt das Reifezeugnis eines altsprachlichen Gymnasiums oder eine gleichwertige Ergänzungsprüfung.

C) ausreichende Kenntnisse anderer Sprachen nach Maßgabe der für das jeweilige Fachstudium geltenden Studienordnung.

3. ein Fachstudium von acht Semestern bei voller Immatrikulation an einer wissenschaftlichen Hochschule in der Bundesrepublik Deutschland, das ordnungsgemäß nach den von der Fakultät für die einzelnen Fächer entsprechend dieser Prüfungsordnung erlassenen Studienordnungen durchgeführt sein muß und die Magisterprüfung, die Erste Staatsprüfung für das Lehramt Sekundarstufe II oder die Diplomprüfung zum Abschluß hat. Mindestens zwei Semester müssen an der Universität zu Köln absolviert sein; von dieser Bestimmung kann der Dekan nur in Ausnahmefällen befreien. Gasthörersemester können nur in Ausnahmefällen durch den Dekan bis zu zwei Semestern angerechnet werden. Über die Anrechnung einer an ausländischen Universitäten oder Hochschulen verbrachten Studienzeit entscheidet der Dekan im Einvernehmen mit den zuständigen Fachvertretern, in strittigen Fällen die Fakultät;

4. die Würdigkeit des Bewerbers.

§ 3 *Promotionsgesuch*

Der Bewerber reicht dem Dekan ein Gesuch um Zulassung zum Promotionsverfahren ein, in dem die vom Bewerber gewählten Prüfungsfächer anzugeben sind. Dem Gesuch sind beizufügen:

1. die Dissertation in zweifacher Ausfertigung, druckreif mit Schreibmaschine sorgfältig geschrieben und gebunden;
2. ein Lebenslauf in deutscher Sprache, der u.a. über Eltern, Staatsangehörigkeit, Schulausbildung und Studium Auskunft gibt (in zweifacher Ausfertigung);
3. das Reifezeugnis oder ein als gleichwertig anerkanntes deutsches oder ausländisches Zeugnis sowie ggf. Zeugnisse über abgelegte Ergänzungsprüfungen nach § 2.2;
4. die Studienbücher und Abgangszeugnisse der besuchten Universitäten und Hochschulen;
5. Bestätigungen über das ordnungsgemäß durchgeführte Studium in den drei Prüfungsfächern, bzw. dementsprechende Fachkenntnisse und Vorleistungen (Formblatt des Dekanats);
6. ggf. Zeugnisse über Magister-, Diplom- und Staatsprüfungen;
7. eine Erklärung über frühere begonnene oder fehlgeschlagene Promotionsversuche oder Versuche zu anderen akademischen Prüfungen;
8. ggf. eigene wissenschaftliche Publikationen;
9. eine Versicherung mit folgendem Wortlaut:

   Ich versichere, daß ich die Dissertation (Titel ...) selbst und ohne unerlaubte Hilfe angefertigt habe; daß die Dissertation noch keiner anderen Stelle zur Prüfung vorgelegen hat und weder ganz noch im Auszuge bereits veröffentlicht worden ist; daß andere Bewerbungen um den Doktorgrad von mir noch nicht unternommen bzw. fehlgeschlagen sind und daß die vorliegende Arbeit unter Anleitung und Aufsicht von Prof. Dr. ... entstanden ist. Die benutzten Quellen und Hilfsmittel sind vollständig angegeben. Die Stellen der Arbeit – einschließlich Tabellen, Karten, Abbildungen-, die anderen Werken im Wortlaut oder dem Sinn nach entnommen sind, habe ich in jedem Einzelfall als Entlehnung kenntlich gemacht. §§ 11 und 12 der Promotionsordnung sind mir bekannt;

10. ein polizeiliches Führungszeugnis, wenn seit der Exmatrikulation mehr als drei Monate verflossen sind und der Doktorand nicht im öffentlichen oder kirchlichen Dienst steht;

Über die Zulassung entscheidet der Dekan durch schriftlichen Bescheid, der im Falle der Ablehnung zu begründen ist. Ein Anspruch auf Zulassung zur Promotion besteht nicht. Das Gesuch kann zurückgenommen werden, solange nicht durch eine ablehnende Fakultätsentscheidung über die Dissertation das Promotionsverfahren beendet ist oder die mündliche Prüfung begonnen hat.

§ *4 Prüfungsfächer*

Es gelten folgende Sonderbestimmungen:

Von den Fächern Philosophie, Psychologie und Pädagogik dürfen nur zwei gewählt werden;

Zu Pädagogik als Hauptfach ist Philosophie oder Psychologie als Nebenfach obligatorisch;

Von den Nebenfächern kann eines aus den Prüfungsfächern einer anderen ggf. auch auswärtigen Fakultät gewählt werden, sofern dieses dort planmäßig, in keiner Form jedoch an der Philosophischen Fakultät der Universität zu Köln vertreten ist und in sinnvollem Zusammenhang mit dem Hauptfach steht.
Die Entscheidung trifft der Dekan;

Bei den Fächern Philosophie, Pädagogik, Psychologie, Musikwissenschaft, Völkerkunde, Ur- und Frühgeschichte und Geographie gilt ein Nebenfach aus der Mathematisch-Naturwissenschaftlichen Fakultät nicht als genehmigungspflichtig;

§ *5 Dissertation*

Die Dissertation muß ein in den Bereich der Fakultät fallendes Gebiet behandeln. Sie soll wissenschaftlich beachtliche Ergebnisse enthalten und die Fähigkeit des Bewerbers zu selbständiger Forschung und klarer Darstellung seiner Erkenntnisse bekunden. Sie darf, abgesehen von einer kurzen vorläufigen Mitteilung ihrer Ergebnisse, noch nicht veröffentlicht sein.

Die Dissertation muß in deutscher oder lateinischer Sprache abgefaßt sein und nach Abschluß des Verfahrens veröffentlicht werden (siehe § 9). In besonderen Ausnahmen kann auf Antrag die Veröffentlichung in einer Fremdsprache (Englisch, Französisch, Spanisch oder Russisch) erfolgen, wenn das Thema in engem Kontakt mit dieser Sprache steht und die wissenschaftliche Diskussion vorwiegend in dieser Sprache stattfindet. Über die Triftigkeit eines Antrags entscheidet die Fakultät.

§ 6 Beurteilung der Dissertation

Der Dekan bestimmt für die Dissertation zwei promotionsberechtigte Mitglieder der Fakultät als Referenten. Der Erstreferent ist derjenige, der die Arbeit angeregt hat, also auch ggf. ein Emeritus. Der Dekan kann weitere Referenten heranziehen. Bei einer Dissertation über Grenzgebiete zweier Fakultäten kann der zweite Referent oder zusätzlich ein weiterer aus einer anderen Fakultät herangezogen werden.

Die Referenten begutachten die Arbeit und beantragen die Annahme oder Ablehnung der Arbeit. Im ersten Falle schlagen sie zugleich das Prädikat vor. Als Noten gelten: genügend (opus idoneum), gut (opus laudabile), sehr gut (opus valde laudabile), und – bei ungewöhnlich hoher wissenschaftlicher Leistung – ausgezeichnet (opus eximium).

Die Referenten können die Annahme der Dissertation von einer Überarbeitung abhängig machen. Diese hat innerhalb einer vom Dekan im Einvernehmen mit den Fachvertretern bestimmten Frist zu erfolgen. Mit der Neufassung ist die Urfassung mit ihren Randnoten erneut einzureichen. Die Gutachten liegen mit der Dissertation acht Tage lang im Dekanat für die Mitglieder der Engeren Fakultät zur Einsicht aus. Die Dissertation gilt als angenommen, wenn sich beide Referenten für die Annahme ausgesprochen haben und kein begründeter Einspruch von einem promotionsberechtigten Fakultätsmitglied erhoben wird. Wird ein solcher Einspruch erhoben, so bestimmt der Dekan das weitere Verfahren.

Die Dissertation gilt als abgelehnt, wenn mindestens einer der Referenten die Ablehnung der Arbeit empfohlen hat und gegen die Ablehnung binnen vier Wochen von keinem promotionsberechtigten Fakultätsmitglied begründeter Einspruch erhoben worden ist. Wird ein solcher Einspruch erhoben, kann der Dekan eine erneute Prüfung der Arbeit, auch durch Gutachter außerhalb der Fakultät veranlassen. Die endgültige Entscheidung trifft die Fakultät. Eine abgelehnte Arbeit verbleibt mit allen Gutachten bei den Akten der Fakultät.

§ 7 Mündliche Prüfung

Die mündliche Prüfung erfolgt nach Annahme der Dissertation durch die Fakultät. Sie findet unter dem Vorsitz des Dekans statt. Die Beherrschung der deutschen Sprache ist Voraussetzung. Die mündliche Prüfung erstreckt sich auf ein Hauptfach, das auch durch den Gegenstand der Dissertation gekennzeichnet ist, und zwei Nebenfächer. Die Prüfung findet innerhalb einer Woche statt und dauert mindestens eine Stunde im Hauptfach und mindestens eine halbe Stunde in jedem Nebenfach. An der Prüfung müssen mindestens drei Prüfer beteiligt sein. Wenn zwei Promotionsfächer nur durch ein und denselben planmäßigen Professor vertreten sind, kann der Dekan Ausnahmen von dieser Bestimmung zulassen.

Der Dekan bestimmt die Prüfer, unter denen derjenige, der die Dissertation angeregt hat, im Hauptfach mindestens eine halbe Stunde prüfen soll. Wird das Hauptfach durch mehrere promotionsberechtigte Fakultätsmitglieder vertreten, prüfen in der Regel zwei Fachvertreter. An der mündlichen Prüfung nimmt außer dem Prüfer ein zweites habilitiertes Fakultätsmitglied als Beisitzer teil.

§ 8 *Beurteilung der mündlichen Prüfung*

Über die mündliche Prüfung gibt jeder Prüfende ein vom Beisitzer gegengezeichnetes Protokoll zu den Promotionsakten. Er bezeichnet kurz die dem Examinanden vorgelegten Fragen und den Umfang, in dem sich der Kandidat unterrichtet gezeigt hat. Er schlägt bei bestandener Prüfung der Fakultät eine der Noten genügend (rite), gut (cum laude), sehr gut (magna cum laude) und bei ungewöhnlich hoher wissenschaftlicher Leistung ausgezeichnet (summa cum laude) vor.

Nach Beendigung der mündlichen Prüfung findet eine Schlußsitzung statt, an der alle Prüfer und Beisitzer teilnehmen können. Hierbei setzt der Dekan die Noten fest. Für die Dissertation und für die mündliche Prüfung werden getrennte Prädikate erteilt.

Wird die Prüfung auch nur in einem der drei Fächer nicht bestanden, so gilt die ganze mündliche Prüfung als nicht bestanden. Diese Bestimmung gilt auch, wenn eine Teilprüfung im Hauptfach nicht bestanden wird. Eine Wiederholung ist frühestens nach sechs Monaten, spätestens binnen Jahresfrist möglich. Die Wiederholungsprüfung umfaßt dieselben Fächer wie die erste und soll vor denselben Prüfern abgelegt werden. Bei nicht genügender Leistung in nur einem Nebenfach kann die Wiederholung auf dieses eine Fach beschränkt werden. Die Entscheidung trifft der Dekan. Zweimalige Wiederholung ist ausgeschlossen. Bei nichtbestandener mündlicher Prüfung verbleibt die Dissertation mit allen Gutachten bei den Akten der Fakultät.

Erscheint der Kandidat nicht zur mündlichen Prüfung, ohne daß durch ärztliches Attest Krankheit nachgewiesen wird, oder bricht er die Prüfung ab, so gilt die Prüfung als nicht bestanden.

§ 9 *Druck der Dissertation*

Der Doktorand hat seine Dissertation entweder als selbständige Abhandlung drucken bzw. vervielfältigen oder in einer wissenschaftlichen Zeitschrift bzw. Schriftenreihe erscheinen zu lassen und folgende Anzahl von Exemplaren abzuliefern:

150 Exemplare bei privatem Druck oder Vervielfältigung,
40 Exemplare bei Druck durch einen gewerblichen Verleger, Aufnahme in einer Reihe oder Veröffentlichung in einer Zeitschrift.

Die Arbeit muß vor der Drucklegung bzw. Vervielfältigung dem ersten Referenten vorgelegt werden.

Dieser achtet darauf, daß die Veröffentlichung in einer angemessenen Form und unter Berücksichtigung der evt. bei der Annahme der Arbeit gemachten Änderungsauflagen erfolgt, und erteilt bei Vorlage des Revisionsabzugs bzw. bei Fotooffsetdruck der Druckvorlage das Imprimatur. Ein vom ersten Referenten unterschriebener Revisionsschein (Anlage 1) ist dem Dekan zu übergeben. Falls der zweite Referent die Annahme von einer Überarbeitung abhängig gemacht hat oder der Doktorand von sich aus die Dissertation verändert hat, ist der Revisionsschein auch vom zweiten Referenten zu unterzeichnen. In strittigen Fällen entscheidet der Dekan im Einvernehmen mit dem Erstreferenten. Die Pflichtexemplare müssen ein Titelblatt in Form der Anlage 2 besitzen und auf dem letzten Blatt der Dissertation den Lebenslauf des Verfassers enthalten. Bei Dissertationen, die in wissenschaftlichen Reihen oder Zeitschriften erscheinen, kann von dieser Bestimmung befreit werden, wenn im Vorwort oder in einer Anmerkung ausdrücklich mit Angabe der Referenten und des Datums des Rigorosums vermerkt wird, daß es sich um eine von der Philosophischen Fakultät der Universität zu Köln angenommene Dissertation handelt. Wird ausnahmsweise (vgl. § 5) der Druck in einer Fremdsprache gestattet, sind neben den Pflichtexemplaren zwei Expemplare in deutscher Sprache (mit gesondertem Revisionsschein) abzuliefern. Eines davon ist für die Universitäts- und Stadtbibliothek Köln bestimmt. In die fremdsprachlichen Exemplare ist ein deutsches Resümee von etwa 5% des Textes und ein Hinweis auf das deutsche Exemplar in Köln einzubeziehen. Die Pflichtexemplare müssen zwei Jahre nach bestandener Prüfung an den Dekan abgeliefert sein. Auf begründeten Antrag kann der Dekan die Ablieferungsfrist um ein Jahr verlängern. Spätestens nach fünf Jahren oder bei Versäumnis einer Frist erlöschen alle durch die Prüfung erworbenen Rechte.

§ 10 Das Doktordiplom

Nach Erfüllung sämtlicher Promotionsleistungen und nach Vorlage von Entlastungsbescheinigungen der Universitäts- und Stadtbibliothek Köln sowie der Institute, an denen der Doktorand gearbeitet hat (Anlage 3), wird das Doktordiplom mit dem Siegel der Fakultät und unter dem Datum der mündlichen Prüfung ausgefertigt. Mit seiner Aushändigung gilt die Promotion als vollzogen, mit diesem Tage entsteht das Recht zur Führung des Doktorgrades. Die vorläufige Bezeichnung „Dr. des.“ ist unzulässig.

Nachdem nun die formalen und inhaltlichen Bedingungen und Anforderungen des Philosophiestudiums und der universitären Abschlüsse dargestellt sind, bleibt noch ein entscheidender Punkt offen: wie nämlich der Student all diesen Bestimmungen nachkommen kann. Dazu ist es erforderlich, daß er lernt, selbständig philosophische Problemstellungen und Texte zu erarbeiten. Das letzte Kapitel versucht, hierfür Anregungen zu geben.

4. Eigenstudium

a) Verfahren der Texterarbeitung

Die Studienordnungen, Magisterrahmenordnung, Vorschriften für das Staatsexamen und Promotionsordnungen legen die Voraussetzungen, Bedingungen, Ziele und Anforderungen eines ordentlichen Studienganges fest. Die universitären Veranstaltungen (Vorlesungen, Seminare, Übungen, Kolloquien) sollen dem Studenten die Inhalte und Methoden an die Hand geben, um den Vorschriften und Erwartungen genügen zu können. Doch die universitären Veranstaltungen allein reichen nicht aus. Student sein heißt nicht passiv das aufnehmen, was gerade angeboten wird, sondern heißt sich eifrig um die verhandelte Sache bemühen. Konkret bedeutet dies, daß zum einen die besuchten Veranstaltungen vor- und nachbereitet werden müssen und daß zum andern der Student Eigeninitiative entwickeln muß, um selbständig das für sich zu erarbeiten, was gerade nicht angeboten wird. Für das Philosophiestudium heißt das vor allem: Primärliteratur lesen! Nun macht sich bei philosophischer Literatur der hermeneutische Zirkel besonders deutlich bemerkbar. Es gibt kaum philosophische Texte, die verständlich sind, wenn nicht der Gesamtzusammenhang des philosophischen Denkens des jeweiligen Autors gegenwärtig ist.

Folgendes Vorgehen empfiehlt sich für den Anfänger: Bevor man sich an den Originaltext macht, liest man in Philosophiegeschichten nach, was dort über den Autor und seine Problemstellungen sowie -lösungen geschrieben steht. Dann informiert man sich in Handbüchern über die philosophische Disziplin, die für den betreffenden Text in Frage kommt. Nun erst setzt man sich an den Originaltext, schlägt die erste Seite auf, die den Namen des Autors und den ausführlichen Titel nennt und einen eventuellen Übersetzer (und in diesem Fall auch den Originaltitel, den Originalerscheinungsort und das Erscheinungsjahr der ersten Auflage). Danach blättert man um und findet auf der Rückseite, meist unten (manchmal allerdings auch auf der letzten Seite), den Erscheinungsort und das Erscheinungsjahr (im Falle einer Übersetzung oder einer zweiten Auflage sind die entsprechenden Daten manchmal auch hier abgedruckt). Als nächstes liest man sich das Inhaltsverzeichnis durch, um den Gesamtüberblick über das Werk zu bekommen (meist auf der nächsten Seite abgedruckt, manchmal aber auch am Ende). Bevor man sich dann an die Einleitung macht, legt man sich Bleistift, Lineal und Papier zurecht, um mit dem Text arbeiten zu können. Man unterstreicht sich Sätze, die den inhaltlichen Fortgang der Argumentation ausmachen, umrandet zentrale Begriffe, unterstreicht deren Erläuterungen, schreibt an den Rand zustimmende und ablehende, kommentierende und fragende Bemerkungen, verweist auf andere Textstellen im selben Buch, in anderen Büchern und weist hin auf andere Autoren. Dies alles sollte möglichst mit Bleistift geschehen – Bleistift kann leicht ausradiert werden –, denn bei einem ersten Lesen ist noch nicht sicher, daß das Angestrichene auch wirklich das Wichtige war, daß die Randnotizen auch wirklich treffen. Solche Arbeit mit einem Buch setzt voraus, daß es einem gehört: der Student muß sich langsam eine eigene Bibliothek aufbauen; der Philosoph lebt mit Büchern, und deshalb müssen die Bücher langlebig sein, dürfen nach dem ersten Lesen nicht wie Makulatur aussehen. Dazu bedarf es eines stabilen Einbandes und pfleglicher Behandlung.

Neben seinem Buch hat der Student Papier (oder Hefte oder Karteikarten) liegen, auf das er exzerpieren (d.h. das Gelesene auf wesentliche Auszüge zusammenziehen) und auf dem er sich mit Schaubildern die Gedankengänge veranschaulichen kann.

Die Lektüre der Einleitung macht dem Leser den Problemkreis des Buches klar, zeigt häufig die Methode auf, ordnet das Problem in historische und systematische Zusammenhänge ein und vermerkt mitunter auch schon den ins Auge gefaßten Problemlösungsvorschlag. Als solche Selbstinterpretation kann auf das Lesen der Einleitung nicht verzichtet werden.

Bevor dann der Hauptteil des Buches angegangen wird, empfiehlt es sich für den Anfänger, sich ein philosophisches Lexikon bereitzulegen, um Fachausdrücke sofort nachschlagen zu können.

Erst wenn das Buch derart gewissenhaft durchgearbeitet ist (auch wenn noch vieles unklar geblieben ist und manches falsch verstanden wurde), sollte man sich an die Sekundärliteratur machen. Das bringt Erfolgserlebnisse, wenn man bemerkt, daß die eigene Auffassung mit derjenigen der Sekundärliteratur übereinstimmt, regt an, wenn Unterschiede bemerkt werden, klärt, wo man nicht weiterwußte und eröffnet Perspektiven und Zusammenhänge, die man noch nicht gesehen hat.

b) Die Interpretation philosophischer Texte

Die beschriebenen äußerlichen Verfahrensweisen machen noch keine philosophische Interpretation aus. Sogleich schließt sich die Frage an, ob es eine der Philosophie eigentümliche Interpretationsweise überhaupt gibt.

Wie nach philosophischem Herkommen Gegenstandsbereiche angegangen werden können, zeigte das Kapitel „Methoden und Positionen der Philosophie". Da der Student der Philosophie nicht sofort damit beginnt, selbständig zu philosophieren und selbst der „Originalphilosoph" sich noch mit Texten der philosophischen Vergangenheit auseinandersetzt, soll hier nach „methodischen Schritten einer Textinterpretation in philosophischer Absicht" (Gatzemeier 1973) gefragt werden.

Wie es nicht „die" Philosophie gibt, so gibt es auch nicht „den" philosophischen Text. Die Spanne dessen, was als philosophischer Text gilt, reicht von den Bildern des Höhlengleichnisses Platons zu den Abstraktionen Hegels, von Nietzsches Aphorismen zur Diskursivität Descartes', von Blochs appellierender Sprache zur Systematik Kants, von Heideggers Suggestionen zu Poppers Nüchternheit, von Wittgensteins Verwirrspielen zum Erlanger Konstruktivismus, von Schellings Andeutungen zum „sonnenklaren Bericht" Fichtes.

Was ist nun all diesen verschiedenartigen Texten gemein (d.h. unterscheidet sie von nicht-philosophischen) und worin weichen sie ab (d.h. was unterscheidet sie untereinander)? Jeden philosophischen Text zeichnet aus, daß er mindestens eine Behauptung aufstellt, die er durch mehr oder weniger lange Ausführungen zu erweisen versucht (vgl. dazu die Vorbemerkung „Philosophie, Wissenschaft und Mythos", S. 19 bis 24). Dabei verläuft der „Erweis" nicht so, daß auf Erfahrbares zurückgegriffen wird oder nur Meinungen verkündet werden, sondern der „Erweis" liegt in der Diskursivität des Textes selbst, in der Folgerichtigkeit der Argumentation. Deshalb beansprucht der philosophische Text Allgemeingültigkeit. Solche Stimmigkeit des Textes in sich selbst schließt selbstverständlich nicht aus, daß die Erfahrung des Autors Ausgangspunkt seines Denkens ist. Sie fließt als „Prämisse" (Denkvoraussetzung) und als Erkenntnisziel in den philosophischen Text ein. Manche Denker legen ihre Prämissen und Erkenntnisziele deshalb auch ausdrücklich offen. Andere wiederum versuchen, völlig voraussetzungslos zu beginnen, alle ihre Behauptungen in einem Verfahren der Letztbegründung abzusichern, was jedoch, wie wieder andere zu beweisen versuchen, gar nicht möglich ist. Damit zeichnet sich der philosophische Text dadurch aus, daß er erstens Behauptungen aufstellt, zweitens in einem diskursiven Verfahren, das, zusammen mit der Prämissen- und Implikatenreflexion, allein den Geltungsanspruch der Behauptungen ausmacht und der deshalb drittens, aufgrund der Diskursivität, Allgemeingültigkeit beansprucht. Die Unterschiede innerhalb der philosophischen Texte ergeben sich aus den Abweichungen im Verständnis von „Diskursivität" (vgl. dazu Rehfus 1980, S. 86–93 und 190–192), die von strengen Argumentationsketten bis hin zu lockeren Assoziationen reicht. Manche Texte führen die Begrifflichkeit, mit der umgegangen wird, ausdrücklich ein, andere setzen sie voraus oder lassen sie unbestimmt. Doch für die Interpretation aller philosophischen Texte gilt folgendes:

Philosophische Texte müssen problemorientiert gelesen werden, d.h., daß beim Lesen die einzelnen Sätze vor dem Hintergrund eines Problems zu sehen sind: wie weit sie das Problem darstellen, Lösungswege angeben oder Lösungsvorschläge machen. Dies meint der Fachausdruck „Aspektierung" eines Textes; sie schließt ein, daß das philosophische Lesen langsam und gewissenhaft ist, sich aber nicht in philologischer Kleinarbeit erschöpft. Vor allem der Anfänger muß lernen, Textpassagen, die er (noch) nicht versteht, zu überlesen, um wenigstens den Gedankengang im groben zu erfassen. Diese allgemeine Regel ist kein Freibrief für unkonzentriertes Arbeiten, sondern meint den ganz bewußten Mut zur Lücke, der um die Lücke weiß. So ist es zum Beispiel denkbar, daß bei der Lektüre von Descartes' Meditationen die Beweisführung seiner Gottesbeweise unverständlich bleibt, gleichwohl die Funktion der Gottesbeweise sehr wohl erkannt wird. So ist weiter denkbar, daß der Leser Widersprüche im Denken eines Autors findet, die er (noch) nicht auflösen kann. Auch in diesem Fall dürfen Interpretationsausstände bleiben; dies meine ich mit „Mut zur Lücke".

Die Frage aber ist, wie die Aspekte gefunden werden, welche die Leserichtung angeben. Sie ergeben sich zunächst aus dem Text selbst. So ist der Titel eines Buches oft problemorientiert, und vor allem die Kapitelüberschriften machen deutlich, worum es im jeweiligen Kapitel geht. Zu erinnern ist auch an die Einleitung, in der mitunter schon die Thesen des Hauptteils angegeben sind.

Solch immanenten (sich aus dem Text selbst ergebenden) Verfahren können egrediente (die von außen an den Text herangetragen werden) zur Seite gestellt werden. Die Aspektierung ergibt sich hierbei nicht aus der Intention (Absicht) des Autors, sondern aus dem Erkenntnisinteresse des Lesers. Geht es im ersten Fall darum, dem Autor möglichst gerecht zu werden, spielt diese Forderung im zweiten Fall nur eine untergeordnete Rolle. Die Problemstellung ergibt sich nicht aus dem Text, sondern wird von außen an ihn herangetragen. Steht im ersten Fall mehr die (objektive) Angemessenheit der Interpretation im Vordergrund, so im zweiten das (subjektive) Interesse des Lesers am Problem. Wird im ersten Fall die Subjektivität auszuschalten versucht, bringt sie sich im zweiten voll zur Geltung.[1] Birgt das immanente Verfahren die Gefahr unphilosophischer Philologie, so das egrediente die Gefahr willkürlicher Behauptungen. Zugespitzt: das philosophische Werk wird entweder Opfer philologischer Sorgfalt oder Steinbruch subjektiver Beliebigkeit. Die philosophische Interpretation findet die Mitte, indem in ihr die subjektive Leseabsicht sich am Text abarbeitet. D.h., daß sich zwei zunächst gesonderte „Bereiche" gegenüberstehen (nämlich Leser und Text), wobei der Leser seine Leseab-

---

[1] Dies ist selbstverständlich nur eine holzschnittartige Skizzierung der Extreme, die, so würde die Hermeneutik geltend machen, so gar nicht auftreten können.

sicht (ob immanent oder egredient gewonnen) am Text selbst ausprobiert und gegebenenfalls korrigiert. Dies Verfahren geht davon aus, daß „Behauptungen über den Text nur anhand des Textes zu begründen, daß Antworten auf Fragen an den Text nur aus dem Text selbst (oder aus weiteren Texten), nicht aber durch ein ‚Hineinversetzen in die Situation des Verfassers‘, durch Introspektion oder ‚kongeniales Nachempfinden‘ ohne Textbeleg begründbar zu gewinnen sind“ (Gatzemeier 1973, S. 298). Textbelege sind der Versuch, Interpretationsbehauptungen dadurch als richtig zu erweisen, daß mit einem Zitat auf den Text verwiesen wird. Zu beachten aber ist, daß Zitate erstens nichts beweisen und daß Zitate zweitens nicht begründen (sie dienen nur dazu, Interpretationsbehauptungen zu „belegen“). Deshalb ist es notwendig, begründend darzulegen, weshalb und wie der Interpret meint, daß sich seine Interpretationsbehauptung aus der zitierten Textstelle ergibt. Dies ist so möglich, daß zunächst eine These als Interpretationsbehauptung aufgestellt wird, der dann ein Zitat als Beleg für die These hinzugefügt wird, und daß schließlich der Zusammenhang von These und Zitat begründet wird.

Selbstverständlich müssen alle Zitate, sowohl wörtliche als auch sinngemäße – einzelne Wörter, ganze Sätze und Gedankengänge – durch Anführungszeichen, Seitenverweis und Quellenangabe bei wörtlicher, durch Quellenangabe und Seitenverweis bei sinngemäßer Übernahme kenntlich gemacht werden. Zu beachten ist weiter, daß wörtliche Zitate, sofern sie gekürzt oder leicht verändert werden (um sie in die Grammatik des laufenden Textes einzupassen), nicht sinnentstellt sein dürfen, daß sie syntaktisch richtig und inhaltlich verständlich sein und in den Text des Interpreten richtig eingefügt werden müssen.

Die oben erläuterte „Abarbeitung“ der Leseabsicht am philosophischen Text vollzieht sich als Rekonstruktion seines Argumentationsgangs. Diese Rekonstruktion setzt so an, daß sie ein immanent oder egredient gefundenes Problem zum Leseanlaß nimmt, das der Text lösen soll. Die Leseabsicht ist folglich, im Text eine Lösung für das Problem zu finden, das der Leser an einen Text heranträgt, in dem er es erörtert vermutet. Der Autor versucht zunächst, sein Problem möglichst klar und aufgefächert darzustellen, um dann einen mehr oder weniger gegliederten, argumentierenden Problemlösungsvorschlag aufzuzeigen (der manchmal allerdings auch ausbleibt). In allen Fällen kommt es bei der Interpretation darauf an, den Argumentationsgang möglichst eindeutig aufzuzeigen. D.h., daß insbesondere die Argumentations- bzw. Konstruktionsschaltstellen herausgestellt werden müssen; sie müssen benannt und ihr argumentativer Stellenwert muß angegeben werden (vgl. dazu Rehfus 1980, S. 95). Die Interpretationsleistung ist mithin zunächst nichts anderes als das Eindeutigmachen einer in einem philosophischen Text mehr oder weniger ausdrücklich gemachten Argumentation, deren Stellenwert sich daraus ergibt, daß sie Problemlösungsvorschläge für das Problem macht, das der Interpret dem zu interpretierenden philosophischen Text hypothetisch unterstellt. Doch der Ausweis des Argumentationsgangs allein genügt noch nicht. Der philosophische Text arbeitet oft mit Fachausdrücken und Begriffen, die in ihm überhaupt nicht ausdrücklich erläutert sind und aus dem Gesamtzusammenhang erschlossen werden müssen. Dies ist die zweite Hauptaufgabe der Rekonstruktion: die Erläuterung der Fachausdrücke und Begriffe eines philosophischen Textes, die innerhalb des Argumentationsgangs die entscheidende Rolle spielen, ohne deren Verständnis der gesamte Text unverständlich bleibt (vgl. dazu Rehfus 1980, S. 66f., 74f. und 99ff.). Gatzemeier (1974, S. 303 ff.) schlägt folgende Interpretationsschritte vor:

„(1) Eliminierung aller für den Beweisgang und die jeweilige Leseabsicht irrelevanten Stellen,
(2) Herstellung eines synonymen Textes,
(3) Rekonstruktion des Wortgebrauchs, die sich bezieht auf:
- Grammatik,
- Semantik,
- methodische Funktion der Worte,

(4) Rekonstruktion des Beweisganges.

Am Ende der immanenten Rekonstruktion sollte ein eindeutiger, verständlicher, kontrollierbarer Text zur Verfügung stehen, und zwar so, daß der Interpret in der Lage ist, die Worterläuterungspflichten des Autors selbst zu übernehmen." (Gatzemeier 1974, S. 309).

Das Ziel der Rekonstruktion des Argumentationsgangs und der Erläuterung der Begrifflichkeit ist, daß der Leser den Problemlösungsvorschlag des Autors entweder übernimmt oder begründend ablehnen kann. Dazu ist es notwendig, den „Beweisgang" des Autors zu prüfen und zwar zuförderst in seiner Stimmigkeit in sich und dann in bezug darauf, wie weit die Prämissen und die Ausfächerung des Problemstands für den Leser annehmbar sind. Denn wenn die Argumentation in sich schlüssig ist, die Prämissen vom Leser übernommen werden und die Darlegung des Problemstandes als zufriedenstellend hingenommen wird, dann muß auch der gesamte Problemlösungsvorschlag mit Einschluß seiner denkerischen und eventuell praktischen Folgen vom Leser mitübernommen werden.

Eine Textinterpretation in philosophischer Absicht läßt sich demnach in drei Schritte zerlegen (vgl. dazu Rehfus 1980, S. 188 f.):

I Darstellung

1. Aufweis der Intention des Autors bzw. der Leseabsicht,
2. Bestimmung dessen, was im Text zentral behauptet wird, bzw. seine Fragestellung,
3. Beschreibung der Denkschritte, die zu den zentralen Behauptungen führen, d.h.:
   a) Ausweis der Denkschritte in ihrer Abfolge,
   b) Kennzeichung des argumentativen Stellenwerts der Denkschritte:
      – Argumente (Begründungen)
        Thesen, Stützthesen (denn, weil usf.), Hypothesen (wenn ... dann usf.), Folgerungen (deshalb, also, daher, folglich, damit, mithin usf.)
      – Erläuterungen
        Beispiele, Veranschaulichungen usf.
      – Sprechakte
        Behauptungen, Annahmen, Aufforderungen, Fragen, Vorschläge, Definitionen, Wünsche, Vermutungen, Versprechen, Warnungen, Deklarationen usf.
4. Beschreibung des wissenschaftlichen Ansatzes des Textes (philosophische Position, wissenschaftsspezifische Methode, philosophische Disziplin).

II Kommentar

1. Erläuterung der zentralen Begriffe der Argumente,
2. Aufweis von zusätzlichen Argumenten, die für oder gegen die zentralen Thesen sprechen,
3. Aufweis der nicht ausgewiesenen, aber notwendigen denkerischen Voraussetzungen der Argumentation (Prämissen),
4. Aufweis der unausgesprochenen Annahmen, die in der Argumentation notwendig mitgedacht werden müssen, jedoch nicht ausdrücklich erwähnt sind (Implikate),
5. Aufweis der vom Autor nicht erwähnten theoretischen und praktischen Konsequenzen, die sich aus dem vorliegenden Text ergeben (mit Berücksichtigung der Prämissen und Implikate).

III Kritik

1. immanent:
   a) Überprüfung der formal-logischen Stimmigkeit (Konsistenz) des vorliegenden Textes,

b) Überprüfung, ob es dem Autor gelingt, seine von ihm selbst ausgewiesenen Prämissen, Hypothesen, Absichten und Vermutungen im Gang der Untersuchung einzuholen oder nicht,
c) Überprüfung der Angemessenheit der wissenschaftsspezifischen Position und Methode in bezug auf den Problemstand.

2. egredient:
a) Kritik des vorliegenden Textes von einer konkurrierenden philosophischen Position aus,
b) Aufweis der Verträglichkeit der Behauptungen des vorliegenden Textes mit komplementären Theorien (Kohärenz),
c) Versuch der Erstellung einer konkurrierenden Theorie.

c) Aufbau des Philosophiestudiums

Gleich welchen Abschluß man wählt: das Studium ist zielgerichtet, und das Ziel gibt die Richtschnur für das Studium ab. Zu berücksichtigen hierbei sind allerdings die Sachzwänge, die sich aus der Philosophie selbst ergeben. Nun ist die Philosophie kein Gebiet, dem eine Logik der Aneignung innewohnte. Es ist grundsätzlich gleichgültig, ob mit Platon oder Kant, mit Ästhetik oder Geschichtsphilosophie, mit Existentialismus oder Positivismus begonnen wird. Dennoch empfiehlt sich eine gewisse Systematik im Aufbau des Studiums. Eine solche ist in den Studienordnungen für das Fach Philosophie an fast allen Universitäten inzwischen erarbeitet (wenn auch noch nicht immer, falls formal erforderlich, vom zuständigen Minister genehmigt).

Allgemein üblich geworden ist die Gliederung des Studiums in Grund-, Haupt- und Aufbaustudium.

Im Grundstudium soll sich der Student vertraut machen mit den wichtigsten Positionen, Methoden, Problemstellungen und -lösungen der Philosophie, er soll die Fähigkeit erwerben, die Hilfsmittel der Philosophie zu verwenden, und schließlich soll er lernen, philosophische Probleme und Argumente zu analysieren und darzustellen. An manchen Universitäten schließt das Grundstudium nach vier Semestern mit einer Zwischenprüfung ab, an anderen bedarf es der Vorlage von „Scheinen“ (d.h. benoteten Beurteilungen des erfolgreichen Besuchs von Proseminaren), um an Hauptseminaren teilnehmen zu dürfen, d.h. um das Hauptstudium ableisten zu können.

Legt das Grundstudium den Schwerpunkt mehr auf die Aneignung, so muß im Hauptstudium die selbständige wissenschaftliche Beschäftigung mit philosophischen Problemen und Texten erlernt werden. Dadurch wird sowohl eine Vertiefung des Grundstudiums erreicht als auch eine Verbreiterung der Wissensgrundlage; schließlich erwirbt der Student die Fähigkeiten, gegenwärtige Diskussionen innerhalb der Philosophie qualifiziert mitverfolgen zu können. Das Hauptstudium schließt nach mindestens vier Semestern mit dem Staatsexamen oder der Magisterprüfung ab.

Hieran kann sich ein Aufbaustudium anschließen. Als „Graduiertenstudium" dient es hauptsächlich der Ausbildung des wissenschaftlichen Nachwuchses, und im Vordergrund steht entsprechend die selbständige Auseinandersetzung mit speziellen Problemen der Philosophie. Es ist zeitlich nicht festgelegt und schließt mit der Promotion ab. Als „Ergänzungsstudium" dient es der Fortbildung hauptsächlich der Gymnasiallehrer (auch Kontaktstudium genannt).

Die meisten Universitäten haben für die ersten zwei Studienabschnitte auch Regelungen darüber getroffen, welche Gebiete der Philosophie jeweils studiert werden müssen. Im allgemeinen wird hierbei zwischen einem Pflicht- und einem Wahlbereich unterschieden. Im Pflichtbereich sind genaue Semesterwochenstundenzahlen verbindlich gemacht und gewisse Teilgebiete angegeben, die alle in den entsprechenden Lehrveranstaltungen erarbeitet werden müssen. Häufig sind diese Teilgebiete in sich nochmals unterteilt („Studieninhalte"); es wird dem Studenten freigestellt, welche dieser Studieninhalte er sich erarbeiten möchte. So muß z.B. an der Universität Bochum das Teilgebiet Logik im Grundstudium mit zwei und im Hauptstudium ebenfalls mit zwei Semesterwochenstunden belegt werden (sofern Philosophie das erste Fach ist). Es ist aber freigestellt, ob dieser quantitativen Festlegung mit dem Studieninhalt „Einführung in die Logik", „Übungen zur Logik", „Symbolische Logik für Fortgeschrittene" oder „Philosophie der Logik" nachgekommen wird. Der Wahlbereich ist quantitativ geregelt durch die vorgeschriebene Mindestanzahl von Semesterwochenstunden. Qualitativ gibt es keine Festlegungen: alle im Vorlesungsverzeichnis angebotenen Veranstaltungen des Faches Philosophie können gewählt werden.

Da die inhaltlichen Bestimmungen an den einzelnen Universitäten zu unterschiedlich sind, ist es unmöglich, eine vereinheitlichende Übersicht zu geben. Anzumerken ist aber folgendes. Das Examen ist zwar der Abschluß des Studiums, doch sollte es, um der Berufspraxis willen, nicht einziger Zielpunkt sein. Es ist zwar möglich, ein Studium so zu organisieren, daß es nach acht Semestern mit einem Examen beendet werden kann, insbesondere dann, wenn man an einer Universität bleibt, sich frühzeitig auf die Professoren festlegt, von denen man sich prüfen lassen will, und sich überall an die Mindestbedingungen hält. Ein solches Studium ist dann zwar formal mit dem Examen beendet, aber kaum inhaltlich befriedigend und kaum ausreichend für die qualifizierte Ausübung des künftigen Berufes. Vor allem der Philosophielehrer bedarf eines breiten und dennoch nicht oberflächlichen philosophischen Wissens; sein philosophisches Steckenpferd zu reiten ist in der Schule nicht möglich. Auch ist es schlechterdings unmöglich, etwa einen Hegeltext aus dem Stand angemessen zu interpretieren. Um auch nur kürzere Passagen mit Schülern erfolgreich erarbeiten zu können, muß der Lehrer das gesamte Denken des jeweiligen Philosophen im Kopfe haben. Alle Philosophen studiert zu haben, ist aber in acht Semestern kaum möglich, allerdings auch nicht in neun, zehn oder elf. Was also tun? Das Wichtigste ist, daß der Student lernt, sich selbständig wissenschaftlich mit philosophischen Problemen und Texten auseinandersetzen zu können. Dazu bedarf es Fähigkeiten und Kenntnisse. Der Philosophiestudent muß vertraut sein mit philosophischen Interpretationsmethoden von Texten, mit Methoden, Positionen und Disziplinen der Philosophie. Um diese Fähigkeiten und Kenntnisse zu erwerben, geht man am besten exemplarisch vor. D.h., man nimmt sich für jede Disziplin einen grundlegenden Denker vor und achtet darauf, daß die Philosophen je unterschiedlichen philosophie-historischen Epochen angehören und unterschiedliche philosophische Positionen vertreten. „Grundlegende Denker“ sind solche, die Problembereiche eröffnet und Problemlösungsvorschläge gemacht haben, die für spätere Philosophen so wichtig wurden, daß sie an deren Gedanken entweder beipflichtend anknüpften oder deren Gedanken in der Auseinandersetzung mit ihnen verwarfen. Deshalb kann man beim Studium der „großen Philosophen“ exemplarisch die wichtigsten Problemstellungen und -lösungen ebenso wie die maßgeblichen philosophischen Positionen, Methoden und Disziplinen der Philosophiegeschichte kennenlernen. Je näher man allerdings der Gegenwart kommt, um so weniger trennscharf wird das Unterscheidungsmerkmal „grundlegend“. Um sich in der gegenwärtigen Diskussion der Philosophie zurechtzufinden, ist es erforderlich, die gängigen philosophischen Zeitschriften regelmäßig durchzusehen; nicht, um jeden Aufsatz zu lesen, sondern um allein durch die Themenstellungen die Problementwicklung verfolgen zu können. Daß die Artikel auch auszugsweise gelesen und ab und an gewissenhaft durchgearbeitet werden müssen, versteht sich von selbst.

Der Student der Philosophie sollte auch nicht vergessen, daß eine lebendige Philosophie die Forschungsergebnisse der Einzelwissenschaften miteinbeziehen muß. Wer Erkenntnistheorie betreibt, kann an den Ergebnissen, Hypothesen und Theorien der theoretischen Physik nicht vorbei, ebensowenig an den Forschungsergebnissen der Verhaltensbiologie, medizinischen Gehirnforschung und Psychologie. Wer Ästhetik betreiben will, muß sich auskennen in der Literaturtheorie, der Kunstsoziologie, muß etwas von Musik, Literatur und bildender Kunst verstehen. Wer Geschichts-, Rechts- und Sozialphilosophie betreiben will, kommt nicht aus ohne Kenntnis der Soziologie, Systemtheorie, Geschichte, Jurisprudenz, Anthropologie, Ethnologie. Ähnliches gilt für philosophische Anthropologie, Logik, Religionsphilosophie, Sprachphilosophie und Wissenschaftstheorie. Der Philosophiestudent muß sich aber auch auseinandersetzen mit wissenschaftlichen Methoden, die nicht ausdrücklich philosophischer Natur sind wie Strukturalismus, Systemtheorie, Kybernetik.

Dies zeigt nochmals den Anspruch der Philosophie: sie ist nicht empirische Einzelwissenschaft, sondern hat den Anspruch, Metawissenschaft zu sein. Dies heißt aber nicht, von dem, wovon man spricht, nichts zu verstehen, sondern heißt, die Ergebnisse der Einzelforschung auf ihre Voraussetzungen und sowohl theoretischen als auch praktischen Konsequenzen zu überdenken. Deshalb ist es für den Philosophiestudenten nicht nur wichtig, die überkommenen und gegenwärtigen Problemstellungen und -lösungen der Philosophie zu kennen, sondern ebenso die inhaltlichen und methodischen Forschungsbeiträge der wissenschaftlichen Einzeldisziplinen.

Anhang

Dieser Anhang macht Angaben zu den wissenschaftlichen Hilfsmitteln des Philosophiestudiums. Diese sind unterteilt in Bibliographien, Wörterbücher, Geschichte der Philosophie und Handbücher. Weiter sind philosophische Zeitschriften verzeichnet und die Anschriften der Hochschulen angegeben, an denen Philosophie studiert werden kann.

Um diesen Anhang übersichtlich und handhabbar zu machen, wurde der Schwerpunkt fast ausschließlich auf deutschsprachige Literatur gelegt; hierbei wurden die neueren Veröffentlichungen besonders berücksichtigt.

Gliederung:

1. Wissenschaftliche Hilfsmittel
   a) Bibliographien
   b) Wörterbücher
   c) Geschichte der Philosophie
   d) Handbücher und Systematisierungen
2. Zeitschriften
3. Anschriften der Hochschulen, an denen Philosophie studiert werden kann

1. Wissenschaftliche Hilfsmittel

a) Bibliographien

Bocheński, J. M.: Bibliographische Einführung in das Studium der Philosophie, Bern 1948 – 1953

ders./Monteleone, F.: Allgemeine philosophische Bibliographie, Bern 1948 ff.

De Brie (Hg.): Bibliographia Philosophica. Bruxellis MD CCCCL (2 Bde.: 1934 – 45 und 1950 – 1954)

Geldsetzer, L. (Hg.): Allgemeine Bücher- und Institutionenkunde für das Philosophiestudium, Freiburg und München 1971

ders. (Hg.): In honorem. Eine Bibliographie philosophischer Festschriften und ihrer Beiträge, Düsseldorf 1975

Hogrebe, W./Kamp, R./König, G.: Periodica Philosophica. Eine internationale Bibliographie philosophischer Zeitschriften von den Anfängen bis zur Gegenwart, Düsseldorf 1972

Koehler und Volckmar-Fachbibliographien: Philosophie und Grenzgebiete 1945 bis 1964, Köln und Stuttgart 1964

Totok, W.: Bibliographischer Wegweiser der philosophischen Literatur, Frankfurt (Main) 1959
Varet, G.: Manuel de bibliographie philosophique (2 Bde.), Paris 1956

b) Wörterbücher

Apel, M./Ludz, P.: Philosophisches Wörterbuch, 6. Aufl. Berlin 1976
Archiv für Begriffsgeschichte (Zeitschrift, hg. v. E. Rothacker, jetzt v. H.-G. Gadamer, J. Ritter und K. Gründer), Bonn 1955 ff.
Austeda, F.: Lexikon der Philosophie (2 Teile), Wien 1979
Barion, J.: Philosophie. Einführung in ihre Terminologie und Hauptprobleme, Bonn 1977
Braun, E./Radermacher, H. (Hg.): Wissenschaftstheoretisches Lexikon, Graz 1978
Brugger, W. (Hg.): Philosophisches Wörterbuch, 15. Aufl. Freiburg 1978
Clauberg, K. W./Dubislav, W.: Systematisches Wörterbuch der Philosophie, Leipzig 1923
Diemer, A./Frenzel, I. (Hg.): Das Fischer Lexikon „Philosophie", Frankfurt (Main) 1958 ff.
Eisler, R.: Philosophenlexikon, Berlin 1912
ders.: Wörterbuch der philosophischen Begriffe (3 Bde.), 4. Aufl. Berlin 1927 – 1930
ders.: Handwörterbuch der Philosophie, Berlin 1913
Eucken, R.: Geschichte der philosophischen Terminologie im Umriß, Leipzig 1879 (Nachdruck Hildesheim 1964)
Höffe, O. (Hg.): Lexikon der Ethik, München 1977
Hoffmeister, J. (Hg.): Wörterbuch der philosophischen Begriffe, 2. Aufl. Hamburg 1955
Kirchners Wörterbuch der philosophischen Grundbegriffe, bearbeitet von Michaelis, Leipzig 1907 (Neubearbeitung und Umgestaltung von J. Hoffmeister, Leipzig 1944)
Klaus, G./Buhr, M. (Hg.): Marxistisch-leninistisches Wörterbuch der Philosophie, Hamburg 1972 ff.
Krings, H./Baumgartner, H. M./Wild, Chr. (Hg.): Handbuch der philosophischen Grundbegriffe, (6 Bde.), München 1973 ff.
Mauthner, F.: Wörterbuch der Philosophie (3 Bde.), 2. Aufl. Leipzig 1923
Metzke, E.: Handlexikon der Philosophie, Heidelberg 1948
Müller, M./Halder, A.: Kleines philosophisches Wörterbuch, Freiburg 1971
Neuhäusler, A.: Grundbegriffe der philosophischen Sprache, 2. Aufl. München 1967
Noack, L.: Philosophiegeschichtliches Lexikon, Leipzig 1879 (Nachdruck Stuttgart 1968)
Ritter, J. (Hg.): Historisches Wörterbuch der Philosophie, Darmstadt 1971 ff. (bisher erschienen: Bde. 1 – 5)

Schmidt, H.: Philosophisches Wörterbuch, 17. Aufl. von Schischkoff, Stuttgart 1965
Stockhammer, M.: Philosophisches Wörterbuch, Köln 1967
Ziegenfuß, W./Jung. G.: Philosophen-Lexikon. Handwörterbuch der Philosophie nach Personen (2 Bde.), Berlin 1949 f.

c) *Geschichte der Philosophie*

Aster, E. v.: Geschichte der Philosophie, 16. Aufl. Stuttgart 1975
Bocheński, J. M.: Europäische Philosophie der Gegenwart, Bern u. München 1951
Fischer, K.: Geschichte der neueren Philosophie (4 Bde.), Mannheim 1854 ff.
Glockner, H.: Die europäische Philosophie. Von den Anfängen bis zur Gegenwart, Stuttgart 1958 ff.
Heinemann, F.: Die Philosophie im XX. Jahrhundert. Eine enzyklopädische Darstellung ihrer Disziplinen, Geschichte und Aufgaben, Stuttgart 1959
Hirschberger, J. : Geschichte der Philosophie (2 Teile), Freiburg 1974 ff.
Höffe, O. (Hg.): Klassiker der Philosophie (2 Bde.), München 1981
Jaspers, K.: Die Großen Philosophen (3 Bde.), München 1957 ff.
Kafka, G. (Hg.): Geschichte der Philosophie in Einzeldarstellungen, München 1921–1933
Noack, H.: Die Philosophie Westeuropas im XX. Jahrhundert, Basel 1962
Meyer, H.: Abendländische Weltanschauung (5 Bde.), Paderborn 1947 ff.
Pongratz, L. v. (Hg.): Philosophie in Selbstdarstellungen (3 Bde.), Hamburg 1975–1977
Röd, W. (Hg.): Geschichte der Philosophie (12 Bde.), München 1976 f.
Russell, B.: Philosophie des Abendlandes. Ihr Zusammenhang mit der politischen und der sozialen Entwicklung, Wien 1975
Schilling, K.: Geschichte der Philosophie, München und Basel 1959
Schmidt, R.: Die Philosophie der Gegenwart in Selbstdarstellungen (7 Bde.), Leipzig 1921–1930
Schulz, W.: Philosophie in der veränderten Welt, Pfullingen 1972
Schwegler, A.: Geschichte der Philosophie im Umriß, Leipzig o.J.
Speck, J. (Hg.): Grundprobleme der großen Philosophen, Göttingen 1973 ff.
- Philosophie des Altertums und des Mittelalters (Sokrates, Platon, Aristoteles, Augustinus, Thomas von Aquin, Nicolaus Cusanus)
- Philosophie der Neuzeit I (Bacon, Descartes, Hobbes, Spinoza, Leibniz, Locke, Berkeley, Hume)
- Philosophie der Neuzeit II (Kant, Fichte, Schelling, Hegel, Feuerbach, Marx)
- Philosophie der Gegenwart I (Wittgenstein, Popper, Russell, Whitehead)
- Philosophie der Gegenwart II (Cassirer, Hönigswald, Scheler, Plessner, Gehlen, Merleau-Ponty)
- Philosophie der Gegenwart III (Moore, Ryle, Austin, Quine, Goodman, Strawson)

– Philosophie der Gegenwart IV (Weber, Horkheimer, Buber, Adorno, Marcuse, Habermas)
Stegmüller, W.: Hauptströmungen der Gegenwartsphilosophie
– Bd. I: Brentano, Husserl, Scheler, Heidegger, Jaspers, Hartmann, Carnap, Wittgenstein, 3. Aufl. Stuttgart 1965
– Bd. II: Chomsky, Austin, Montague, Quine, Kripke, Putnam, Sneed, Monod, Eigen, Kuhn, 6. Aufl. Stuttgart 1979
Störig, H. J.: Kleine Weltgeschichte der Philosophie, 11. Aufl. Stuttgart 1970
Totok, W.: Handbuch der Geschichte der Philosophie (3 Bde.), Frankfurt (Main) 1964 ff.
Überweg, F.: Grundriß der Geschichte der Philosophie (5 Bde.), Nachdruck Basel 1951 – 1953
Vorländer, K./Erdmann, J.: Geschichte der Philosophie (7 Bde.), Hamburg 1963 ff.
Windelband, W.: Lehrbuch der Geschichte der Philosophie, bearbeitet v. Heimsoeth, 15. Aufl. Tübingen 1957

d) Handbücher und Systematisierungen

Ayer, A. J.: Die Hauptströmungen der Philosophie, München 1976
Baeumker, E./Baur, L. (Hg.): Philosophische Handbibliothek (10 Bde.), München 1920 – 1925
Bäumler, A./Schroeter, M. (Hg.): Handbuch der Philosophie (4 Bde.), München und Berlin 1925 – 1934
– I Die Grunddisziplinen
– II Natur, Geist, Gott
– III Mensch und Charakter
– IV Staat und Geschichte
Dessoir, M. (Hg.): Lehrbuch der Philosophie (2 Bde.) Berlin 1925
I Die Geschichte der Philosophie
II Die Philosophie in ihren Einzelgebieten
Diemer, A.: Elementarkurs Philosophie, Düsseldorf 1976 ff.
I Dialektik, Düsseldorf 1976
II Hermeneutik, Düsseldorf 1977
III Philosophische Anthropologie, Düsseldorf 1978
ders.: Grundriß der Philosophie, Meisenheim 1962 ff.
I Allgemeiner Teil, Meisenheim 1962
II Die philosophischen Sonderdisziplinen, Meisenheim 1964
Hartmann, N. (Hg.): Systematische Philosophie, Stuttgart 1942
Hessen, J.: Lehrbuch der Philosophie (3 Bde.), München u. Basel 1947 ff.
I Wissenschaftslehre, 3. Aufl. München u. Basel 1964
II Wertlehre, 2. Aufl. München u. Basel 1959
III Wirklichkeitslehre, 2. Aufl. München u. Basel 1962
Krug, W. F.: Handbuch der Philosophie und der philosophischen Literatur (2 Bde.), 3. Aufl. Leipzig 1928

Meyer, H.: Systematische Philosophie (4 Bde.), Paderborn 1955 – 1960
I Allgemeine Wissenschaftstheorie und Erkenntnislehre
II Grundprobleme der Metaphysik
III Sittlichkeit, Recht und Staat
IV Psychologie, Grundlagen und Hauptgebiete (Hg. v. V. Rüfner, Paderborn 1969)

Ströker, E./Wieland, W. (Hg.): Handbuch Philosophie (18 Bde.), Freiburg 1981 ff.

Windelband, W.: Lehrbuch der Geschichte der Philosophie, 15. Aufl. Tübingen 1957

2. Zeitschriften

Allgemeine Zeitschrift für Philosophie, Stuttgart 1976 ff.

Aufgaben und Wege des Philosophieunterrichts, Frankfurt (Main) 1969–1979

Archiv für Begriffsgeschichte, Bonn 1955 ff.

Archiv für Geschichte der Philosophie, Berlin 1887/88 ff. und Berlin 1960 ff.

Archiv für Philosophie, Stuttgart 1948–1964

Archiv für Rechts- und Sozialphilosophie, Wiesbaden 1907 ff.

Conceptus. Zeitschrift für Philosophie, Innsbruck 1967 ff.

Deutsche Zeitschrift für Philosophie, Berlin 1953 ff.

Einheit. Zeitschrift für Theorie und Praxis des wissenschaftlichen Sozialismus, Berlin 1946 ff.

Erkenntnis. An International Journal of Analytic Philosophy, Hamburg u. Dordrecht 1966 ff.

Grazer Philosophische Studien. Internationale Zeitschrift für analytische Philosophie, Graz 1975 ff.

Kant-Studien, Berlin 1897 ff. und Köln 1953 ff.

Neue Hefte für Philosophie, Göttingen 1971 ff.

Nietzsche-Studien, Berlin

Phänomenologische Forschungen, Freiburg 1975 ff.

Philosophia Naturalis, Meisenheim 1950 ff.

Philosophie. Anregungen für die Unterrichtspraxis, Frankfurt (Main) 1980 ff.

Philosophische Perspektiven, Frankfurt 1969–1973

Philosophischer Literaturanzeiger, Meisenheim 1949 ff

Philosophisches Jahrbuch (der Görresgesellschaft), Freiburg und München 1888 ff.

Philosophy and History. A Review of German-Language Research

Ratio (deutsche und englische Ausgabe), Hamburg 1957 ff.

Salzburger Jahrbuch für Philosophie, Salzburg 1957 ff.

Scheidewege. Vierteljahrsschrift für skeptisches Denken, Stuttgart

Theologie und Philosophie (ehemals Scholastik), Freiburg 1926 ff.

Wiener Jahrbuch für Philosophie, Wien 1968 ff.

Wiener Zeitschrift für Philosophie, Psychologie und Pädagogik, Wien 1947 ff.

Wissenschaft und Weltbild, Wien, 1948 ff.

Wort und Wahrheit. Monatsschrift für Religion und Kultur, Wien 1946 ff.

Zeitschrift für Ästhetik und Allgemeine Kunstwissenschaft, Bonn

Zeitschrift für allgemeine Wissenschaftstheorie, Wiesbaden 1970 ff.

Zeitschrift für Didaktik der Philosophie, Hannover 1979 ff.

Zeitschrift für katholische Theologie, Wien 1876 ff.

Zeitschrift für philosophische Forschung, Meisenheim 1946 ff.

3. Anschriften der Hochschulen, an denen Philosophie studiert werden kann

Rheinisch-Westfälische Technische Hochschule Aachen

Rektorat: 5100 Aachen, Templergraben 55 (Z33); F (0241) 804001; Mo–Fr 8.30–13, 14.30–17
Sekretariat: 5100 Aachen, Bergdriesch 37; F (0241) 804020, 804021; Mo, Di, Do, Fr 8–12, Mi 14.30–15.30
Zentrale Studienberatung: 5100 Aachen, Templergraben 52; F (0241) 804050; Mo, Di, Do, Fr 8.30–12.30, Mo 15–16
Studentenwerk: 5100 Aachen, Turmstraße 3; F (0241) 4611; Di, Do 11–13
AStA: 5100 Aachen, Turmstraße 3; F (0241) 22824; Mo–Fr 12–14

Universität Augsburg

Präsident: 8900 Augsburg, Memminger Straße 6 (Geb. A 1); F (0821) 598256
Studentenkanzlei: 8900 Augsburg, Memminger Straße 6 (Z 118, Geb. A 1); F (0821) 598321
Zentrale Studienberatung (Zentrum für Studien- und Konfliktberatung) 8900 Augsburg, Memminger Straße 6; F (0821) 598499, 598401
Studentenwerk: 8900 Augsburg, Memminger Straße 3 und 6, F (0821) 573091

Gesamthochschule Bamberg

Präsidialamt: 8600 Bamberg, Promenadestraße 5; F (0951) 23754; nach Vereinbarung
Studentenkanzlei: 8600 Bamberg, Feldkirchenstraße 21; F (0951) 31037; Mo–Fr 8.30–11.30
Zentrale Studienberatung: 8600 Bamberg, Feldkirchenstraße 21; F (0951) 31035
Studentenvertretung: 8600 Bamberg, Feldkirchenstraße 21; F (0951) 31037

Universität Bayreuth

Präsident: 8580 Bayreuth, Opernstraße 22; F (0921) 608211
Studentenkanzlei: 8580 Bayreuth, Geschwister-Scholl-Platz 3; F (0921) 41401, 41402
Zentrale Studienberatung: 8580 Bayreuth, Geschwister-Scholl-Platz 3; F (0921) 41071–41074
Studentenwerk: 8580 Bayreuth, Geschwister-Scholl-Platz 3; F (0921) 41873

Philosophisch-Theologische Hochschule der Salesianer Don Boscos Benediktbeuern

Rektorat: 8174 Benediktbeuern, Don-Bosco-Straße 1; F (08857) 88215
Sekretariat: 8174 Benediktbeuern, Don-Bosco-Straße 1; F (08857) 88216; Mo–Fr 9–12, 13–17
Studentenvertretung: 8174 Benediktbeuern, Don-Bosco-Straße 1; F (08857) 88448

Freie Universität Berlin

Präsidialamt: 1000 Berlin 33, Altensteinstraße 40; F (030) 8382250
Immatrikulationsbüro: 1000 Berlin 33, Boltzmannstraße 3; F (030) 8382100; Mo, Di, Do, Fr 9–13
Zulassungsbüro: 1000 Berlin 33, Boltzmannstraße 3; F (030) 8384648, 8383175, 8384742; Mo, Di, Do, Fr 9–13
Zentraleinrichtung Studienberatung und Psychologische Beratung: 1000 Berlin 33, Ihnestraße 35; F (030) 8385236
Studentenwerk: 1000 Berlin 12, Hardenbergstraße 34 (Z 157); F (030) 3112202; Di, Fr 10–13
Außenstelle: 1000 Berlin 33, Ihnestraße 22; F (030) 8382005; Di, Fr 10–13

Technische Universität Berlin

Präsidialamt: 1000 Berlin 12, Straße des 17. Juni 135 (Z H 1030); F (030) 3142200, 3142220
Referat für Studienangelegenheiten: 1000 Berlin 12, Straße des 17. Juni 135 (Z 1–5, 16–26 und 41b); F (030) 3142108, 3143135
Studentisches Koordinationsbüro: 1000 Berlin 12, Straße des 17. Juni 135 (Z H 2129); F (030) 3142961, 3142989
Studentenwerk: 1000 Berlin 12, Hardenbergstraße 34 (Z 157); F (030) 31121, Mo–Do 10–13
Zimmervermittlung: siehe Studentenwerk (Z 008); F (030) 3112237, Mo, Di, Mi, Do 9.30–13

Universität Bielefeld

Rektorat: 4800 Bielefeld 1, Universitätsstraße; F (0521) 1061
Studentensekretariat: 4800 Bielefeld 1, Universitätsstraße; F (0521) 1063407–1063409, 1063411
Zentrale Studienberatung: 4800 Bielefeld 1, Universitätsstraße; F (0521) 1063017, 1063018
Studentenwerk: 4800 Bielefeld 1, Universitätsstraße; F (0521) 106419, 106420;
Abteilung für Ausbildungsförderung: 4800 Bielefeld 1, Universitätsstraße; F (0521) 1061
AStA: 4800 Bielefeld 1, Universitätsstraße; F (0521) 1063423

Ruhr-Universität Bochum

Rektorat: 4630 Bochum 1, Universitätsstraße 150, Postfach 102148; F (0234) 7002926
Universitätssekretariat: 4630 Bochum 1, Universitätsstraße 150, Postfach 102148 (Geb. IB 02–42); F (0234) 7002945; Mo–Fr 8–12.30, 13.30–16
AStA: 4630 Bochum 1, Lennershofstraße 60; F (0234) 701855, 7002416; Mo–Do 8–15.30, Fr 8–14.30

Rheinische Friedrich-Wilhelms-Universität Bonn

Rektorat: 5300 Bonn 1, Regina-Pacis-Weg 3, Postfach 2220; F (02221) 737264; Mo–Fr 8.30–12
Sekretariat: 5300 Bonn 1, An der Schloßkirche 1, Postfach 589; F (02221) 737310; Mo–Fr 9–12.30
Zentrale Studienberatung: 5300 Bonn, Belderberg 27; F (02221) 735698, 735699
Studentenwerk: 5300 Bonn 1, Nassestraße 11; F (02221) 631346; Mo–Fr 8–13
AStA: 5300 Bonn 1, Nassestraße 11; F (02221) 636555

Technische Universität Carolo-Wilhelmina zu Braunschweig

Rektorat: 3300 Braunschweig, Pockelstraße 14 (Forum), Postfach 3329
Immatrikulationsamt: 3300 Braunschweig, Pockelstraße 14 (Forum), Postfach 3329; F (0531) 3912832
Zentrale Studienberatung: 3300 Braunschweig, Pockelstraße 14; F (0531) 3912511
Studentenwerk: 3300 Braunschweig, Katharinenstraße 1; F (0531) 340844
AStA: 3300 Braunschweig, Katharinenstraße 1; F (0531) 337851, 340844

Universität Bremen

Rektorat: 2800 Bremen 33, Bibliotheksstraße, Postfach 330440; F (0421) 2182710
Studentensekretariat: 2800 Bremen 33, Bibliotheksstraße, Postfach; F (0421) 2182739, 2182740, 2182741, 2182745, 2182748; Mo, Di, Do, Fr 9–12, Mi 15–17
Zentrales Büro für Studienberatung: 2800 Bremen 33, Bibliotheksstraße, Postfach 330440; F (0421) 2183211; Mo, Di, Do 9–12, Mi 14–16
Sozialwerk: 2800 Bremen 33, Bibliotheksstraße; F (0421) 2181
AStA: 2800 Bremen 33, Bibliotheksstraße; F (0421) 2183314, 2183374

Technische Hochschule Darmstadt

Präsidialamt: 6100 Darmstadt, Karolinenplatz 5 (Z 47/667); F (06151) 162120, 162220
Sekretariat für Studentenangelegenheiten: 6100 Darmstadt, Karolinenplatz 5 (Z 47/64-69); F (06151) 162024, 162124, 162224, 162021; Mo–Fr 8.30–11.30
Zentrale Studienberatung: 6100 Darmstadt, Hochschulstraße 1 (Z 11/117); F (06151) 163020, 163501
Studentenwerk: 6100 Darmstadt, Alexanderstraße 22; F (06151) 162210
AStA: 6100 Darmstadt, Hochschulstraße 1 (Z 11/56); F (06151) 162117, 162217; Mo–Fr 11–13, 14–15

Universität Düsseldorf

Rektorat: 4000 Düsseldorf 1, Universitätsstraße 1 (Geb. 16.11); F (0211) 3111
Studentensekretariat: 4000 Düsseldorf 1, Universitätsstraße 1 (Geb. 16.11); F (0211) 3112233, 3112234, 3112243; Mo–Fr 9–12
Zentrale Studienberatung: 4000 Düsseldorf 1, Universitätsstraße 1 (Geb. 16.11); F (0211) 3113261

Studentenwerk: 4000 Düsseldorf 1, Universitätsstraße 1 (Geb. 21.12); F (0211) 3113298; Mo – Fr 9 – 12, 13 – 14;
Abteilung für Ausbildungsförderung: 4000 Düsseldorf 1, Universitätsstraße 1 (Geb. 23.11); F (0211) 3113381; Mo, Do 9 – 13
AStA: 4000 Düsseldorf 1, Universitätsstraße 1 (Geb. 21.12); F (0211) 3113285; Mo – Fr 9 – 13, 14 – 17

Gesamthochschule Duisburg

Rektorat: 4100 Duisburg, Lotharstraße 65; F (0203) 3051
Studentensekretariat: 4100 Duisburg, Lotharstraße 65; F (0203) A – H 305233. I – P 305523, Q – Z 305520
Sekretariate für die Fachbereiche 1 – 6 und 10 – 11: 4100 Duisburg, Lotharstraße 65; F (0203) 3051
Sekretariate für die Fachbereiche 7 – 9: 4100 Duisburg, Bismarckstraße 81; F (0203) 3921
Zentrale Studienberatung: 4100 Duisburg, Lotharstraße 65; F (0203) 305312
Studentenwerk: 4100 Duisburg, Lotharstraße 65; F (0203) 305480; Amt für Ausbildungsförderung: 4100 Duisburg, Mülheimer Straße 190 – 194; F (0203) 372428; Mo 9 – 12, Do 9 – 12, 13 – 15
AStA: 4100 Duisburg, Lotharstraße 65; F (0203) 357274; Mo – Fr 12 – 14

Friedrich-Alexander-Universität Erlangen-Nürnberg

Zentrale Universitätsverwaltung: 8520 Erlangen, Schloßplatz 4, Postfach 3520; F (09131) 851
Studentensekretariat Erlangen: 8520 Erlangen, Universitätsstraße 15, Postfach 3520; F (09131) 85632, 85633
Studentensekretariat Nürnberg: 8500 Nürnberg, Hauptmarkt 2 (III. OG); F (0911) 203191
Informations- und Beratungszentrum für Studiengestaltung: 8520 Erlangen, Universitätsstraße 15 (Kollegienhaus) und Krümpellstraße 14, Postfach 3520; F (09131) 853976, 853034, 853035
Studentenwerk Erlangen: 8520 Erlangen, Langemarckplatz 4; F (09131) 23036, 23037
Studentenwerk Nürnberg: 8500 Nürnberg, Trödelmarkt 58; F (0911) 203321

Universität Essen Gesamthochschule

Rektorat: 4300 Essen 1, Universitätsstraße 2; F (0201) 1831
Studentensekretariat: 4300 Essen 1, Universitätsstraße 2; F (0201) 1831
Zentrale Studienberatung: 4300 Essen 1, Universitätsstraße 2; F (0201) 1831
AStA: 4300 Essen 1, Universitätsstraße 2; F (0201) 1832346

Johann-Wolfgang-Goethe-Universität Frankfurt

Präsidium: 6000 Frankfurt, Senckenberganlage 31; F (0611) 7982231, 7982232, Di, Do 10 – 12

Sekretariat: 6000 Frankfurt, Mertonstraße 17–25; F (0611) 7982290; Mo–Fr 8.30–11.30
Zentrale Studienberatung: 6000 Frankfurt, Mertonstraße 17; F (0611) 7983630, 7983860
Studentenwerk: 6000 Frankfurt, Jügelstraße 1; F (0611) 7983000
AStA: 6000 Frankfurt, Jügelstraße 1; F (0611) 7983180, 777575; Mo–Fr 9–12

Albert-Ludwigs-Universitat Freiburg

Rektorat: 7800 Freiburg, Heinrich-von-Stephan-Straße 25; F (0761) 2034316
Studentensekretariat: 7800 Freiburg, Heinrich-von-Stephan-Straße 25 (Nebengebäude); F (0761) 2034238; Mo–Fr 10–12
Zentrale Studienberatungsstelle der Hochschulregion Freiburg: 7800 Freiburg, Heinrich-von-Stephan-Straße 25 (Nebengebäude 2. OG, Z 25–27); F (0761) 2034246; Mo–Fr 9–12, Di, Do 14–16
Studentenwerk: 7800 Freiburg, Schreiberstraße 12; F (0761) 21011

Justus-Liebig-Universität Gießen

Sekretariat: 6300 Gießen, Ludwig-Straße 23; F (0641) 702/2063

Georg-August-Universität Göttingen

Rektorat: 3400 Göttingen, Wilhelmsplatz 1; F (0551) 391; Mo–Fr 9–12
Sekretariat: 3400 Göttingen, Wilhelmsplatz 1; F (0551) 391; Mo, Di, Do, Fr 9–12
Studentenwerk: 3400 Göttingen, Kreuzbergring 20a; F (0551) 391; Mo–Fr 10–12, Mi 14–15.30
AStA: 3400 Göttingen, Nikolausberger Weg 9; F (0551) 394564, 394565; Mo–Fr 10–12

Universität Hamburg

Präsidialverwaltung: 2000 Hamburg 13, Edmund-Siemers-Allee 1 (Z 134); F (040) 41231
Studentensekretariat: 2000 Hamburg 13, Edmund-Siemers-Allee 1 (Z 15); F (040) 41234486; Mo–Do 9–12
Beratungszentrum für Studenten: 2000 Hamburg 13, Edmund-Siemers-Allee 1 (Z 213–222); F (040) 41232522
Studentenwerk: 2000 Hamburg 13, von-Melle-Park 2, Postfach 132091; F (040) 41221; Mo–Fr 9–13; Abteilung für Ausbildungsförderung: 2000 Hamburg 13, Grindelallee 9; F (040) 41221; Di, Do 10–12, 14–16
AStA: 2000 Hamburg 13, von-Melle-Park 5; F (040) 4103064; Mo–Fr 11–14

Technische Universität Hannover

Rektorat: 3000 Hannover, Welfengarten 1; F (0511) 7622201
Immatrikulationsamt: 3000 Hannover, Welfengarten 1; F (0511) 7622521; Mo–Fr 11–13
Studentenwerk: 3000 Hannover, Wilhelm-Busch Straße 22; F (0511) 7615023
AStA: 3000 Hannover, Welfengarten 1c; F (0511) 7622273

Ruprecht-Karl-Universität Heidelberg

Rektorat: 6900 Heidelberg, Alte Universität, Grabengasse 1; F (06221) 542315, 542316
Studentensekretariat: 6900 Heidelberg, Alte Universität, Grabengasse 1 (Z 5, 6); F (06221) 542319, 542320, 542321; Mo – Fr 10 – 12
Zentrale Studentenberatung der Hochschulregion Heidelberg: 6900 Heidelberg, Hauptstr. 126; F (06221) 542307; Mo – Fr 10 – 12, Do 14 – 16
Studentenwerk: 6900 Heidelberg, Marstallhof 1; F (06221) 542670

Universität Karlsruhe

Rektorat: 7500 Karlsruhe 1, Kaiserstraße 12, Postfach 6380, F (0721) 608200
Studentensekretariat: 7500 Karlsruhe 1, Kaiserstraße 12, Postfach 8380; F (0721) 6082029, 6083819, 6082027; Mo – Fr 8 – 11.30
Beratungs- und Informationszentrum (biz): 7500 Karlsruhe 1, Karlstraße 40; F (0721) 6085170; Mo – Fr 9 – 17
Studentenwerk: 7500 Karlsruhe 1, Adenauerring 7 (Studentenhaus); F (0721) 60171

Christian-Albrechts-Universität Kiel

Präsidium: 2300 Kiel, Olshausenstraße 40 – 60 (Verwaltungshochhaus, I. OG, Z 111); F (0431) 8801
Studentensekretariat: 2300 Kiel, Olshausenstraße 40 – 60 (Verwaltungshochhaus, EG); F (0431) 8803701
Zulassungsstelle: 2300 Kiel, Olshausenstraße 40 – 60 (Verwaltungshochhaus, 5. Stock); F (0431) 8803700
Studentenwerk: 2300 Kiel, Westring 385 (Studentenhaus); F (0431) 8802616
AStA: 2300 Kiel, Westring 385 (Studentenhaus), Postfach

Universität Köln

Rektorat: 5000 Köln 41, Albertus-Magnus-Platz; F (0221) 4701
Sekretariat: 5000 Köln 41, Albertus-Magnus-Platz; F (0221) 4701; Mo – Fr 8.30 – 12.30
Studentenwerk: 5000 Köln 41, Universitätsstraße 16, Postfach 420304; F (0221) 422666; Di, Do 9 – 13
AStA: 5000 Köln 41, Universitätsstraße 16

Universität Konstanz

Rektorat: 7750 Konstanz, Universitätsstraße 10, Postfach 7733; F (07531) 882270
Sekretariat für Studentische Angelegenheiten: 7750 Konstanz, Gießberg, Postfach 7733; F (07531) 882383, 882337
Zentrale Studienberatung der Hochschulregion: 7750 Konstanz, Gießberg (K 315/) F (07531) 882548, 883436; Mo, Di 15 – 17, Do 9 – 12, 15 – 17.30
Studentenwerk: 7750 Konstanz, Gießberg (Mensageb.); F (07531) 63081

Johannes Gutenberg-Universität Mainz

Präsidialamt: 6500 Mainz, Saarstraße 21 (Forum universitatis 2, Z 01-208), Postfach 3980; F (06131) 392301, 392101, 392120
Studentensekretariat: 6500 Mainz, Saarstraße 21 (Forum universitatis 3, Z 00–302, 00–319), Postfach 3980; F (06131) 392657, 393211, 393210, 392478; Mo–Fr 10–12
Studentenwerk: 6500 Mainz, Dietrich-Gresemund-Weg 4, Postfach 3980; F (06131) 25753, 29644; Di, Do 9–12
AStA: 6500 Mainz, Saarstraße 21 (Forum universitatis 3, Z 01–410), Postfach 3980; F (06131) 392573; Mo, Di, Do, Fr 10–12

Universität Mannheim (Wirtschaftshochschule)

Rektorat: 6800 Mannheim 1, Schloß, Postfach 2428, F (0621) 292251 6
Studentensekretariat: 6800 Mannheim 1, L 9,7; F (0621) 2923317, 2923314, 2923315; Mo–Fr 9–12
Zentrale Studienberatung der Hochschulregion: 6800 Mannheim 1, L 9, 5; Postadresse: 6800 Mannheim 1, Schloß, Postfach 2428; F (0621) 2925390; Di, Do, Fr 9–12, Mi 14–16
Studentenwerk: 6800 Mannheim 1, Parkring 39; F (0621) 2923565; Di, Do 9–12

Philipps-Universität Marburg

Präsidialamt: 3550 Marburg, Biegenstraße 10; F (06421) 282154; Mo–Fr 9–12
Abteilung für Studentenangelegenheiten (Studentensekretariat): 3550 Marburg, Biegenstraße 10; F (06421) 282161, 282164, 282165; Mo–Fr 9–12
Studentenwerk: 3550 Marburg, Erlenring 5; F (06421) 23022–23026; Mo–Fr 8–13
AStA: 3550 Marburg, Erlenring 5; F (06421) 23597; Mo-Fr 11–13.30

Ludwig-Maximilians-Universität München

Rektorat: 8000 München 40, Leopoldstraße 3 (Verwaltungsgeb.); F (089) 21801
Studentenabteilung: 8000 München 22, Geschwister-Scholl-Platz 1 (Z 213); F (089) 21802216; Mo–Fr 9–11.30
Allgemeine Studienberatung: 8000 München 40, Leopoldstraße 15 (Z 116–124); Mo–Fr 9–12; F (089) 21802345; Postanschrift: 8000 München 22, Geschwister-Scholl-Platz 1
Studentenwerk: 8000 München 40, Leopoldstraße 15; F (089) 38861

Hochschule für Philosophie (Philosophische Fakultät S. J.) München

Rektorat: 8000 München 22, Kaulbachstraße 33 (Z 213); F (089) 286077; Mo–Fr 10–12
Sekretariat: 8000 München 22, Kaulbachstraße 33 (Z 215); F (089) 286077; Mo–Fr 9–17
Studienberatung: 8000 München 22, Kaulbachstraße 33 (Z 105); F (089) 286077

Westfälische Wilhelms-Universität Münster

Zentrale Universitätsverwaltung: 4400 Münster, Schloßplatz 2; F (0251) 4901
Studentensekretariat: 4400 Münster, Schloßplatz 2; F (0251) 4902236
Zentrale Studienberatung: 4400 Münster, Bogenstraße 15/16; F (0251) 4902357, 4902359
Studentenwerk: 4400 Münster, Am Stadtgraben 50; F (0251) 40355; Mo, Mi, Fr 10–13; Abteilung für Ausbildungsförderung: 4400 Münster, Bismarckallee 11; F (0251) 40331; Di, Do 8–12
AStA: 4400 Münster, Schloßplatz 1; F (0251) 55995, 43383, 4902281; Mo–Fr 9–12

Universität Osnabrück

Rektor und Verwaltung: 4500 Osnabrück, Neuer Graben (Schloß), Postfach 4469; F (0541) 6084104; Mo–Fr 9–12
Sekretariat: 4500 Osnabrück, Neuer Graben (Schloß), Postfach 4469; F (0541) 60841; Mo–Fr 9–12
Sekretariat: 2848 Vechta, Driverstraße 22, Postfach 1349; F (0441) 3044, 3045
Zentrale Studienberatung: Zentrum für pädagogische Berufspraxis und wissenschaftliche Weiterbildung, 4500 Osnabrück, Neuer Graben (Schloß); F (0541) 6084136
Studentenwerk: 4500 Osnabrück, Große Straße 91/92; F (0541) 28123–28125
AStA: 4500 Osnabrück, Neuer Graben (Schloß); F (0541) 25337
AStA: 2848 Vechta, Driverstraße 22; F (04441) 2204

Gesamthochschule Paderborn

Rektorat: 4790 Paderborn, Warburger Straße 100 (Geb. B), Postfach 1621; F (05251) 601,602559
Hochschulverwaltung: 4790 Paderborn, Warburger Straße 100 (Geb. B), Postfach 1621; F (05251) 601; Mo–Fr 8–12
Studentensekretariat: 4790 Paderborn, Warburger Straße 100 (Geb. B), Postfach 1621; F (05251) 601
Zentrale Studienberatung: 4790 Paderborn, Warburger Straße 100, Postfach 1621; F (05251) 602001
Studentenwerk: 4790 Paderborn, Warburger Straße 100; F (05251) 61561
AStA: 4790 Paderborn, Warburger Straße 100; F (05251) 601

Universität Regensburg

Präsidialamt: 8400 Regensburg, Universitätsstraße 31, Postfach 397; F (0941) 9432301
Studentenkanzlei: 8400 Regensburg, Universitätsstraße 31 (Z 007), Postfach 397; F (0941) 9432376
Zentrale Studienberatung: 8400 Regensburg, Universitätsstraße 31 (Studentenhaus Z 2.24); F (0941) 9432217, 9432218
Studentenwerk: 8400 Regensburg, Universitätsstraße 31 (Studentenhaus); F (0941) 9432200

Universität des Saarlandes Saarbrücken

Präsidialamt: 6600 Saarbrücken, Im Stadtwald (Bau 5, Z 104); F (0681) 3022000, 3023000
Studentensekretariat: 6600 Saarbrücken, Im Stadtwald (Bau 28, 102, 103, 110); F (0681) 3022611, 3023011, 3022011; Mo – Fr 8.30 – 11.30
Büro für Studienberatung: 6600 Saarbrücken, Im Stadtwald (Bau 12); F (0681) 3023513
Studentenwerk: 6600 Saarbrücken, Im Stadtwald (Bau 28, Z 011); F (0681) 3022800, 3022801; 6650 Homburg, Universitätskliniken (Bau 74); F (06841) 162340, 162932
AStA: 6600 Saarbücken, Im Stadtwald (Bau 14); F (0681) 3022900

Gesamthochschule Siegen

Rektorat: 5900 Siegen 21, Hölderlinstraße 3; F (0271) 7401
Sekretariat: 5900 Siegen 21, Hölderlinstraße 3; F (0271) 7403124, 7403126
Zentrale Studienberatung: 5900 Siegen 21, Hölderlinstraße 3; F (0271) 7403116, 7403117
Studentenwerk: 5900 Siegen 21, Hauptmarkt 18; F (0271) 45051

Universität Stuttgart

Rektorat: 7000 Stuttgart 1, Keplerstraße 7, Postfach 560; F (0711) 20731
Immatrikulationsamt: 7000 Stuttgart 1, Keplerstraße 7, Postfach 560; F (0711) 20731; Mo – Fr 9 – 12
Zentrale Studienberatung der Hochschulregion Stuttgart Mitte: 7000 Stuttgart 1, Keplerstraße 10 (Z 122); F (0711) 20732358; Mo – Fr 9 – 12
Studentenwerk: 7000 Stuttgart 1, Holzgartenstraße 11; F (0711) 297441; Mo, Di, Do, Fr 9 – 11.30, Mi 14 – 16

Universität Trier

Präsidialamt: 5500 Trier, Schneidershof (AVZ Geb. D); F (0651) 716588
Studentensekretariat: 5500 Trier, Schneidershof (AVZ Geb. D); F (0651) 716552, Tarforst (Geb. B); F (0651) 4662148
Studiendekanat (Studienberatung): 5500 Trier, Schneidershof (AVZ Geb. D); F (0651) 716541

Eberhard-Karls-Universität Tübingen

Präsidialbüro: 7400 Tübingen, Wilhelmstraße 7; F (07071) 292513
Sekretariat: 7400 Tübingen, Wilhelmstraße 7; F (07071) 292519; Mo – Fr 9 – 11
Zentrale Studienberatung der Hochschulregion: Amt für Ausbildungsberatung, 7400 Tübingen, Payerstraße 6/I; F (07071) 292555, Mo, Di, Do, Fr 9 – 11.30
Studentenwerk: 7400 Tübingen, Wilhelmstraße 15; F (07071) 296028, 296029; Mo, Di, Do, Fr 9 – 11

Bayerische Julius-Maximilians-Universität Würzburg

Zentralverwaltung: 8700 Würzburg, Sanderring 2 (Z 116); F (0931) 311, 31243; Mo – Do 7.30 – 16.15, Fr 7.30 – 15
Immatrikulationsbüro: 8700 Würzburg, Sanderring 2 (Referat) I/2; F (0931) 31267; Mo – Fr 8 – 12
Zentrale Studienberatung: 8700 Würzburg, Sanderring 2; F (0931) 31914 – 31916; Mo, Di, Do, Fr 7.30 – 12, Mi 12.15 – 16.15
Studentenwerk: 8700 Würzburg, Jahnstraße 1; F (0931) 72021

Gesamthochschule Wuppertal

Rektorat: 5600 Wuppertal 1, Gaußstraße 20; F (0202) 4391
Sekretariat für studentische Angelegenheiten: 5600 Wuppertal 1, Gaußstraße 20; F (0202) 4391; Mo – Fr 8.30 – 12.30, Di 14 – 15
Zentrale Studienberatung: 5600 Wuppertal 1, Max-Horkheimer-Straße 15; F (0202) 4391; Di, Do 10 – 17
Sozialwerk: 5600 Wuppertal 1, Max-Horkheimer-Straße 15; F (0202) 4391; Mo, Do 9 – 12, 14 – 15
AStA: 5600 Wuppertal 1, Max-Horkheimer-Straße 15; F (0202) 434930

Verzeichnis der zitierten Literatur

Apel, Karl-Otto (Hg.): Sprachpragmatik und Philosophie, Frankfurt (Main) 1976a

ders.: Sprechakttheorie und transzendentale Sprachpragmatik zur Frage ethischer Normen (1976 b), in: Apel 1976 a, S. 10 – 173

Baumgartner, Hans Michael/Sass, Hans-Martin: Philosophie in Deutschland 1945 – 1975, Königstein 1978

Einstein, Albert: Mein Weltbild, Frankfurt, Berlin u. Wien 1972

Gadamer, Hans-Georg: Wahrheit und Methode (1960), 4. Aufl. Tübingen 1975

ders./Boehm, Gottfried: Seminar: Philosophische Hermeneutik, Frankfurt (Main) 1976

Gatzemeier, Matthias: Methodische Schritte einer Textinterpretation in philosophischer Absicht. In: F. Kambartel/J. Mittelstraß 1973, S. 281 – 317

Habermas, Jürgen: Was heißt Universalpragmatik? In: Apel 1976 a, S. 174 – 272

Hegel, Georg Wilhelm Friedrich: Enzyklopädie der philosophischen Wissenschaften von 1830. Hg. v. F. Nicolin u. O. Pöggeler, Hamburg 1959

ders.: Phänomenologie des Geistes. Hg. v. J. Hoffmeister, Hamburg 1952

Illyricus, Matthias Flacius: Über den Erkenntnisstand der Heiligen Schrift (1567). Lateinisch-deutsche Parallelausgabe. Übersetzt, eingeleitet und mit Anmerkungen versehen von Lutz Geldsetzer, Düsseldorf 1968

Kambartel, Friedrich/Mittelstraß, Jürgen (Hg.): Zum normativen Fundament der Wissenschaft, Frankfurt (Main) 1973

Kant, Immanuel: Werke in sechs Bänden. Hg. v. W. Weischedel, Darmstadt 1975

ders.: Kritik der reinen Vernunft. Hg. v. R. Schmidt, Hamburg 1956

Kuhn, Thomas S.: Die Struktur wissenschaftlicher Revolutionen, Frankfurt (Main) 1978

Lorenzen, Paul: Methodisches Denken, Frankfurt (Main) 1974

Marcuse, Herbert: Triebstruktur und Gesellschaft, Frankfurt (Main) 1969

Marx, Karl: Thesen über Feuerbach. In: Marx-Engels-Werke (MEW) Bd. 3, Berlin (Ost) 1969

Marxistisch-leninistisches Wörterbuch der Philosophie, Hamburg 1972

Mittelstraß, Jürgen: Die Möglichkeit von Wissenschaft, Frankfurt (Main) 1974

ders. (Hg.): Methodenprobleme der Wissenschaften vom gesellschaftlichen Handeln, Frankfurt (Main) 1979

Nietzsche, Friedrich: Werke in drei Bänden. Hg. v. K. Schlechta, München 1966

Oelmüller, Willi: Die Ambivalenz wissenschaftlich-technischer Fortschritte und die Frage nach den Bedingungen der Ausbildung und Sicherung sozialer Identität. In: Philosophia Naturalis, Bd. 18, Heft 1 (1980), S. 160 – 180

Platon: Der Staat. Bearbeitet von D. Kurz, griechischer Text v. E. Chambry, dtsch. Übersetzung von F. Schleiermacher. In: Werke in acht Bänden, Bd. IV, Darmstadt 1971

Popper, Karl R.: Die offene Gesellschaft und ihre Feinde (2 Bde.), München 1975

Rehfus, Wulff D.: Didaktik der Philosophie. Grundlage und Praxis, Düsseldorf 1980

Schopenhauer, Arthur: Die Welt als Wille und Vorstellung I. In: Sämtliche Werke. Hg. v. W. Frhr. v. Löhneysen, Bd. I, Darmstadt 1968
Schreckenberg, Wilhelm: ‚Guter‘ Unterricht – ‚schlechter‘ Unterricht, Düsseldorf 1980
Schulz, Walter: Philosophie in der veränderten Welt, Pfullingen 1972
Vollmer, Gerhard: Evolutionäre Erkenntnistheorie, 2. Aufl. Stuttgart 1980
Weischedel, Wilhelm: Die philosophischen Hintertreppen, München 1975
Wittgenstein, Ludwig: Tractatus logico-philosophicus, Frankfurt (Main) 1966
ders.: Philosophische Untersuchungen, Frankfurt (Main) 1967

Namenregister

Im folgenden Register sind Personen verzeichnet, die innerhalb des Textes genannt sind, nicht aber, sofern sie in Tabellen, Literaturangaben oder im Anhang aufgeführt sind.

Sachregister

UTB

Uni-Taschenbücher GmbH
Stuttgart

Band 1137
Tod, Ewigkeit und Überleben
Todeserfahrung und Todesbewältigung im nachmetaphysischen Zeitalter
Von Professor Dr. Dr. Günter Altner
168 Seiten, 20 Abbildungen, DM 19,80
ISBN 3-494-02132-5 (Quelle & Meyer)

Band 328
Textwissenschaft und Textanalyse
Semiotik, Linguistik, Rhetorik
Von Professor Dr. Heinrich F. Plett
2., verbesserte Auflage, 354 Seiten, DM 22,80
ISBN 3-494-02030-2 (Quelle & Meyer)

Band 384/385
Die Rhetorik der Erzählkunst 1/2
Von Wayne C. Booth
Aus dem Amerikanischen von Alexander Polzin
Band 1: 268 Seiten, DM 18,80; Band 2: 176 Seiten, DM 13,80
ISBN 3-494-02040-X/02041-8 (Quelle & Meyer)

Band 714
Grundprobleme der Literaturdidaktik
Eine Fachdidaktik im Konzept sozialer und individueller Entwicklung und Geschichte
Von Professor Dr. Jürgen Kreft
407 Seiten, DM 24,80
ISBN 3-494-02074-4 (Quelle & Meyer)

Band 994
Pragmatik und Soziologie der Dialekte
Einführung in die kommunikative Dialektologie des Deutschen
Von Professor Dr. Klaus Mattheier
233 Seiten, DM 22,80
ISBN 3-494-02116-3 (Quelle & Meyer)